KB086959

제1회
부산교통공사
기술직

NCS 직업기초능력평가
+ 전공

www.sdedu.co.kr

〈문항 및 시험시간〉

평가영역	문항 수	시험시간	모바일 OMR 답안분석		
			직업기초능력평가 + 전공		
			전기 · 신호직	기계직	토목직
▸ 공통 : 직업기초능력평가 ▸ 전공 　– 전기일반(전기 · 신호직) 　– 기계일반(기계직) 　– 토목일반(토목직)	100문항	100분			

제1회 모의고사

문항 수 : 100문항
시험시간 : 100분

제 1영역 직업기초능력평가

01 다음 글의 주제로 가장 적절한 것은?

최근에 사이버공동체를 중심으로 한 시민의 자발적 정치 참여 현상이 많은 관심을 끌고 있다. 이러한 현상과 관련하여 A의 연구가 새삼 주목 받고 있다. A의 연구에 따르면 공동체의 구성원이 됨으로써 얻게 되는 '사회적 자본'이 시민사회의 성숙과 민주주의 발전을 가져오는 원동력이다. A의 이론에서는 공동체에 대한 자발적 참여를 통해 사회 구성원 간의 상호 의무감과 신뢰, 구성원들이 공유하는 규칙과 관행, 사회적 유대 관계와 같은 사회적 자본이 늘어나면, 사회 구성원 간의 협조적인 행위가 가능하게 된다고 보았다. 더 나아가 A는 자원봉사자와 같이 공동체 참여도가 높은 사람이 투표할 가능성이 높고 정부 정책에 대한 의견 개진도 활발해지는 등 정치 참여도가 높아진다고 주장하였다.

몇몇 학자들은 A의 이론을 적용하여 면대면 접촉에 따른 인간관계의 산물인 사회적 자본이 사이버공동체에서도 충분히 형성될 수 있다고 보았다. 그리고 사이버공동체에서 사회적 자본의 증가는 곧 정치 참여도 활성화시킬 것으로 기대했다. 하지만 이러한 기대와는 달리 정치 참여가 활성화되지 않았다. 요즘 젊은이들을 보면 각종 사이버공동체에 자발적으로 참여하는 수준은 높지만 투표나 다른 정치 활동에는 무관심하거나 심지어 정치를 혐오하기도 한다. 이런 측면에서 A의 주장은 사이버공동체가 활성화된 오늘날에는 잘 맞지 않는다. 이러한 이유 때문에 오늘날 사이버공동체를 중심으로 한 정치 참여를 더 잘 이해하기 위해서 '정치적 자본' 개념의 도입이 필요하다. 정치적 자본은 사회적 자본의 구성 요소와는 달리 정치 정보의 습득과 이용, 정치적 토론과 대화, 정치적 효능감 등으로 구성된다. 정치적 자본은 사회적 자본과 마찬가지로 공동체 참여를 통해서 획득되지만, 정치 과정에의 관여를 촉진한다는 점에서 사회적 자본과는 구분될 필요가 있다. 사회적 자본만으로 정치 참여를 기대하기 어렵고, 사회적 자본과 정치 참여 사이를 정치적 자본이 매개할 때 비로소 정치 참여가 활성화된다.

① 사이버공동체를 통해 축적된 사회적 자본에 정치적 자본이 더해질 때 정치 참여가 활성화된다.
② 사회적 자본은 정치적 자본을 포함하기 때문에 그 자체로 정치 참여의 활성화를 가져온다.
③ 사회적 자본이 많은 사회는 정치 참여가 활발하기 때문에 민주주의가 실현된다.
④ 사이버공동체의 특수성으로 인해 시민들의 정치 참여가 어렵게 되었다.

02 거래처까지 갈 때는 국도를 이용하여 속력 80km/h로, 회사로 돌아갈 때는 고속도로를 이용하여 속력 120km/h로 왔다. 1시간 이내로 왕복했다면 거래처는 회사에서 최대 몇 km 떨어진 곳인가?

① 44km
② 46km
③ 48km
④ 50km

03 B공사는 1월 중에 시설점검을 진행하고자 한다. B공사에 근무하는 A대리는 시설점검 일정에 지장이 가지 않는 범위 내에서 남은 연차 2일을 사용해 아내와 강원도로 여행을 가기로 했다. 다음 〈조건〉에 따라 시설점검이 진행된다고 할 때, 다음 중 A가 연차 사용이 가능한 날짜는?

―〈조건〉―
- 시설점검은 '수도권 점검 → 경기도 점검 → 충청도 점검 → 전라도 점검 → 경상도 점검 → 후속조치계획 수립' 단계로 진행된다.
- 충청도 점검에만 근무일 3일이 소요되며, 그 외 나머지 단계에는 근무일 2일이 소요된다.
- 시설점검의 각 단계는 근무일 최소 1일 이상의 간격을 두고 진행해야 한다.
- 수도권 점검은 1월 3일에 시작된다.
- B공사는 시설점검을 1월 26일까지 완료하고자 한다.
- 모든 시설점검이 끝난 후 연차를 사용할 수 있다.

〈2023년 1월 달력〉

일	월	화	수	목	금	토
1	2	3	4	5	6	7
8	9	10	11	12	13	14
15	16	17	18	19	20	21
22	23	24	25	26	27	28
29	30	31	일	월	화	수

※ 주중에만 근무함
※ 주말은 휴일이므로 연차는 주중에 사용함

① 1월 11 ~ 12일
② 1월 17 ~ 18일
③ 1월 23 ~ 24일
④ 1월 25 ~ 26일

※ A씨는 컨퍼런스 참여를 위해 제주도에 출장을 가게 되었다. 다음 자료를 참고하여 이어지는 질문에 답하시오.
[4~5]

〈A씨 출장 일정〉

출장지	제주도	일정	8.9 ~ 8.10
도착시각	9일 11:10	출발시각	10일 16:30

※ 제주공항에 도착 후 수하물을 찾는 데 10분이 소요되며, 서울로 출발 시 수속을 위해 1시간 전에 도착하여야 한다.

〈○○렌터카〉

(단위 : 원)

구분	종류	24시간 기본요금	추가요금		
			3시간 미만	3시간 이상 6시간 미만	6시간 이상 12시간 미만
A렌터카	휘발유	60,000	27,000	32,000	38,000
B렌터카	휘발유	65,000	30,000	35,000	40,000
C렌터카	경유	65,000	29,000	35,000	41,000
D렌터카	경유	67,000	25,000	30,000	35,000

※ 제주공항에서 ○○렌터카까지 10분의 이동시간이 걸린다.
※ 12시간 초과 시 24시간 요금을 부여한다.

〈유류비〉

휘발유	1,650원/L	경유	1,350원/L

04 A씨가 출장기간 동안 B렌터카를 사용하였을 때, 예상되는 대여비는?

① 100,000원   ② 90,600원
③ 76,400원   ④ 68,000원

05 A씨가 출장기간 동안 260km를 이동한다고 할 때, 대여비와 유류비가 가장 저렴한 렌터카는?

구분	연비
A렌터카	12.5km/L
B렌터카	12km/L
C렌터카	16km/L
D렌터카	12km/L

① A렌터카   ② B렌터카
③ C렌터카   ④ D렌터카

06 어느 도시에 있는 병원의 공휴일 진료 현황이 다음과 같을 때, 공휴일에 진료하는 병원의 수는?

- 만약 B병원이 진료를 하지 않으면, A병원은 진료를 한다.
- 만약 B병원이 진료를 하면, D병원은 진료를 하지 않는다.
- 만약 A병원이 진료를 하면, C병원은 진료를 하지 않는다.
- 만약 C병원이 진료를 하지 않으면, E병원이 진료를 한다.
- E병원은 공휴일에 진료를 하지 않는다.

① 1곳
② 2곳
③ 3곳
④ 4곳

07 다음 글의 내용으로 적절하지 않은 것은?

생물 농약이란 농작물에 피해를 주는 병이나 해충, 잡초를 제거하기 위해 자연에 있는 생물로 만든 천연 농약을 뜻한다. 생물 농약을 개발한 것은 흙 속에 사는 병원균으로부터 식물을 보호할 목적에서였다. 뿌리를 공격하는 병원균은 땅속에 살고 있으므로 병원균을 제거하기에 어려움이 있었다. 게다가 화학 농약의 경우 그 성분이 토양에 달라붙어 제 기능을 발휘하지 못했기 때문에 식물 성장을 돕고 항균 작용을 할 수 있는 미생물에 주목하기 시작한 것이다.

식물 성장을 돕고 항균 작용을 하는 미생물 집단을 '근권미생물'이라 하는데, 여러 종류의 근권미생물 중 농약으로 쓰기에 가장 좋은 것은 뿌리에 잘 달라붙는 것들이다. 근권미생물의 입장에서 뿌리 주변은 사막의 오아시스와 비슷한 조건이다. 뿌리 주변은 뿌리에서 공급되는 양분과 안락한 서식 환경을 제공받지만, 뿌리 주변에서 멀리 떨어진 곳은 황량한 지역이어서 먹을 것을 찾기가 어렵기 때문이다. 따라서 뿌리 주변에서는 좋은 위치를 선점하기 위해 미생물 간에 치열한 싸움이 벌어진다. 얼마나 뿌리에 잘 정착하느냐가 생물 농약으로 사용되는 미생물을 결정하는 데 중요한 기준이 되는 셈이다.

생물 농약으로 쓰이는 미생물은 식물 성장을 돕는 성질을 포함한다. 미생물이 만든 항균 물질은 농작물의 뿌리에 침입하려는 곰팡이나 병원균의 성장을 억제하거나 죽게 한다. 그리고 병원균이나 곤충, 선충에 기생하는 종들을 사용한 생물 농약은 유해 병원균이나 해충을 직접 공격하기도 한다. 예를 들자면, 흰가루병은 채소 대부분에 생겨나는 곰팡이 때문에 발생하는데, 흰가루병을 일으키는 곰팡이의 영양분을 흡수해 죽이는 천적 곰팡이(Ampelomyces Quisqualis)를 이용한 생물 농약이 만들어졌다.

① 화학 농약은 화학 성분이 토양에 달라붙어 제 기능을 발휘하지 못한다.
② 생물 농약으로 쓰이는 미생물들은 유해 병원균이나 해충을 직접 공격하지는 못한다.
③ '근권미생물'이란 식물의 성장에 도움을 주는 미생물이다.
④ 뿌리에 얼마만큼 정착하는지의 여부가 미생물의 생물 농약 사용 기준이 된다.

08 B아트센터에서 뮤지컬 Y가 공연 중이다. 뮤지컬 입장권은 어른과 어린이 두 종류로 발행 중이고, 어른은 9,000원, 어린이는 3,000원이다. 뮤지컬 공연을 통해 올린 총수입은 330만 원이고, 아트센터에는 550개의 좌석이 마련되어 있는데 빈 좌석이 1개 이상 있었다면, Y뮤지컬을 관람한 어른은 최소 몇 명인가?

① 276명　　　　　　　　　　　　　　② 280명
③ 284명　　　　　　　　　　　　　　④ 288명

09 B공사는 직원 휴게실의 앞문과 뒷문에 화분을 각각 한 개씩 배치하려고 한다. 가지고 있는 화분을 배치하는 방법이 총 30가지일 때, 전체 화분의 개수는?(단, 화분의 종류는 모두 다르다)

① 5개　　　　　　　　　　　　　　　② 6개
③ 10개　　　　　　　　　　　　　　　④ 15개

10 조직체제 구성요소에 대한 설명으로 적절하지 않은 것은?

① 조직목표는 조직이 존재하는 정당성과 합법성을 제공한다.
② 조직구조 중 유기적 조직은 업무가 고정적이며 구성원들의 업무나 권한이 분명하게 정의되고 통제된 조직 구조이다.
③ 업무 프로세스는 구성원 간의 업무 흐름의 연결을 보여준다.
④ 조직문화는 조직구성원들에게 일체감과 정체성을 부여한다.

11 민호는 겨울방학 동안 6개의 도시를 여행했다. 다음 〈조건〉을 참고할 때, 부산이 민호의 4번째 여행이었다면, 전주는 몇 번째 여행지였는가?

───────────〈조건〉───────────
• 춘천은 3번째 여행지였다.
• 대구는 6번째 여행지였다.
• 전주는 강릉의 바로 전 여행지였다.
• 부산은 안동의 바로 전 여행지였다.

① 첫 번째　　　　　　　　　　　　　② 두 번째
③ 세 번째　　　　　　　　　　　　　④ 다섯 번째

12 다음 제시된 문단을 논리적 순서대로 바르게 나열한 것은?

> (가) 그런데 '의사, 변호사, 사장' 등은 그 직업이나 직책에 있는 모든 사람을 가리키는 것이어야 함에도 불구하고, 실제로는 남성을 가리키는 데 주로 사용되고, 여성을 가리킬 때는 '여의사, 여변호사, 여사장' 등이 따로 사용되고 있다. 즉, 여성을 예외적인 경우로 취급함으로써 남녀차별의 가치관을 이 말들에 반영하고 있는 것이다.
>
> (나) 언어에는 사회상의 다양한 측면이 반영되어 있다. 그렇기 때문에 남성과 여성의 차이도 언어에 반영되어 있다. 한편 우리 사회는 꾸준히 양성평등을 향해서 변화하고 있지만, 언어의 변화 속도는 사회의 변화 속도를 따라가지 못한다. 따라서 국어에는 남녀차별의 사회상을 알게 해 주는 증거들이 있다.
>
> (다) 오늘날 남녀의 사회적 위치가 과거와 다르고 지금 이 순간에도 계속 변하고 있다. 여성의 사회적 지위 향상의 결과가 앞으로 언어에 반영되겠지만, 현재 언어에 남아 있는 과거의 흔적은 우리 스스로의 노력으로 지워감으로써 남녀의 '차이'가 더 이상 '차별'이 되지 않도록 노력을 기울여야 하겠다.
>
> (라) 우리말에는 그 자체에 성별을 구분해 주는 문법적 요소가 없다. 따라서 남성을 지칭하는 말과 여성을 지칭하는 말, 통틀어 지칭하는 말이 따로 존재해야 하지만, 국어에는 그런 경우도 있고 그렇지 않은 경우도 있다. 예를 들어 '아버지'와 '어머니'는 서로 대등하게 사용되고, '어린이'도 남녀를 구별하지 않고 가리킬 때 쓰인다.

① (나) – (가) – (라) – (다)
② (나) – (라) – (가) – (다)
③ (다) – (가) – (라) – (나)
④ (다) – (나) – (라) – (가)

13 민경이는 자신의 집에서 선화네 집으로 3m/s의 속도로 가고 선화는 민경이네 집으로 2m/s의 속도로 간다. 민경이와 선화네 집은 900m 떨어져 있고 선화가 민경이보다 3분 늦게 출발했을 때, 민경이가 집에서 출발한 지 얼마 만에 선화를 만날까?(단, 민경이 집에서 선화네 집까지는 직선길 한 가지밖에 없다)

① 1분 12초
② 2분 12초
③ 3분 12초
④ 4분 12초

14 B공사 기획부에 재직 중인 김대리는 목요일에 2박 3일 동안 일본으로 출장을 간다고 한다. 다음은 일본출장을 가기 위한 교통편에 대한 정보를 나타낸 자료이다. 김대리는 비행기를 탈 경우 기내식을 먹기 원하며, 크루즈를 이용할 경우 회사에서 선착장까지 너무 멀어 회사차를 이용할 수 없다. 김대리가 다음 〈조건〉에 맞는 교통편을 선택한다고 할 때, 왕복 이용 시 비용은 얼마인가?(단, 비용에는 교통비와 식비를 포함한다)

〈교통편별 편도 금액 및 세부사항〉

구분	편도 금액	식사 포함 유무	좌석	비고
H항공사	310,000원	×	비즈니스 석	식사별도 주문 가능 (10,000원/1식)
	479,000원	○	퍼스트클래스	식사 포함, 왕복권 구입 시 10% 할인
P항공사	450,000원	○	퍼스트클래스	식사 포함
N크루즈	292,000원	×	S석	음식 구매 가능 (9,000원/1식)
M크루즈	180,000원	○	B석	평일 이용 시 15% 할인

※ 크루즈 이용 시 회사에서 선착장까지 좌석버스요금은 25,000원이다(반대방향도 동일).
※ 모든 교통편 이용 시 식사는 한 번 제공된다.

─〈조건〉─

• 비행기는 비즈니스 석 이상을 이용한다.
• 크루즈는 A석 또는 S석을 이용한다.
• 식사가 포함 안 될 시 별도 주문 및 구매한다.
• 한 가지 교통편만 이용한다.
• 가장 저렴한 교통편을 선택한다.

① 900,000원
② 862,200원
③ 652,000원
④ 640,000원

15 다음 주장에 대한 반박으로 가장 적절한 것은?

> 인간은 사회 속에서만 자신을 더 나은 존재로 느낄 수 있기 때문에 자신을 사회화하고자 한다. 인간은 사회 속에서만 자신의 자연적 소질을 실현할 수 있는 것이다. 그러나 인간은 자신을 개별화하거나 고립시키려는 성향도 강하다. 이는 자신의 의도에 따라서만 행동하려는 반사회적인 특성을 의미한다. 그리고 저항하려는 성향이 자신뿐만 아니라 다른 사람에게도 있다는 사실을 알기 때문에, 그 자신도 곳곳에서 저항에 부딪히게 되리라 예상한다.
>
> 이러한 저항을 통하여 인간은 모든 능력을 일깨우고, 나태해지려는 성향을 극복하며, 명예욕이나 지배욕, 소유욕 등에 따라 행동하게 된다. 그리하여 동시대인들 가운데에서 자신의 위치를 확보하게 된다. 이렇게 하여 인간은 야만의 상태에서 벗어나 문화를 이룩하기 위한 진정한 진보의 첫걸음을 내딛게 된다. 이때부터 모든 능력이 점차 계발되고 아름다움을 판정하는 능력도 형성된다. 나아가 자연적 소질에 의해 도덕성을 어렴풋하게 느끼기만 하던 상태에서 벗어나, 지속적인 계몽을 통하여 구체적인 실천 원리를 명료하게 인식할 수 있는 성숙한 단계로 접어든다. 그 결과 자연적인 감정을 기반으로 결합된 사회를 도덕적인 전체로 바꿀 수 있는 사유 방식이 확립된다.
>
> 인간에게 이러한 반사회성이 없다면, 인간의 모든 재능은 꽃피지 못하고 만족감과 사랑으로 가득 찬 목가적인 삶 속에서 영원히 묻혀 버리고 말 것이다. 그리고 양처럼 선량한 기질의 사람들은 가축 이상의 가치를 자신의 삶에 부여하기 힘들 것이다. 자연 상태에 머물지 않고 스스로의 목적을 성취하기 위해 자연적 소질을 계발하여 창조의 공백을 메울 때, 인간의 가치는 상승되기 때문이다.

① 사회성만으로도 충분히 목가적 삶을 영위할 수 있다.
② 반사회성만으로는 자신의 재능을 계발하기 어렵다.
③ 인간은 타인과의 갈등을 통해서도 사회성을 기를 수 있다.
④ 인간은 사회성만 가지고도 자신의 재능을 키워나갈 수 있다.

16 다음은 E사원이 자기관리의 과정에서 자신에게 스스로 질문한 내용이다. 다음 중 그 성격이 다른 하나는?

① 어떤 목표를 성취하였는가?
② 일을 수행하는 동안 어떤 문제에 직면했는가?
③ 어떻게 결정을 내리고 행동했는가?
④ 나에게 가장 중요한 것은 무엇인가?

17 신입사원인 귀하는 사수인 S주임에게 다음과 같이 컴퓨터 바탕화면이 지저분하고 어수선하다는 지적을 받았다. 이를 바탕으로 컴퓨터 바탕화면을 정리하고자 할 때, 적절하지 않은 것은?

> S주임 : 윈도우 바탕화면에 최소한의 필요요소만 남기고 나머지는 보이지 않도록 하는 것이 좋아요. 업무 중에 자주 사용하는 파일이나 프로그램은 잘 찾을 수 있도록 바탕화면에 놓아두세요. 나머지 프로그램이나 파일들은 폴더를 만들어서 정리해야 해요. 업무 항목별로 폴더를 몇 가지 만들어서, 그 안에 다시 폴더를 만들어서 하위분류를 해두면 쉽게 찾을 수 있어요. 그런데 항목별로 분류를 했는데도 한 폴더 안에 파일이 많으면 찾는데 오래 걸리니까, 그럴 땐 가장 최근에 진행한 업무 파일이 맨 앞으로 오게 정리하면 효율적이에요. 마지막으로 폴더 안에서도 최근에 진행한 주요 업무들이 상위 카테고리에 오게 하고, 나머지는 따로 정리해두세요. 바탕화면 정리가 어려운 거 같아도 막상 시작하면 얼마 안 걸리니까, 얼른 정리하고 다시 업무 시작합시다!

① 엑셀, 한글, 파워포인트 등의 프로그램은 바탕화면에 남겨두었다.
② 오랫동안 진행하지 않은 파일들은 따로 하나의 폴더에 모아두었다.
③ 폴더 안에 파일이 많을 때는 가나다 순으로 정렬하여 파일 제목으로 찾기 쉽도록 하였다.
④ 폴더 안에 하위 폴더를 여러 개 두어 소분류 별로 파일을 배치해두었다.

18 리더십의 핵심 개념 중의 하나인 '임파워먼트(Empowerment)'는 조직 현장의 구성원에게 업무 재량을 위임하고 자주적이고 주체적인 체제 속에서 구성원들의 의욕과 성과를 이끌어 내기 위한 '권한 부여', '권한 이양'을 의미한다. 다음 중 임파워먼트를 통해 나타나는 특징으로 적절하지 않은 것은?

① 구성원들 스스로 일에 대한 흥미를 느끼도록 해준다.
② 구성원들이 현상을 유지하고 조직에 순응하는 모습을 기대할 수 있다.
③ 구성원들로 하여금 업무에 대해 계속해서 도전하고 성장할 수 있도록 유도할 수 있다.
④ 구성원들 간의 긍정적인 인간관계 형성에 도움을 줄 수 있다.

19 W씨는 3명의 친구와 함께 구청에서 운영하고 있는 교육을 수강하고자 한다. W씨와 첫 번째 친구는 함께 A, C강의를 수강하고 두 번째 친구는 B강의를, 세 번째 친구는 A, B, C 세 강의를 모두 수강하려고 한다. 네 사람이 결제해야 할 총액으로 적절한 것은?

변경 전	변경 후	비고
모두 5만 원	• A강의 : 5만 원 • B강의 : 7만 원 • C강의 : 8만 원	• 두 강의를 동시 수강할 경우, 금액의 10% 할인 • 세 강의를 모두 수강할 경우, 금액의 20% 할인

① 530,000원   ② 464,000원
③ 453,000원   ④ 421,700원

20 A씨는 자신에게 가장 적합한 신용카드를 발급받고자 한다. 다음 4가지의 카드 중 가장 적절한 것은?

〈A씨의 생활〉

A씨는 아침에 일어나 간단하게 끼니를 챙기고 출근을 한다. 자가용을 타고 가는 길은 항상 막혀 짜증이 날 법도 하지만, A씨는 라디오 뉴스로 주요 이슈를 확인하느라 정신이 없다. 출퇴근 중에는 차에서 보내는 시간이 많아 주유비가 상당히 나온다. 그나마 기름 값이 싸져서 부담은 덜하다. 보조석에는 공과금 용지가 펼쳐져 있다. 혼자 살기 때문에 많은 요금이 나오지 않아 납부하는 것을 신경쓰지 못하고 있다. 이제 곧 겨울이 올 것을 대비하여 오늘 오후에 차량 점검을 맡기려고 예약을 해두었다. 아직 사고는 난 적이 없지만 혹시나 하는 마음에 점검을 받으려고 한다.

〈신용카드 종류〉

A카드	B카드	C카드	D카드
• 놀이공원 할인 • 커피 할인 • Kids카페 할인	• 포인트 두 배 적립 • 6개월간 무이자 할인	• 공과금 할인 • 온라인 쇼핑몰 할인 • 병원 / 약국 할인	• 주유비 할인 • 차량 소모품 할인 • 상해보험 무료 가입

① A카드
② B카드
③ C카드
④ D카드

21 다음 중 문제해결 단계와 그 세부내용이 서로 바르게 연결된 것은?

문제해결 단계	세부내용
– 확인 단계 – 개발 단계 – 선택 단계	– 진단 – 탐색 – 문제인식 – 설계 – 승인 – 선택

① 확인 단계 – 진단, 승인
② 개발 단계 – 문제인식, 설계
③ 선택 단계 – 승인, 선택
④ 확인 단계 – 승인, 문제인식

※ B씨는 자동차 등록에 관한 업무를 하고 있다. 그의 주요업무 중 하나는 자동차 번호판 부여이다. 자동차에 번호판을 부여하는 규칙이 다음과 같을 때, 이어지는 질문에 답하시오. **[22~23]**

〈자동차 번호판 부여 규칙〉

각 숫자는 다음의 사항을 나타낸다.
① 자동차의 종류
② 자동차의 용도
③ 자동차의 등록번호

▶ 자동차의 종류

구분		숫자 기호
승용차	비사업용	100~699
	대여사업용	
	일반사업용	01~69
승합차	비사업용	700~799
	대여사업용	
	일반사업용	70~79
화물차	비사업용	800~979
	일반사업용	80~97
특수차	비사업용	980~997
	일반사업용	98~99
긴급차	경찰차	998~999
	소방차	

▶ 자동차의 용도

구분		문자 기호
비사업용		가, 나, 다, 라, 마, 거, 너, 더, 러, 머, 서, 어, 저, 고, 노, 도, 로, 모, 보, 소, 오, 조, 구, 누, 두, 루, 무, 부, 수, 우, 주
사업용	택시	아, 바, 사, 자
	택배	배
	렌터카	하, 허, 호

▶ 자동차의 등록번호 : 차량의 고유번호로 임의로 부여

22 A씨는 이사를 하면서 회사와 거리가 멀어져 출퇴근을 위해 새 승용차를 구입하였다. A씨가 부여받을 수 있는 자동차 번호판으로 올바르지 않은 것은?

① 423겨 4839
② 267거 3277
③ 142서 9961
④ 531주 5443

23 다음 중 성격이 다른 하나는?

① 997어 8216

② 998너 7356

③ 988누 6315

④ 990도 4713

24 다음 글의 주장에 대한 반박으로 적절하지 않은 것은?

쾌락주의는 모든 쾌락이 그 자체로서 가치가 있으며 쾌락의 증가와 고통의 감소를 통해 최대의 쾌락을 산출하는 행위를 올바른 것으로 간주하는 윤리설이다. 쾌락주의에 따르면 쾌락만이 내재적 가치를 지니며, 모든 것은 이러한 쾌락을 기준으로 가치 평가되어야 한다.

그런데 쾌락주의자는 단기적이고 말초적인 쾌락만을 추구함으로써 결국 고통에 빠지게 된다는 오해를 받기도 한다. 하지만 쾌락주의적 삶을 순간적이고 감각적인 쾌락만을 추구하는 방탕한 삶과 동일시하는 것은 옳지 않다. 쾌락주의는 일시적인 쾌락의 극대화가 아니라 장기적인 쾌락의 극대화를 목적으로 하므로 단기적, 말초적 쾌락만을 추구하는 것은 아니다. 예를 들어 사회적 성취가 장기적으로 더 큰 쾌락을 가져다준다면 쾌락주의자는 단기적 쾌락보다는 사회적 성취를 우선으로 추구한다.

또한 쾌락주의는 쾌락 이외의 것은 모두 무가치한 것으로 본다는 오해를 받기도 한다. 하지만 쾌락주의가 쾌락만을 가치 있는 것으로 보는 것은 아니다. 세상에는 쾌락 말고도 가치 있는 것들이 있으며, 심지어 고통조차도 가치 있는 것으로 볼 수 있다. 발이 불구덩이에 빠져서 통증을 느껴 곧바로 발을 빼낸 상황을 생각해 보자. 이때의 고통은 분명히 좋은 것임에 틀림없다. 만약 고통을 느끼지 못했다면, 불구덩이에 빠진 발을 꺼낼 생각을 하지 못해서 큰 부상을 당했을 수도 있기 때문이다. 물론 이때 고통이 가치 있다는 것은 도구인 의미에서 그런 것이지 그 자체가 목적이라는 의미는 아니다.

쾌락주의는 고통을 도구가 아닌 목적으로 추구하는 것을 이해할 수 없다고 본다. 금욕주의자가 기꺼이 감내하는 고통조차도 종교적·도덕적 성취와 만족을 추구하기 위한 도구인 것이지 고통 그 자체가 목적인 것은 아니기 때문이다. 대부분의 세속적 금욕주의자들은 재화나 명예와 같은 사회적 성취를 위해 당장의 쾌락을 포기하며, 종교적 금욕주의자들은 내세의 성취를 위해 현세의 쾌락을 포기하는데, 그것이 사회적 성취이든 내세적 성취이든지 간에 모두 광의의 쾌락을 추구하고 있는 것이다.

① 쾌락의 원천은 다양한데, 서로 다른 쾌락을 같은 것으로 볼 수 있는가?

② 순간적이고 감각적인 쾌락만을 추구하는 삶을 쾌락주의적 삶이라고 볼 수 있는가?

③ 쾌락의 질적 차이를 인정한다면, 이질적인 쾌락을 어떻게 서로 비교할 수 있는가?

④ 과연 쾌락이나 고통만으로 가치를 규정할 수 있는가?

(가) 인류가 바람을 에너지원으로 사용한 지 1만 년이 넘었고, 풍차는 수천 년 전부터 사용되었다. 풍력발전이 시작된 지도 100년이 넘었지만, 그동안 전력 생산비용이 저렴하고 사용하기 편리한 화력발전에 밀려 빛을 보지 못하다가 최근 온실가스 배출 등의 환경오염 문제를 해결하는 대안인 신재생에너지로 주목받고 있다.

(나) 풍력발전은 바람의 운동에너지를 회전에너지로 변환하고, 발전기를 통해 전기에너지를 얻는 기술로 공학자들은 계속적으로 높은 효율의 전기를 생산하기 위해 풍력발전시스템을 발전시켜 나가고 있다. 풍력발전시스템의 하나인 요우 시스템(Yaw System)은 바람에 따라 풍력발전기의 방향을 바꿔 회전날개가 항상 바람의 정면으로 향하게 하는 것이다. 또 다른 피치 시스템(Pitch System)은 비행기의 날개와 같이 바람에 따라 회전날개의 각도를 변화시킨다. 이 외에도 회전력을 잃지 않기 위해 직접 발전기에 연결하는 방식 등 다양한 방법을 활용한다. 또한 무게를 줄이면 높은 곳에 풍력발전기를 매달 수 있어 더욱 효율적인 발전이 가능해진다.

(다) 풍력발전기를 설치하는 위치도 중요하다. 풍력발전기의 출력은 풍속의 세제곱과 프로펠러 회전면적의 제곱에 비례한다. 풍속이 빠를수록, 프로펠러의 면적이 클수록 출력이 높아지는 것이다. 지상에서는 바람이 빠르지 않고, 바람도 일정하게 불지 않아 풍력발전의 출력을 높이는 데 한계가 있다. 따라서 풍력발전기는 최대 풍속이 아닌 최빈 풍속에 맞춰 설계된다. 이러한 한계를 극복하기 위해 고고도(High Altitude)의 하늘에 풍력발전기를 설치하려는 노력이 계속되고 있다.

(라) 그렇다면 어떻게 고고도풍(High Altitude Wind)을 이용할까? 방법은 비행선, 연 등에 발전기를 달아 하늘에 띄우는 것이다. 캐나다의 한 회사는 헬륨 가스 비행선에 발전기를 달아 공중에 떠 있는 발전기를 판매하고 있다. 이 발전기는 비행선에 있는 풍선이 바람에 의해 회전하도록 만들어져 있으며, 회전하는 풍선이 발전기와 연결되어 있어 전기를 생산할 수 있다. 또 다른 회사는 이보다 작은 비행선 수십 대를 연결하여 바다 위에 띄우는 방식을 고안하고 있다. 서로 연결된 수십 대의 작은 비행선 앞에 풍차가 붙어 있어 발전할 수 있도록 되어 있다.

고고도풍을 이용한 풍력발전은 결국 대류권 상층부에 부는 초속 30m의 편서풍인 제트기류를 이용하게 될 것이다. 연구에 따르면 최대 초속 100m를 넘는 제트기류를 단 1%만 이용해도 미국에서 사용하는 전기에너지를 모두 충당할 수 있다고 한다. 우리나라 상공도 이 제트기류가 지나가기 때문에 이를 활용할 수 있다면 막대한 전기를 얻을 수 있을 것으로 전망된다.

25 다음 중 (가) 문단을 통해 추론할 수 있는 내용으로 적절하지 않은 것은?

① 풍력에너지는 인류에서 가장 오래된 에너지원이다.
② 화력발전은 풍력발전보다 전력 생산비용이 낮다.
③ 신재생에너지가 대두되면서 풍력발전이 새롭게 주목받고 있다.
④ 신재생에너지는 환경오염 등의 문제를 줄일 수 있다.

26 다음 중 (가) ~ (라) 문단에 대한 주제로 적절하지 않은 것은?

① (가) – 환경오염 문제의 새로운 대안인 풍력발전
② (나) – 바람 에너지를 이용한 다양한 풍력발전시스템
③ (다) – 풍력발전기 설치 위치의 중요성
④ (라) – 고도도풍을 이용하는 기술의 한계

※ 다음은 인구 고령화 추이에 대한 자료이다. 자료를 참고하여 이어지는 질문에 답하시오. **[27~29]**

〈인구 고령화 추이〉

(단위 : %)

구분	2000년	2005년	2010년	2015년	2020년
노인부양비	5.2	7.0	11.3	15.6	22.1
고령화지수	19.7	27.6	43.1	69.9	107.1

※ [노인부양비(%)]=(65세 이상 인구)÷(15~64세 인구)×100
※ [고령화지수(%)]=(65세 이상 인구)÷(0~14세 인구)×100

27 2000년 0~14세 인구가 50,000명이었을 때, 2000년 65세 이상 인구는 몇 명인가?

① 8,650명

② 8,750명

③ 9,850명

④ 9,950명

28 다음 중 2020년 고령화지수는 2015년 대비 몇 % 증가하였는가?(단, 소수점 첫째 자리에서 반올림한다)

① 약 48%

② 약 50%

③ 약 53%

④ 약 57%

29 다음 중 자료에 대한 설명으로 옳은 것을 〈보기〉에서 모두 고르면?

───〈보기〉───

ㄱ. 노인부양비 추이는 5년 단위로 계속 증가하고 있다.
ㄴ. 고령화지수 추이는 5년 단위로 같은 비율로 증가하고 있다.
ㄷ. 2015년 대비 2020년의 노인부양비 증가폭은 6.5%p이다.
ㄹ. 5년 단위의 고령화지수 증가폭은 2015년 대비 2020년의 증가폭이 가장 크다.

① ㄱ, ㄴ

② ㄱ, ㄷ

③ ㄱ, ㄴ, ㄷ

④ ㄱ, ㄷ, ㄹ

30 다음 중 빈칸에 들어갈 용어로 옳은 것은?

> 과제를 수행하는 데 필요한 활동을 효과적으로 구명하기 위해서는 _____를 활용할 수 있다. _____는 과제 및 활동의 계획을 수립하는 데 있어 가장 기본적인 수단으로 활용되는 그래프로, 필요한 모든 일을 중요한 범주에 따라 체계화하여 구분해 놓은 것을 말한다.
> 구체성에 따라 2단계, 3단계, 4단계 등으로 구분할 수 있는 _____를 활용함으로써 과제에 필요한 활동이나 과업을 파악할 수 있고, 이를 비용과 매치시켜 놓음으로써 어떤 항목에 얼마만큼의 비용이 필요한지를 정확하게 파악할 수 있다. 또한 과제 수행에 필요한 예산 항목을 빠뜨리지 않고 확인할 수 있으며, 이러한 항목을 통해 전체 예산을 정확하게 분배할 수 있다는 장점이 있다. 하지만 이러한 과정을 거치더라도 과제를 수행하다 보면 예상 외의 비용이 발생할 수 있다.

① 예정공정표 　　　　　　　　② 자원배치도
③ 과업세부도 　　　　　　　　④ 집행관리도

31 다음 〈보기〉의 사례와 직업의 특성을 바르게 짝지은 것은?

> ───────── 〈보기〉 ─────────
> ㉠ 단기간의 아르바이트와 달리 일정 기간 수행되어야 한다.
> ㉡ 직업을 통해 사회 구성원의 필요를 충족시키며, 사회에 봉사하게 된다.
> ㉢ 직업을 통해 일정한 수입을 얻고, 경제발전에 기여하여야 한다.

	㉠	㉡	㉢
①	연속성	봉사성	수익성
②	연속성	봉사성	경제성
③	지속성	공공성	경제성
④	계속성	사회성	경제성

32 다음 중 브레인스토밍의 진행 방법으로 적절하지 않은 것은?

① 실현 가능성이 없는 아이디어는 단호하게 비판한다.
② 되도록 다양한 분야의 사람들을 구성원으로 참석시킨다.
③ 리더는 누구나 자유롭게 발언할 수 있도록 구성원을 격려한다.
④ 리더는 직급과 관계없이 자유로운 분위기를 조성할 수 있는 사람으로 선출한다.

33 B공장에서 제조하는 화장품 용기의 일련번호는 다음과 같이 구성된다. 다음 중 일련번호는 '형태 – 용량 – 용기 높이 – 용기 재질 – 용도' 순서로 표시할 때, 일련번호로 가능하지 않은 것은?

<표 caption>

〈일련번호 구성요소〉				
형태	기본형		단지형	튜브형
	CR		SX	TB
용량	100mL 이하		150mL 이하	150mL 초과
	K		Q	Z
용기 높이	4cm 미만	8cm 미만	15cm 미만	15cm 이상
	040	080	150	151
용기 재질	유리	플라스틱A		플라스틱B
	G1	P1		P2
용도	스킨	토너	에멀젼	크림
	S77	T78	E85	C26

〈제품 정보〉

ㄱ. A화장품 토너 기본형 용기로 높이는 14cm이며, 유리로 만들어졌다.
ㄴ. 용량이 100mL인 플라스틱 튜브형 크림은 용기 높이가 약 17cm이다.
ㄷ. 특별 프로모션으로 나온 K회사 화장품 에멀젼은 150mL의 유리 용기에 담겨있다.
ㄹ. B코스메틱의 스킨은 200mL로 플라스틱B 기본형 용기에 들어있다.

① TBK151P2C26
② CRZ150P1S77
③ CRQ080G1E85
④ CRZ150G1T78

34 다음 자료와 상황을 토대로 K씨가 취해야 할 조치로 적절한 것은?

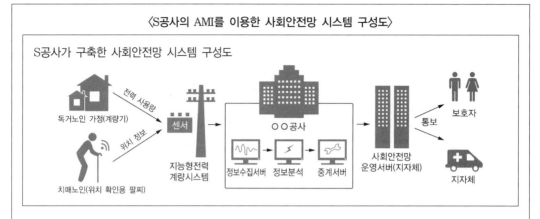

〈S공사의 AMI를 이용한 사회안전망 시스템 구성도〉

S공사가 구축한 사회안전망 시스템 구성도

독거노인 가정(계량기) · 전력 사용량 · 치매노인(위치 확인용 팔찌) · 위치 정보 · 센서 · 지능형전력 계량시스템 · ○○공사 · 정보수집서버 · 정보분석 · 중계서버 · 사회안전망 운영서버(지자체) · 통보 · 보호자 · 지자체

AMI 2020년까지 전국으로 확대
웨어러블 기기 찬 치매환자
전봇대에 설치된 센서가 감지
일정 거리 벗어나면 보호자에 연락

S공사, 하반기 본격 서비스
전력 사용 패턴 분석
독거노인 신변 이상도 확인

AMI(지능형 전력계량 인프라)
통신을 이용해 전기 사용량을 원격으로 측정하고 전력 수요·공급 정보를 실시간으로 파악해 전력망 효율을 올리는 시스템

*AMI : Advanced Metering Infrastructure

〈상황〉

나주시에서 사회복지사로 근무하고 있는 K씨는 독거노인을 관리하는 업무를 맡고 있다. K씨의 주된 업무는 마을을 돌며 독거노인과 말동무를 해주며 건강상태를 체크하여 수시로 필요한 조치들을 하는 것이다. 그리고 작년부터 새로운 업무 하나가 추가되었다. 그것은 S공사에서 제공하는 원격검침시스템(AMI)에 표시되는 독거노인의 전력량을 체크하여 안전을 확인하는 업무다. 따라서 K씨는 출근하자마자 독거노인들의 전력사용량과 패턴을 수시로 모니터링하며 변동사항을 기록한다.

K씨는 자신이 관리하는 어느 독거노인의 전력사용량이 전날 오후부터 현저히 떨어져 있는 것을 발견했다. 확인 차 수차례 전화를 걸어보았지만, 연락이 닿지 않고 있다.

① 이상하지만 좀 더 상황을 지켜보기로 한다.

② 즉시 가까운 경찰서와 소방서에 신고하고 다른 업무를 본다.

③ 상사에게 보고 후 현장으로 출발하여 확인하고, 이상 시 119에 신고한다.

④ S공사에 전화를 걸어 기기 이상을 체크한다.

35 다음은 경제자유구역사업에 대한 SWOT 분석결과 자료를 토대로, SWOT 분석에 의한 경영전략에 따라 판단한 것이다. 다음 중 SWOT 분석에 의한 경영전략에 따른 내용으로 적절하지 않은 것을 〈보기〉에서 모두 고르면?

〈경제자유구역사업에 대한 SWOT 분석결과〉

구분	분석 결과
강점(Strength)	• 성공적인 경제자유구역 조성 및 육성 경험 • 다양한 분야의 경제자유구역 입주희망 국내기업 확보
약점(Weakness)	• 과다하게 높은 외자금액 비율 • 외국계 기업과 국내기업 간의 구조 및 운영상 이질감
기회(Opportunity)	• 국제경제 호황으로 인하여 타국 사업지구 입주를 희망하는 해외시장부문의 지속적 증가 • 국내진출 해외기업 증가로 인한 동형화 및 협업 사례 급증
위협(Threat)	• 국내거주 외국인 근로자에 대한 사회적 포용심 부족 • 대대적 교통망 정비로 인한 기성 대도시의 흡수효과 확대

〈SWOT 분석에 의한 경영전략〉

• SO전략 : 강점을 활용해 기회를 선점하는 전략
• ST전략 : 강점을 활용하여 위협을 최소화하거나 극복하는 전략
• WO전략 : 기회를 활용하여 약점을 보완하는 전략
• WT전략 : 약점을 최소화하고 위협을 회피하는 전략

─────〈보기〉─────

ㄱ. 성공적인 경제자유구역 조성 노하우를 활용하여 타국 사업지구로의 진출을 희망하는 해외기업을 유인 및 유치하는 전략은 SO전략에 해당한다.
ㄴ. 다수의 풍부한 경제자유구역 성공 사례를 바탕으로 외국인 근로자를 국내주민과 문화적으로 동화시킴으로써 원활한 지역발전의 토대를 조성하는 전략은 ST전략에 해당한다.
ㄷ. 기존에 국내에 입주한 해외기업의 동형화 사례를 활용하여 국내기업과 외국계 기업의 운영상 이질감을 해소하여 생산성을 증대시키는 전략은 WO전략에 해당한다.
ㄹ. 경제자유구역 인근 대도시와의 연계를 활성화하여 경제자유구역 내 국내·외 기업 간의 이질감을 해소하는 전략은 WT전략에 해당한다.

① ㄱ, ㄴ   ② ㄱ, ㄷ
③ ㄴ, ㄷ   ④ ㄴ, ㄹ

36 신입사원 J씨는 A~E과제 중 어떤 과제를 먼저 수행하여야 하는지를 결정하기 위해 평가표를 작성하였다. 다음 자료를 근거로 할 때 가장 먼저 수행할 과제는?(단, 평가 항목 최종 합산 점수가 가장 높은 과제부터 수행한다)

〈과제별 평가표〉

(단위 : 점)

구분	A	B	C	D	E
중요도	84	82	95	90	94
긴급도	92	90	85	83	92
적용도	96	90	91	95	83

※ 과제별로 다음과 같은 가중치를 부여하여 계산한다.
  (중요도)×0.3+(긴급도)×0.2+(적용도)×0.1
※ 각 항목에서 최하위 점수가 부여된 과제는 선정하지 않는다.

① A ② B
③ C ④ D

37 다음은 총무업무를 담당하는 A대리의 통화내역이다. 국내통화가 1분당 15원, 국제통화가 1분당 40원이라면 A대리가 사용한 통화요금은 총 얼마인가?

일시	통화내용	시간
4/5(화) 10:00	신규직원 명함 제작 관련 인쇄소 통화	10분
4/6(수) 14:00	임직원 진급선물 선정 관련 거래업체 통화	30분
4/7(목) 09:00	예산편성 관련 해외 출장소 현지 담당자 통화	60분
4/8(금) 15:00	본사 청소용역 관리 관련 제휴업체 통화	30분

① 1,550원 ② 1,800원
③ 2,650원 ④ 3,450원

38 다음 중 갑과 을의 주장을 도출할 수 있는 질문으로 가장 적절한 것은?

> 갑 : 현재 우리나라는 저출산 문제가 심각하기 때문에 영유아를 배려하는 정책이 필요하다. 노키즈존과 같은
> 정책을 통해 더 좋은 서비스를 제공한다고 하는 것은 표면상의 이유 하에 영유아를 배려하지 않는 위험
> 한 생각이다. 이는 어린이들의 사회·문화적 활동을 가로막고, 어린이들 개개인이 우리 사회의 구성원
> 이라는 인식을 갖게 하는 데 어려움을 준다. 또한 특정 집단에 대한 차별 문화를 정당화할 수 있으며,
> 헌법에서 보장하는 평등의 원리, 차별 금지의 원칙에도 위배된다.
>
> 을 : 공공장소에서 자신의 아이를 제대로 돌보지 않는 부모들이 늘고 있어, 주변 손님들에게 피해를 주고
> 가게의 매출이 줄어드는 등의 피해가 일어나고 있다. 특히 어린이들의 안전사고가 발생하는 경우 오히
> 려 해당 가게에 피해보상을 요구하는 일까지 있다. 이러한 상황에서 점주나 아이가 없는 손님의 입장에
> 서는 아이가 없는 환경에서 서비스를 제공받고 영업을 할 권리가 있다. 더군다나 특정 손님의 입장 거부
> 는 민법상 계약 과정에서 손님을 선택하고 서비스를 제공하지 않을 수 있는 자유에 속하므로, 어떤 법적
> ·도덕적 기준에도 저촉되지 않는다.

① 공공장소에서 부모들은 아이의 행동을 감시해야 하는가?
② 영유아 복지제도를 시행해야 하는가?
③ 차별 금지 원칙의 적용 범위는 어디까지인가?
④ 가게에서 노키즈존을 운영할 수 있는가?

39 A ~ G 일곱 사람이 다음 〈조건〉에 따라 둘씩 앞뒤로 책상에 앉아 있다. G 옆에 앉아 있는 사람은?

> ─────〈조건〉─────
> • A가 맨 앞에 앉아 있고 대각선 뒤로는 H가 앉아 있다.
> • H와 E는 인접해 있지 않다.
> • C는 E와 인접해 앉아 있고 맨 뒷자리에 있다.
> • C 앞에 G가 앉아 있다.
> • B가 D, F보다 뒤에 앉아 있다.

① A   ② B
③ D   ④ E

40 한 동물원에 원숭이 무리가 있다. 이 원숭이 무리에는 갑, 을, 병, 정, 무 5마리의 원숭이가 있다. 이 중에서 갑 원숭이가 우두머리이고, 갑은 다른 원숭이들을 때리면서 놀기를 좋아한다. 다음 〈조건〉을 바탕으로 갑이 때리는 원숭이를 고르면?

〈조건〉

- 갑은 무를 때리지 않는다.
- 갑은 병을 때리거나 무를 때린다.
- 갑이 정을 때리지 않으면, 을을 때린다.
- 갑이 병을 때리면, 정을 때리지 않는다.

① 을, 병

② 정, 무

③ 을, 무

④ 병, 무

41 다음은 P공장에서 근무하는 근로자들의 임금수준 분포에 대한 자료이다. 근로자 전체에게 지급된 임금(월급여)의 총액이 2억 원일 때, 이에 대한 설명으로 옳은 것을 〈보기〉에서 모두 고르면?

〈공장 근로자의 임금수준 분포〉

임금수준(만 원)	근로자 수(명)
월 300 이상	4
월 270 이상~300 미만	8
월 240 이상~270 미만	12
월 210 이상~240 미만	26
월 180 이상~210 미만	30
월 150 이상~180 미만	6
월 150 미만	4
합계	90

〈보기〉

ㄱ. 근로자당 평균 월 급여액은 230만 원 이하이다.
ㄴ. 절반 이상의 근로자들이 월 210만 원 이상의 급여를 받고 있다.
ㄷ. 월 180만 원 미만의 급여를 받는 근로자의 비율은 약 14%이다.
ㄹ. 적어도 15명 이상의 근로자가 월 250만 원 이상의 급여를 받고 있다.

① ㄱ

② ㄱ, ㄴ

③ ㄱ, ㄴ, ㄹ

④ ㄴ, ㄷ, ㄹ

42 다음은 2022년 2분기와 3분기의 산업별 대출금에 대한 자료이다. 이에 대한 설명으로 옳지 않은 것을 〈보기〉에서 모두 고르면?

〈국내 산업별 대출금 현황〉

(단위 : 억 원)

산업구분	2분기	3분기
농업, 임업 및 어업	21,480.7	21,776.9
광업	909.0	905.0
제조업	315,631.7	319,134.5
전기, 가스, 증기 및 공기조절 공급업	11,094.0	11,365.6
수도·하수 및 폐기물 처리, 원료재생업	6,183.4	6,218.0
건설업	27,582.8	27,877.2
도매 및 소매업	110,526.2	113,056.5
운수 및 창고업	25,199.3	25,332.4
숙박 및 요식업	37,500.0	38,224.6
정보통신업, 예술, 스포츠, 여가 관련	24,541.3	25,285.9
금융 및 보험업	32,136.9	33,612.3
부동산업	173,886.5	179,398.1
전문, 과학 및 기술 서비스업	11,725.2	12,385.7
사업시설관리, 사업지원 및 임대서비스업	8,219.4	8,502.1
교육 서비스업	7,210.8	7,292.3
보건 및 사회복지서비스업	24,610.0	25,301.1
공공행정 등 기타서비스	26,816.8	25,714.6
합계	865,254.0	881,382.8

〈보기〉

ㄱ. 전체 대출금 합계에서 광업이 차지하는 비중은 2022년 3분기에 전분기 대비 감소하였다.
ㄴ. 2022년 3분기의 2분기 대비 전문, 과학 및 기술 서비스업의 대출금 증가율은 10% 미만이다.
ㄷ. 2022년 2분기 전체 대출금 합계에서 도매 및 소매업 대출금이 차지하는 비중은 15% 이상이다.
ㄹ. 2022년 3분기에 전분기 대비 대출금이 감소한 산업 수는 증가한 산업 수의 20% 이상이다.

① ㄱ, ㄴ
② ㄴ, ㄹ
③ ㄷ, ㄹ
④ ㄱ, ㄷ, ㄹ

43 다음 글을 통해 알 수 있는 내용으로 가장 적절한 것은?

상업 광고는 기업은 물론이고 소비자에게도 요긴하다. 기업은 마케팅 활동의 주요한 수단으로 광고를 적극적으로 이용하여 기업과 상품의 인지도를 높이려 한다. 소비자는 소비 생활에 필요한 상품의 성능, 가격, 판매 조건 등의 정보를 광고에서 얻으려 한다. 광고를 통해 기업과 소비자가 모두 이익을 얻는다면 이를 규제할 필요는 없을 것이다. 그러나 광고에서 기업과 소비자의 이익이 상충하는 경우도 있고 광고가 사회 전체에 폐해를 낳는 경우도 있어, 다양한 규제 방식이 모색되었다.

이때 문제가 된 것은 과연 광고로 인한 피해를 책임질 당사자로서 누구를 상정할 것인가였다. 초기에는 '소비자 책임 부담 원칙'에 따라 광고 정보를 활용한 소비자의 구매 행위에 대해 소비자가 책임을 져야 한다고 보았다. 여기에는 광고 정보가 정직한 것인지와는 상관없이 소비자는 이성적으로 이를 판단하여 구매할 수 있어야 한다는 전제가 있었다. 그래서 기업은 광고에 의존하여 물건을 구매한 소비자가 입은 피해에 대하여 책임을 지지 않았고, 광고의 기만성에 대한 입증 책임도 소비자에게 있었다.

책임 주체로 기업을 상정하여 '기업 책임 부담 원칙'이 부상하게 된 배경은 복합적이다. 시장의 독과점 상황이 광범위해지면서 소비자의 자유로운 선택이 어려워졌고, 상품에 응용된 과학 기술이 복잡해지고 첨단화되면서 상품 정보에 대한 소비자의 정확한 이해도 기대하기 어려워졌다. 또한 다른 상품 광고와의 차별화를 위해 통념에 어긋나는 표현이나 장면도 자주 활용되었다. 그리하여 경제적, 사회·문화적 측면에서 광고로부터 소비자를 보호해야 한다는 당위를 바탕으로 기업이 광고에 대해 책임을 져야 한다는 공감대가 확산되었다.

오늘날 행해지고 있는 여러 광고 규제는 이런 공감대에서 나온 것인데, 이는 크게 보아 법적 규제와 자율 규제로 나눌 수 있다. 구체적인 법 조항을 통해 광고를 규제하는 법적 규제는 광고 또한 사회적 활동의 일환이라는 점에 근거한다. 특히 자본주의 사회에서는 기업이 시장 점유율을 높여 다른 기업과의 경쟁에서 승리하기 위하여 사실에 반하는 광고나 소비자를 현혹하는 광고를 할 가능성이 높다. 법적 규제는 허위 광고나 기만 광고 등을 불공정 경쟁의 수단으로 간주하여 정부 기관이 규제를 가하는 것이다.

자율 규제는 법적 규제에 대한 기업의 대응책으로 등장했다. 법적 규제가 광고의 역기능에 따른 피해를 막기 위한 강제적 조치라면, 자율 규제는 광고의 순기능을 극대화하기 위한 자율적 조치이다. 광고에 대한 기업의 책임감에서 비롯된 자율 규제는 법적 규제를 보완하는 효과가 있다.

① 광고 주체의 자율 규제가 잘 작동될수록 광고에 대한 법적 규제의 역할도 커진다.

② 기업의 이익과 소비자의 이익이 상충하는 정도가 클수록 법적 규제와 자율 규제의 필요성이 약화된다.

③ 시장 독과점 상황이 심각해지면서 기업 책임 부담 원칙이 약화되고 소비자 책임부담 원칙이 부각되었다.

④ 첨단 기술을 강조한 상품의 광고일수록 소비자가 광고 내용을 정확히 이해하지 못한 채 상품을 구매할 가능성이 커진다.

44 A씨의 업무시간은 09:00부터 18:00까지이다. 점심시간 1시간을 제외한 하루 일과 중 8분의 1은 주간업무 계획을 수립하였고, 5분의 2는 프로젝트 회의를 진행하였다. 그리고 3분의 1은 거래처에 방문하였다. 이 모든 업무를 마무리하고 남은 시간동안 시장조사를 하려고 할 때 A씨가 시장조사를 하는 데 쓸 수 있는 시간은?

① 1시간

② 1시간 8분

③ 1시간 15분

④ 1시간 42분

45 K사원은 영국시각으로 1월 3일 오후 4시에 시작되는 국제영유아정신건강학회 참석을 위해 런던으로 출장을 다녀왔다. 학회에 참석하기 전 경유지인 베이징에서 S대리를 만났는데, 그때 시각은 공항 전광판 기준 오전 10시였다. K사원과 S대리가 학회에 늦지 않게 참석했을 때 K사원이 탄 항공편으로 가장 적절한 것은?

〈비행 스케줄〉				〈시차〉		
항공	출발도시 / 현지시간	도착도시		기준도시	비교도시	시차
A항공	서울 / 2018 – 01 – 03(수) 08:40	베이징		서울	이슬라마바드	−4
	베이징 / 2018 – 01 – 03(수) 11:25	런던		모스크바	런던	−3
B항공	서울 / 2018 – 01 – 03(수) 09:30	베이징		두바이	파리	−3
	베이징 / 2018 – 01 – 03(수) 13:50	런던		이슬라마바드	베이징	+3
C항공	서울 / 2018 – 01 – 03(수) 08:20	베이징		서울	모스크바	−6
	베이징 / 2018 – 01 – 03(수) 11:15	런던		싱가포르	케이프타운	−6
D항공	서울 / 2018 – 01 – 03(수) 07:30	베이징		서울	두바이	−5
	베이징 / 2018 – 01 – 03(수) 12:40	런던		케이프타운	런던	−2

※ 비행시간은 서울 – 베이징 2시간, 베이징 – 런던 12시간이다.
※ 런던 히드로공항에서 학회장까지 이동시간은 40분이다.
※ 이외에 나머지 시간은 고려하지 않는다.

① A항공

② B항공

③ C항공

④ D항공

46 다음 중 글의 내용과 일치하는 것은?

쿤이 말하는 과학혁명의 과정을 명확하게 하기 위해 세 가지 질문을 던져보자.

첫째, 새 이론을 제일 처음 제안하고 지지하는 소수의 과학자들은 어떤 이유에서 그렇게 하는가? 기존 이론이 이상 현상 때문에 위기에 봉착했다고 판단했기 때문이다. 기존 이론은 이미 상당한 문제 해결 능력을 증명한 바 있다. 다만 기존 이론이 몇 가지 이상 현상을 설명할 능력이 없다고 판단한 과학자들이 나타났을 뿐이다. 이런 과학자들 중 누군가가 새 이론을 처음 제안했을 때 기존 이론을 수용하고 있는 과학자 공동체는 새 이론에 호의적이지 않을 것이다. 당장 새 이론이 기존 이론보다 더 많은 문제를 해결할 리가 없기 때문이다. 그럼에도 불구하고 기존 이론이 설명하지 못하는 이상 현상을 새 이론이 설명한다는 것이 과학혁명의 출발점이다.

둘째, 다른 과학자들은 어떻게 기존 이론을 버리고 새로 제안된 이론을 선택하는가? 새 이론은 여전히 기존 이론보다 문제 해결의 성과가 부족하다. 하지만 선구적인 소수 과학자들의 연구활동과 그 성과에 자극을 받아 새 이론을 선택하는 과학자들은 그것이 앞으로 점점 더 많은 문제를 해결하리라고, 나아가 기존 이론의 문제 해결 능력을 능가하리라고 기대한다. 이러한 기대는 이론의 심미적 특성 같은 것에 근거한 주관적 판단이고, 그와 같은 판단은 개별 과학자의 몫이다. 물론 이러한 기대는 좌절될 수도 있고, 그 경우 과학혁명은 좌초된다.

셋째, 과학혁명이 일어날 때 과학자 공동체가 기존 이론을 버리고 새 이론을 선택하도록 하는 결정적인 요인은 무엇인가? 이 물음에서 선택의 주체는 더 이상 개별 과학자가 아니라 과학자 공동체이다.

하지만 과학자 공동체는 결국 개별 과학자들로 이루어져 있다. 그렇다면 문제는 과학자 공동체를 구성하는 과학자들이 어떻게 이론을 선택하는가이다. 하지만 이 단계에서 모든 개별 과학자들의 선택 기준은 더 이상 새 이론의 심미적 특성이나 막연한 기대가 아니다. 과학자들은 새 이론이 해결하는 문제의 수와 범위가 기존 이론의 그것보다 크다고 판단할 경우 새 이론을 선택할 것이다. 과학자 공동체의 대다수 과학자들이 이렇게 판단하게 되면 그것은 과학자 공동체가 새 이론을 선택한 것이고, 이로써 쿤이 말하는 과학 혁명이 완성된다.

① 과학혁명 초기 과정은 소수의 과학자들이 문제 해결의 성과가 큰 새 이론을 선택하는 것이다.

② 기존 이론과 새 이론이 어떤 현상을 모두 설명하면 과학자들은 새 이론을 선택할 확률이 높다.

③ 과학혁명의 계기는 기존의 이론이 설명하지 못하는 현상이 존재할 때이다.

④ 과학자들은 어떤 이론을 판단할 때 심미적 특성과 같은 주관적 판단을 철저히 배제한다.

47 다음 글에서 〈보기〉의 문장이 들어갈 위치로 가장 적절한 곳은?

(가) 자연계는 무기적인 환경과 생물적인 환경이 상호 연관되어 있으며 그것은 생태계로 불리는 한 시스템을 이루고 있음이 밝혀진 이래, 이 이론은 자연을 이해하기 위한 가장 기본이 되는 것으로 받아들여지고 있다. (나) 그동안 인류는 더 윤택한 삶을 누리기 위하여 산업을 일으키고 도시를 건설하며 문명을 이룩해왔다. (다) 이로써 우리의 삶은 매우 윤택해졌으나 우리의 생활환경은 오히려 훼손되고 있으며 환경오염으로 인한 공해가 누적되고 있고, 우리 생활에서 없어서는 안 될 각종 자원도 바닥이 날 위기에 놓이게 되었다. (라) 따라서 우리는 낭비되는 자원, 그리고 날로 황폐해져 가는 자연에 대하여 우리가 해야 할 시급한 임무가 무엇인지를 깨닫고, 이를 실천하기 위해 우리 모두의 지혜와 노력을 모아야만 한다.

―――〈보기〉―――
만약 우리가 이 위기를 슬기롭게 극복해내지 못한다면 인류는 머지않아 파멸에 이르게 될 것이다.

① (가) ② (나)
③ (다) ④ (라)

48 K공사는 주요시설 및 보안구역의 시설물 안전관리를 위해 적외선 카메라 2대, 열선감지기 2대, 화재경보기 2대를 수도권본부, 강원본부, 경북본부, 금강본부 4곳에 나누어 설치하려고 한다. 다음 〈조건〉을 참고할 때, 반드시 참인 것은?

―――〈조건〉―――
• 모든 본부에 반드시 하나 이상의 기기를 설치해야 한다.
• 한 본부에 최대 두 대의 기기까지 설치할 수 있다.
• 한 본부에 같은 종류의 기기를 두 대 설치할 수 없다.
• 수도권본부에는 적외선 카메라를 설치하였다.
• 강원본부에는 열선감지기를 설치하지 않았다.
• 경북본부에는 화재경보기를 설치하였다.
• 경북본부와 금강본부 중 한 곳에 적외선 카메라를 설치하였다.

① 금강본부에 열선감지기를 설치하였다.
② 강원본부에 화재경보기를 설치하였다.
③ 경북본부에 열선감지기를 설치하였다.
④ 금강본부에 화재경보기를 설치하였다.

49 다음 주장에 대한 반박으로 가장 적절한 것은?

> 우리는 우리가 생각한 것을 말로 나타낸다. 또 다른 사람의 말을 듣고, 그 사람이 무슨 생각을 가지고 있는가를 짐작한다. 그러므로 생각과 말은 서로 떨어질 수 없는 깊은 관계를 가지고 있다.
>
> 그러면 말과 생각이 얼마만큼 깊은 관계를 가지고 있을까? 이 문제를 놓고 사람들은 오랫동안 여러 가지 생각을 하였다. 그 가운데 가장 두드러진 것이 두 가지 있다. 그 하나는 말과 생각이 서로 꼭 달라붙은 쌍둥이인데 한 놈은 생각이 되어 속에 감추어져 있고 다른 한 놈은 말이 되어 사람 귀에 들리는 것이라는 생각이다. 다른 하나는 생각이 큰 그릇이고 말은 생각 속에 들어가는 작은 그릇이어서 생각에는 말 이외에도 다른 것이 더 있다는 생각이다.
>
> 이 두 가지 생각 가운데서 앞의 것은 조금만 깊이 생각해 보면 틀렸다는 것을 즉시 깨달을 수 있다. 우리가 생각한 것은 거의 대부분 말로 나타낼 수 있지만, 누구든지 가슴 속에 응어리진 어떤 생각이 분명히 있기는 한데 그것을 어떻게 말로 표현해야 할지 애태운 경험을 가지고 있을 것이다. 이것 한 가지만 보더라도 말과 생각이 서로 안팎을 이루는 쌍둥이가 아님은 쉽게 판명된다.
>
> 인간의 생각이라는 것은 매우 넓고 큰 것이며, 말이란 결국 생각의 일부분을 주워 담는 작은 그릇에 지나지 않는다. 그러나 아무리 인간의 생각이 말보다 범위가 넓고 큰 것이라고 하여도 그것을 가능한 한 말로 바꾸어 놓지 않으면 그 생각의 위대함이나 오묘함이 다른 사람에게 전달되지 않기 때문에 생각이 형님이요, 말이 동생이라고 할지라도 생각은 동생의 신세를 지지 않을 수가 없게 되어 있다.

① 말이 통하지 않아도 생각은 얼마든지 전달될 수 있다.

② 생각을 드러내는 가장 직접적인 수단은 말이다.

③ 말은 생각이 바탕이 되어야 생산될 수 있다.

④ 말과 생각은 서로 영향을 주고받는 긴밀한 관계를 유지한다.

50 해외공항이나 국제기구 및 정부당국 등과 교육협약(MOU)을 맺고 이를 관리하는 업무를 담당하는 글로벌교육팀의 K팀장은 업무와 관련하여 팀원들이 글로벌 경쟁력을 갖출 수 있도록 글로벌 매너에 대해 교육하고자 한다. 다음 중 팀원들에게 교육해야 할 글로벌 매너로 적절하지 않은 것은?

① 미국 사람들은 시간엄수를 중요하게 생각한다.

② 아랍 국가 사람들은 약속한 시간이 지나도 상대방이 당연히 기다려줄 것으로 생각한다.

③ 아프리카 사람들과 이야기할 때는 눈을 바라보며 대화하는 것이 예의이다.

④ 미국 사람들과 인사를 하거나 이야기할 때는 적당한 거리를 유지하는 것이 좋다.

| 01 | 전기일반(전기직 · 신호직)

51 4μF 및 6μF의 콘덴서를 직렬로 접속하고 100V의 전압을 가하였을 때, 합성 정전 용량은?

① 2.4μF

② 3.8μF

③ 1.8μF

④ 5μF

52 $+Q_1$[C]과 $-Q_2$[C]의 전하가 진공 중에서 r[m]의 거리에 있을 때 이들 사이에 작용하는 정전기력 F[N]는?

① $9\times10^{-7}\times\dfrac{Q_1Q_2}{r^2}$

② $9\times10^{-9}\times\dfrac{Q_1Q_2}{r^2}$

③ $9\times10^{9}\times\dfrac{Q_1Q_2}{r^2}$

④ $9\times10^{10}\times\dfrac{Q_1Q_2}{r^2}$

53 권수 300회의 코일에 6A의 전류가 흘러서 0.05Wb의 자속이 코일을 지날 때, 이 코일의 자체 인덕턴스는 몇 H인가?

① 0.25H

② 0.35H

③ 2.5H

④ 3.5H

54 직경이 3.2mm인 경동연선의 소선 총 가닥수가 37가닥일 때, 연선의 바깥지름은?

① 12.4mm

② 14.6mm

③ 18.7mm

④ 22.4mm

55 전압과 역률이 일정할 때, 전력을 몇 % 증가시키면 전력손실이 3배로 되는가?

① 43% ② 53%
③ 63% ④ 73%

56 다음 중 발전기의 정태안정 극한전력에 대한 내용으로 옳은 것은?

① 부하가 급격히 감소할 때의 극한전력
② 부하가 일정할 때의 극한전력
③ 부하가 갑자기 크게 증가할 때의 극한전력
④ 부하가 서서히 증가할 때의 극한전력

57 정격 출력 5kW, 정격 전압 100V의 직류 분권전동기를 전기 동력계를 사용하여 시험하였더니 전기 동력계의 저울이 5kg을 지시했을 때, 전동기의 출력은 약 얼마인가?(단, 동력계의 암의 길이는 0.6m, 전동기의 회전수는 1,500rpm으로 한다)

① 약 3.69kW ② 약 3.81kW
③ 약 4.62kW ④ 약 4.87kW

58 이상적인 정전류 전원의 단자 전압 V와 출력 전류 I의 관계를 나타내는 그래프는 어느 것인가?

①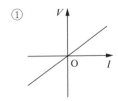

②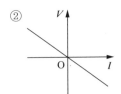

③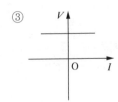

④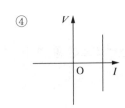

59 다음 동기기 손실 중 무부하손(No Load Loss)이 아닌 것은?

① 풍손

② 와류손

③ 전기자 동손

④ 베어링 마찰손

60 유도 전동기의 1차 접속을 Δ에서 Y로 바꾸면 기동 시의 1차 전류의 변화는?

① $\dfrac{1}{3}$로 감소

② $\dfrac{1}{\sqrt{3}}$로 감소

③ $\sqrt{3}$배로 증가

④ 3배로 증가

61 다음 중 어떤 부하에 흐르는 전류와 전압 강하를 측정하려고 할 때, 전류계와 전압계의 접속 방법으로 적절한 것은?

① 전류계와 전압계를 모두 직렬로 부하에 접속한다.

② 전류계와 전압계를 모두 병렬로 부하에 접속한다.

③ 전류계는 부하에 직렬, 전압계는 부하에 병렬로 접속한다.

④ 전류계는 부하에 병렬, 전압계는 부하에 직렬로 접속한다.

62 다음 4단자 회로망에서 부하 Z_L을 개방할 때, 입력 어드미턴스는?(단, s는 복소주파수이다)

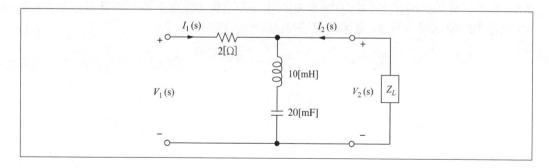

① $\dfrac{100s}{s^2 + 200s + 5,000}$

② $\dfrac{100s}{s^2 + 200s - 5,000}$

③ $\dfrac{s}{s^2 + 200s + 5,000}$

④ $\dfrac{s}{s^2 + 200s - 5,000}$

63 다음 단상 유도 전동기의 기동방법 중 기동토크가 가장 큰 것은?

① 반발 기동형   ② 분상 기동형

③ 반발 유도형   ④ 콘덴서 기동형

64 $e = \sqrt{2}\,V\sin\theta\,[V]$의 단상 전압을 SCR 한 개로 반파 정류하여 부하에 전력을 공급하는 경우, $\alpha = 60°$에서 점호하면 직류분의 전압은?

① 약 0.338V   ② 약 0.395V

③ 약 0.672V   ④ 약 0.785V

65 다음 중 저압 연접 인입선의 시설에 대한 설명으로 옳지 않은 것은?

① 옥내를 통과하지 아니할 것

② 전선의 굵기는 1.5mm^2 이하일 것

③ 폭 5m를 넘는 도로를 횡단하지 아니할 것

④ 인입선에서 분기하는 점으로부터 100m를 넘는 지역에 미치지 아니할 것

66 다음 중 특고압 가공전선로의 지지물로 사용하는 B종 철주, B종 철근 콘크리트주 또는 철탑의 종류에서 전선로 지지물의 양쪽 경간의 차가 큰 곳에 사용하는 것은?

① 각도형   ② 인류형

③ 내장형   ④ 보강형

67 345kV의 가공전선과 154kV 가공전선과의 이격거리는 최소 몇 m 이상이어야 하는가?

① 4.4m   ② 5m

③ 5.48m   ④ 6m

68 다음 중 $10\,\Omega$ 의 저항 회로에 $e=100\sin\!\left(377t+\dfrac{\pi}{3}\right)$[V]의 전압을 가했을 때, $t=0$에서의 순시전류는?

① 5A　　　　　　　　　　② $5\sqrt{3}\,$A

③ 10A　　　　　　　　　④ $10\sqrt{3}\,$A

69 다음 중 3상 교류 전력을 나타내는 식으로 옳은 것은?

① $P=\sqrt{2}\times$(상전압)$\times$(상전류)$\times$(역률)

② $P=\sqrt{2}\times$(선간 전압)$\times$(상전류)$\times$(역률)

③ $P=\sqrt{3}\times$(상전압)$\times$(선간 전압)$\times$(역률)

④ $P=\sqrt{3}\times$(선간 전압)$\times$(선전류)$\times$(역률)

70 다음 중 제3종 접지공사를 시설하는 목적으로 옳은 것은?

① 기기의 효율을 좋게 한다.
② 기기의 절연을 좋게 한다.
③ 기기의 누전에 의한 감전을 방지한다.
④ 기기의 누전에 의한 역률을 좋게 한다.

71 다음 회로에 표시된 테브난 등가저항은?

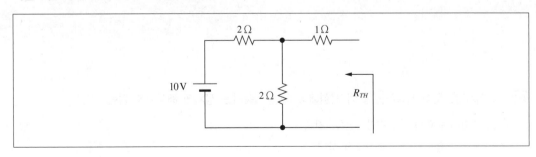

① $1\,\Omega$　　　　　　　　② $1.5\,\Omega$

③ $2\,\Omega$　　　　　　　　④ $3\,\Omega$

72 일반인이 접촉할 우려가 있는 세대 내 분전반 및 이와 유사한 장소에는 어떠한 차단기를 시설하여야 하는가?

① 주택용 누전차단기

② 산업용 누전차단기

③ 주택용 배선차단기

④ Fuse

73 과전류차단기로 시설하는 퓨즈 중 고압 전로에 사용되는 포장 퓨즈는 정격전류의 몇 배의 전류에 견디어야 하는가?

① 1배

② 1.2배

③ 1.3배

④ 1.5배

74 열 영향에 대한 주변의 보호를 위해 등기구의 주변의 발광과 대류 에너지의 열 영향에 대해 고려해야 하는 사항으로 옳지 않은 것은?

① 램프의 최대 허용 소모전력

② 인접 물질의 내열성

③ 등기구 관련 표시

④ 가연성 재료로부터 100W 이하인 경우 0.8m 이상 이격

75 전기저장장치를 시설하는 곳에 시설해야 하는 계측하는 장치에 해당되지 않는 것은?

① 축전지 출력단자의 전압, 전류, 전력

② 축전지 출력단자의 충·방전 상태

③ 주요 변압기의 내부 온도

④ 주요 변압기의 전압

76 다음 중 $R-C$ 회로에 대한 설명으로 옳은 것은?(단, 입력 전압 v_s의 주파수는 10Hz이다)

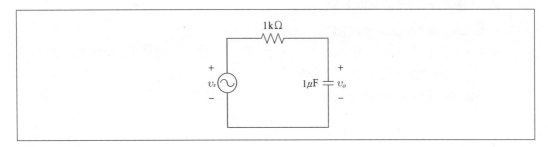

① 차단주파수는 $\dfrac{1,000}{\pi}$ Hz이다.

② 이 회로는 고역 통과 필터이다.

③ 커패시터의 리액턴스는 $\dfrac{50}{\pi}$ kΩ 이다.

④ 출력 전압 v_o에 대한 입력 전압 v_s의 비는 0.6이다.

77 다음 중 전선의 식별 문자와 색상이 바르게 연결되지 않은 것은?

① L1 : 백색　　　　　　　　　　② L2 : 흑색

③ L3 : 회색　　　　　　　　　　④ N : 청색

78 다음 중 도체와 과부하 보호장치 사이의 협조 조건으로 적절하지 않은 것은?

① 과전류차단기의 정격전류(I_n)은 회로 설계전류(I_B) 이상이 되어야 한다.

② 과부하 보호장치의 규약동작전류(I_2)는 케이블에 혀용전류(I_Z)의 1.25배 이하가 되도록 설정하여야 한다.

③ 과부하 보호장치의 규약동작전류(I_2)는 케이블에 혀용전류(I_Z)의 1.45배 이하가 되도록 설정하여야 한다.

④ 케이블의 허용전류(I_Z)는 과전류차단기의 정격전류(I_n) 이상이 되어야 한다.

79 한 상의 임피던스가 $30+j40\,\Omega$ 인 Y결선 평형부하에 선간전압 200V를 인가할 때, 발생되는 무효전력은?

① 580Var　　　　　　　　　　② 640Var

③ 968Var　　　　　　　　　　④ 1,024Var

80 $R-L$ 직렬부하에 전원이 연결되어 있다. 저항 R과 인덕턴스 L이 일정한 상태에서 전원의 주파수가 높아지면 역률과 소비전력은 어떻게 되는가?

① 역률과 소비전력 모두 감소한다.

② 역률과 소비전력 모두 증가한다.

③ 역률은 증가하고 소비전력은 감소한다.

④ 역률과 소비전력은 변하지 않는다.

81 100V용 100W의 전구와 200W의 전구가 있다. 이것을 직렬로 연결하여 100V의 전원에 접속하면 어떻게 되는가?

① 두 전구의 밝기가 같다.

② 100W의 전구가 더 밝다.

③ 200W의 전구가 더 밝다.

④ 두 전구 모두 안 켜진다.

82 그림과 같은 평형 3상 Y-△ 결선회로에서 상전압이 200V이고, 부하단의 각 상에 $R=90\,\Omega$, $X_L=120\,\Omega$ 이 직렬로 연결되어 있을 때 3상 부하의 소비전력은?

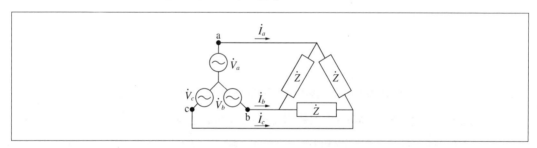

① 480W

② $480\sqrt{3}\,\text{W}$

③ 1,440W

④ $1,440\sqrt{3}\,\text{W}$

83 케이블 공사에서 비닐 외장 케이블을 조영재의 옆면에 따라 붙이는 경우 전선의 지지점 간의 거리는 최대 몇 m인가?

① 1m

② 1.5m

③ 2m

④ 2.5m

84 다음 중 고압 전로의 중성선에 시설하는 접지선의 최소굵기는?

① 10mm^2

② 16mm^2

③ 25mm^2

④ 35mm^2

85 전로에 시설하는 기계기구 중에서 외함 접지공사를 생략할 수 없는 경우는?

① 사용전압이 직류 300V 또는 교류 대지전압이 150V 이하인 기계기구를 건조한 곳에 시설하는 경우

② 외함의 주위에 절연대를 시설하는 경우

③ 전기용품안전관리법의 적용을 받는 2중 절연의 구조로 되어 있는 기계기구를 시설하는 경우

④ 정격감도전류 20mA, 동작시간이 0.5초인 전류 동작형의 인체 감전 보호용 누전차단기를 시설하는 경우

86 단상 유도 전동기의 정회전 슬립이 s일 때, 역회전 슬립은?

① 1−s

② 1+s

③ 2−s

④ 2+s

87 3,300V, 60Hz인 Y결선의 3상 유도 전동기가 있다. 철손을 1,020W라 하면 1상의 여자 컨덕턴스는?

① 약 56.1×10^{-5}Ω

② 약 18.7×10^{-5}Ω

③ 약 9.37×10^{-5}Ω

④ 약 6.12×10^{-5}Ω

88 3상 유도 전동기의 출력이 10kW, 슬립이 4.8%일 때의 2차 동손은?

① 0.4kW

② 0.45kW

③ 0.5kW

④ 0.55kW

89 전속 밀도 100C/m^2, 전기장의 세기 50V/m인 유전체의 단위 체적에 축적되는 에너지를 구하면?

① $5,000\text{J/m}^3$ ② $2,500\text{J/m}^3$

③ $1,500\text{J/m}^3$ ④ 500J/m^3

90 전기장 중에 단위 전하를 놓았을 때 그것에 작용하는 힘은 다음 어느 값과 같은가?

① 전위 ② 전하

③ 전기장의 세기 ④ 전위차

91 다음 중 전기장에 대한 설명으로 옳지 않은 것은?

① 도체 표면의 전기장의 방향은 그 표면과 평행한다.

② 대전된 무한히 긴 원통의 내부 전기장은 0이다.

③ 대전된 구의 내부 전기장은 0이다.

④ 대전된 도체 내부의 전하 및 전기장은 모두 0이다.

92 진공상태에 놓여있는 정전용량이 $6\mu\text{F}$인 평행 평판 콘덴서에 두께가 극판간격(d)과 동일하고 길이가 극판길이 (L)의 $\dfrac{2}{3}$에 해당하는 비유전율이 3인 운모를 그림과 같이 삽입하였을 때 콘덴서의 정전용량은?

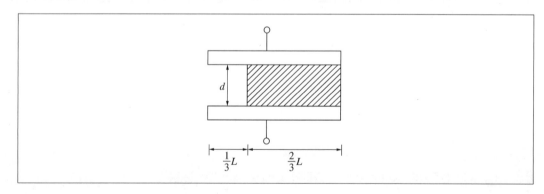

① $12\mu\text{F}$ ② $14\mu\text{F}$

③ $16\mu\text{F}$ ④ $18\mu\text{F}$

93 내구의 반지름이 a[m], 외구의 반지름이 b[m]인 동심 구형 콘덴서에서 내구의 반지름과 외구의 반지름을 각각 $2a$[m], $2b$[m]로 증가시키면 구형 콘덴서의 정전용량은 몇 배로 되는가?

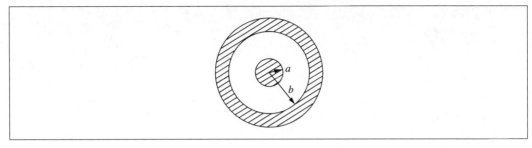

① 1배
③ 4배
② 2배
④ 8배

94 다음 중 피뢰기의 약호는?

① LA
③ SA
② PF
④ COS

95 간전압 20kV, 상전류 6A의 3상 Y결선되어 발전하는 교류 발전기를 △결선으로 변경하였을 때, 상전압 V_P[kV]와 선전류 I_L[A]은?(단, 3상 전원은 평형이며, 3상 부하는 동일하다)

	V_P[kV]	I_L[A]
①	$\dfrac{20}{\sqrt{3}}$	$6\sqrt{3}$
②	20	$6\sqrt{3}$
③	$\dfrac{20}{\sqrt{3}}$	6
④	20	6

96 다음 중 역률 90%, 300kW의 전동기를 95%로 개선하는 데 필요한 콘덴서의 용량은?

① 약 20kVA
③ 약 40kVA
② 약 30kVA
④ 약 50kVA

97 다음 중 충전부 전체를 대지로부터 절연시키거나 한 점에 임피던스를 삽입하여 대지에 접속시키고, 전기기기의 노출도전성 부분을 단독 또는 일괄적으로 접지하거나 또는 계통접지로 접속하는 접지계통은?

① TT 계통
② IT 계통
③ TN-C 계통
④ TN-S 계통

98 특고압 가공전선로의 지지물에 시설하는 통신선 또는 이에 직접 접속하는 통신선이 도로·횡단보도교·철도의 레일 등 또는 교류 전차선 등과 교차하는 경우의 시설기준으로 옳은 것은?

① 인장강도 4.0kN 이상의 것 또는 지름 3.5mm 경동선일 것
② 통신선이 케이블 또는 광섬유 케이블일 때는 이격거리의 제한이 없다.
③ 통신선과 삭도 또는 다른 가공약전류전선 등 사이의 이격거리는 20cm 이상으로 할 것
④ 통신선이 도로·횡단보도교·철도의 레일과 교차하는 경우에는 통신선의 지름 4mm의 절연전선과 동등 이상의 절연 효력이 있을 것

99 다음 중 옥내 저압 전선으로 나전선의 사용이 허용되는 것은?

① 애자사용공사의 전기로용 전선
② 유희용 전차에 전기공급을 위한 접촉 전선
③ 제분 공장의 전선
④ 애자사용공사의 전선 피복 절연물이 부식하는 장소에 시설하는 전선

100 단권 변압기에서 고압측 V_h, 저압측을 V_l, 2차 출력을 P, 단권 변압기의 용량을 P_1n이라 하면 P_1n/P는?

① $\dfrac{V_l + V_h}{V_h}$
② $\dfrac{V_h - V_l}{V_h}$
③ $\dfrac{V_l + V_h}{V_l}$
④ $\dfrac{V_h - V_l}{V_l}$

51 다음 중 유압회로에서 공동현상이 발생되지 않도록 하기 위한 방지대책으로 적절한 것은?

① 과부하 시에는 패킹부에서 공기가 흡입되도록 한다.
② 흡입관에 급속 차단장치를 설치한다.
③ 흡입관의 굵기를 유압 펌프 본체 연결구 크기와 같게 한다.
④ 흡입 유체의 온도를 높게 하여 흡입한다.

52 카르노사이클로 작동되는 열기관이 $400kJ$의 열을 300℃에서 공급받아 50℃에서 방출한다면 이 기관이 하는 일의 양은?

① 약 $85.5kJ$ ② 약 $123.4kJ$
③ 약 $152.8kJ$ ④ 약 $174.5kJ$

53 다음 중 유체 토크 컨버터의 구성요소로서 유체 흐름을 일정하게 유지하고 힘을 전달하는 역할을 하는 유압 기기는?

① 축압기   ② 유체 커플링
③ 스테이터   ④ 토크 컨버터

54 한줄 겹치기리벳이음에서 리벳구멍 사이가 절단되었을 때, 리벳이음강도 P는?(단, 리벳의 지름 d, 리벳의 피치 p, 강판의 두께 t, 리벳의 중심에서 강판의 가장자리까지의 거리 e, 리벳의 전단응력 τ, 강판의 인장응력 σ_t, 강판 또는 리벳의 압축응력 σ_c이다)

① $P = \frac{\pi}{4}d^2\tau$ ② $P = \frac{\pi}{4}p^2\tau$

③ $P = (p-d)t\sigma_t$ ④ $P = \frac{\pi}{4}(p-d)^2\tau\sigma_t$

55 다음 중 신속조형(RP)공정과 적용 가능한 재료가 바르게 연결되지 않은 것은?

① 융해용착법(FDM) – 열경화성 플라스틱
② 박판적층법(LOM) – 종이
③ 선택적 레이저소결법(SLS) – 열 용융성 분말
④ 광조형법(STL) – 광경화성 액상 폴리머

56 다음 설명에 해당하는 기계요소는?

> • 원동절의 회전운동이나 직선운동을 종동절의 왕복 직선운동이나 왕복 각운동으로 변환한다.
> • 내연기관의 밸브개폐 기구에 이용된다.

① 랙과 피니언   ② 캠
③ 체인과 스프로킷 휠   ④ 벨트와 풀리

57 다음 중 마그네슘(Mg)에 대한 설명으로 옳은 것은?

① 산소와 반응하지 않는다.
② 비중이 1.85로 공업용 금속 중 가장 가볍다.
③ 전기 화학적으로 전위가 높아서 내식성이 좋다.
④ 열전도율은 구리(Cu)보다 낮다.

58 다음 중 금속재료의 연성이나 전성을 이용한 가공방법을 〈보기〉에서 모두 고르면?

〈보기〉

ㄱ. 자유단조	ㄴ. 구멍 뚫기
ㄷ. 굽힘가공	ㄹ. 밀링가공
ㅁ. 압연가공	ㅂ. 선삭가공

① ㄱ, ㄴ, ㅂ   ② ㄱ, ㄷ, ㅁ
③ ㄴ, ㄷ, ㅁ   ④ ㄷ, ㄹ, ㅂ

59 절삭속도 628m/min, 밀링 커터의 날수를 10, 밀링 커터의 지름을 100mm, 1날당 이송을 0.1mm로 할 경우 테이블의 1분간 이송량은?(단, π는 3.14이다)

① 1,000mm/min

② 2,000mm/min

③ 3,000mm/min

④ 4,000mm/min

60 다음 중 기어의 설계 시 이의 간섭에 대한 설명으로 옳지 않은 것은?

① 이에서 간섭이 일어난 상태로 회전하면 언더컷이 발생한다.

② 전위기어를 사용하여 이의 간섭을 방지할 수 있다.

③ 압력각을 작게 하여 물림길이가 짧아지면 이의 간섭을 방지할 수 있다.

④ 피니언과 기어의 잇수 차이를 줄이면 이의 간섭을 방지할 수 있다.

61 다음 중 금속재료의 기계적 성질과 그것을 평가하기 위한 시험을 바르게 짝지어지지 않은 것은?

① 종탄성계수 – 인장시험

② 피로한도 – 압축시험

③ 전단항복응력 – 비틀림시험

④ 경도 – 압입시험

62 일반적으로 베어링은 내륜, 외륜, 볼(롤러), 리테이너의 4가지 주요 요소로 구성된다. 다음 중 볼 또는 롤러를 사용하지 않는 베어링은 어느 것인가?

① 공기 정압 베어링

② 레이디얼 베어링

③ 스러스트 롤러 베어링

④ 레이디얼 롤러 베어링

63 다음 중 탄소강의 표면경화열처리법으로 옳지 않은 것은?

① 어닐링법

② 질화법

③ 침탄법

④ 고주파경화법

64 다음 중 밀링가공에서 하향절삭(Down Milling)의 특징으로 옳지 않은 것은?

① 절삭날의 마모가 작고 수명이 길다.

② 백래시(Backlash)가 자연히 제거된다.

③ 절삭날이 공작물을 누르는 형태여서 고정이 안정적이다.

④ 마찰력은 작으나 하향으로 큰 충격력이 작용한다.

65 다음 경도 시험의 종류와 경도 시험의 명칭을 바르게 짝지은 것은?

(가) 원뿔형 다이아몬드 및 강구를 누르는 방법
(나) 낙하시킨 추의 반발높이를 이용
(다) 구형 누르개를 일정한 시험하중으로 압입

ㄱ. 쇼어 경도(H_S)
ㄴ. 브리넬 경도(H_B)
ㄷ. 로크웰 경도(H_R)

	(가)	(나)	(다)
①	ㄱ	ㄴ	ㄷ
②	ㄴ	ㄱ	ㄷ
③	ㄴ	ㄷ	ㄱ
④	ㄷ	ㄱ	ㄴ

66 다음 중 기계요소를 설계할 때 응력집중 및 응력집중계수에 대한 설명으로 옳지 않은 것은?

① 응력집중이란 단면이 급격히 변화하는 부위에서 힘의 흐름이 심하게 변화함으로 인해 발생하는 현상이다.

② 응력집중계수는 단면부의 평균응력에 대한 최대응력의 비율이다.

③ 응력집중계수는 탄성영역 내에서 부품의 형상효과와 재질이 모두 고려된 것으로 형상이 같더라도 재질이 다르면 그 값이 다르다.

④ 응력집중을 완화하려면 단이 진 부분의 곡률반지름을 크게 하거나 단면이 완만하게 변화하도록 한다.

67 선반을 이용한 테이퍼 가공에 대한 설명으로 옳은 것은?(단, D : 테이퍼의 큰 지름, d : 테이퍼의 작은 지름, l : 테이퍼의 길이, L : 공작물 전체의 길이, α : 복식 공구대 회전각이다)

① 심압대 편위량은 $\dfrac{l(D-d)}{2L}$로 구할 수 있다.

② 복식 공구대는 길이가 길고 테이퍼 각이 작은 공작물에 사용한다.

③ 복식 공구대의 회전각은 $\tan\alpha = \dfrac{D-d}{2l}$에서 구할 수 있다.

④ 심압대의 편위에 의한 가공은 비교적 길이가 짧은 공작물에 사용한다.

68 다음 중 금속의 파괴현상 중 하나인 크리프(Creep) 현상에 대한 설명으로 가장 적절한 것은?

① 응력이 증가하여 재료의 항복점을 지났을 때 일어나는 파괴현상이다.
② 반복응력이 장시간 가해졌을 때 일어나는 파괴현상이다.
③ 응력과 온도가 일정한 상태에서 시간이 지남에 따라 변형이 연속적으로 진행되는 현상이다.
④ 균열이 진전되어 소성변형 없이 빠르게 파괴되는 현상이다.

69 폭 50mm, 두께 12mm, 길이 150mm인 강재의 길이 방향으로 최대 허용하중 18kN이 작용할 때 안전계수는?(단, 재료의 기준 강도는 240MPa이다)

① 6
② 8
③ 10
④ 12

70 서로 맞물려 돌아가는 기어 A와 B의 피치원의 지름이 각각 100mm, 50mm일 때 이에 대한 설명으로 옳지 않은 것은?

① 기어 B의 전달동력은 기어 A에 가해지는 동력의 2배가 된다.
② 기어 B의 회전각속도는 기어 A의 회전각속도의 2배이다.
③ 기어 A와 B의 모듈은 같다.
④ 기어 B의 잇수는 기어 A의 잇수의 절반이다.

71 다음 중 재료의 원래 성질을 유지하면서 내마멸성을 강화시키는 목적으로 가장 적절한 열처리 공정은?

① 풀림(Annealing)

② 뜨임(Tempering)

③ 담금질(Quenching)

④ 고주파 경화법(Induction Hardening)

72 다음 중 사출성형품의 불량원인과 대책에 대한 설명으로 옳지 않은 것은?

① 수축(Shrinkage) : 수지가 금형공동에서 냉각되는 동안 발생하는 수축에 의한 치수 및 형상 변화로, 성형 수지의 온도를 낮춰 해결될 수 있다.

② 주입부족(Short Shot) : 용융수지가 금형공동을 완전히 채우기 전에 고화되어 발생하는 결함으로, 성형 압력을 높임으로써 해결될 수 있다.

③ 용접선(Weld Line) : 용융수지가 금형공동의 코어 등의 주위를 흐르면서 반대편에서 서로 만나는 경계 부분의 기계적 성질이 떨어지는 결함으로, 게이트의 위치변경 등으로 개선할 수 있다.

④ 번 마크(Burn mark) : 과도하게 가열된 수지의 유입으로 성형품의 표면에 탄 모양이 생긴 결함으로, 용융 수지 및 금형의 온도를 낮춰 개선할 수 있다.

73 다음 중 유압회로에서 접속된 회로의 압력을 설정된 압력으로 유지시켜 주는 밸브는?

① 릴리프 밸브

② 교축 밸브

③ 카운터밸런스 밸브

④ 시퀀스 밸브

74 다음 중 잔류응력(Residual Stress)에 대한 설명으로 옳지 않은 것은?

① 변형 후 외력을 제거한 상태에서 소재에 남아 있는 응력을 말한다.

② 물체 내의 온도구배에 의해서도 발생할 수 있다.

③ 잔류응력은 추가적인 소성변형에 의해서도 감소될 수 있다.

④ 표면의 인장잔류응력은 소재의 피로수명을 향상시킨다.

75 선형 탄성재료로 된 균일 단면봉이 인장하중을 받고 있다. 선형 탄성범위 내에서 인장하중을 증가시켜 신장량을 2배로 늘리면 변형에너지는 몇 배가 되는가?

① 2

② 4

③ 8

④ 16

76 다음 중 구성인선(Built Up Edge)에 대한 설명으로 옳지 않은 것은?

① 구성인선은 일반적으로 연성재료에서 많이 발생한다.

② 구성인선은 공구 윗면경사면에 윤활을 하면 줄일 수 있다.

③ 구성인선에 의해 절삭된 가공면은 거칠게 된다.

④ 구성인선은 절삭속도를 느리게 하면 방지할 수 있다.

77 다음 중 디젤 기관의 디젤노크 저감방법으로 적절하지 않은 것은?

① 발화성이 좋은 연료를 사용한다.

② 연소실 벽의 온도를 낮춘다.

③ 발화까지의 연료 분사량을 감소시킨다.

④ 실린더 체적을 크게 한다.

78 다음 중 강의 열처리 및 표면경화에 대한 설명으로 옳지 않은 것은?

① 구상화 풀림(Spheroidizing Annealing) : 과공석강에서 초석탄화물이 석출되어 기계가공성이 저하되는 문제를 해결하기 위해 행하는 열처리 공정으로, 탄화물을 구상화하여 기계가공성 및 인성을 향상시키기 위해 수행된다.

② 불림(Normalizing) : 가공의 영향을 제거하고 결정립을 조대화시켜 기계적 성질을 향상시키기 위해 수행된다.

③ 침탄법 : 표면은 내마멸성이 좋고 중심부는 인성이 있는 기계 부품을 만들기 위해 표면층만을 고탄소로 조성하는 방법이다.

④ 심랭(Subzero)처리 : 잔류 오스테나이트(Austenite)를 마텐자이트(Martensite)화 하기 위한 공정이다.

79 길이 2m의 강체 OE는 그림에서 보여지는 순간에 시계방향의 각속도 $\omega = 10$rad/sec와 반시계방향 각가속도 $\alpha = 1,000$rad/sec^{2}로 점 O에 대하여 평면 회전운동한다. 이 순간 E점의 가속도에 대한 설명으로 옳은 것은?

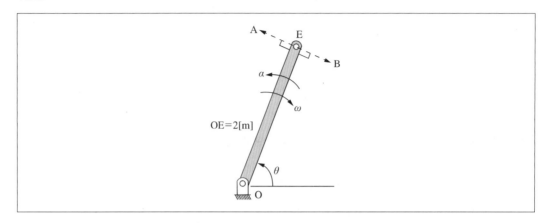

	접선가속도		법선가속도	
	방향	크기	방향	크기
①	$\overrightarrow{EA}$	200m/sec^2	$\overrightarrow{OE}$	2,000m/sec^2
②	$\overrightarrow{EA}$	2,000m/sec^2	$\overrightarrow{EO}$	200m/sec^2
③	$\overrightarrow{EA}$	2,000m/sec^2	$\overrightarrow{OE}$	200m/sec^2
④	$\overrightarrow{EB}$	200m/sec^2	$\overrightarrow{EO}$	200m/sec^2

80 두 열원으로 구성되는 사이클 중에서 열효율이 최대인 카르노 사이클로 작동되는 열기관이 고온체에서 200kJ의 열을 받아들인다. 이 기관의 열효율이 30%라면 방출되는 열량은?

① 30kJ

② 60kJ

③ 70kJ

④ 140kJ

81 다음 중 가솔린 기관과 디젤 기관을 비교한 설명으로 옳지 않은 것은?

① 디젤 기관은 연료소비율이 낮고 열효율이 높다.

② 디젤 기관은 평균유효압력 차이가 크지 않아 회전력 변동이 작다.

③ 디젤 기관은 압축압력, 연소압력이 가솔린 기관에 비해 낮아 출력당 중량이 작고, 제작비가 싸다.

④ 디젤 기관은 연소속도가 느린 경유나 중유를 사용하므로 기관의 회전속도를 높이기 어렵다.

82 다음 중 펌프(Pump)에 대한 설명으로 옳지 않은 것은?

① 송출량 및 송출압력이 주기적으로 변화하는 현상을 수격현상(Water Hammering)이라 한다.

② 왕복펌프는 회전수에 제한을 받지 않아 고양정에 적합하다.

③ 원심펌프는 회전차가 케이싱 내에서 회전할 때 발생하는 원심력을 이용한다.

④ 축류 펌프는 유량이 크고 저양정인 경우에 적합하다.

83 다음 중 Al-Si계 합금으로 절삭성은 나쁘나 주조성이 좋고 내열성을 향상한 합금은?

① 실루민 ② 두랄루민

③ Y합금 ④ 코비탈륨

84 2축 응력의 횡단면과 $60°$ 경사진 단면에서 $\sigma_x = 132.6\text{MPa}$, $\sigma_y = 45.6\text{MPa}$일 때 법선응력 σ_n과 전단응력 τ의 값은?

① $\sigma_n = 67.4\text{MPa}$, $\tau = 37.7\text{MPa}$

② $\sigma_n = -67.4\text{MPa}$, $\tau = -37.7\text{MPa}$

③ $\sigma_n = -102.3\text{MPa}$, $\tau = 37.7\text{MPa}$

④ $\sigma_n = 102.3\text{MPa}$, $\tau = -37.7\text{MPa}$

85 다음 소성가공의 종류 중 압출가공에 대한 설명으로 옳은 것은?

① 소재를 용기에 넣고 높은 압력을 가하여 다이구멍으로 통과시켜 형상을 만드는 가공법이다.

② 소재를 일정온도 이상으로 가열하고 해머 등으로 타격하여 모양이나 크기를 만드는 가공법이다.

③ 원뿔형 다이구멍으로 통과시킨 소재의 선단을 끌어당기는 방법으로 형상을 만드는 가공법이다.

④ 회전하는 한 쌍의 롤 사이로 소재를 통과시켜 두께와 단면적을 감소시키고 길이방향으로 늘리는 가공법이다.

86 다음 중 리벳작업에서 코킹을 하는 목적으로 옳은 것은?

① 패킹재료를 삽입하기 위해

② 파손재료를 수리하기 위해

③ 부식을 방지하기 위해

④ 밀폐를 유지하기 위해

87 연마제를 압축공기를 이용하여 노즐로 고속분사시켜 고운 다듬질면을 얻는 가공법은?

① 액체호닝 ② 래핑

③ 호닝 ④ 슈퍼피니싱

88 다음 중 인성(Toughness)에 대한 설명으로 옳은 것은?

① 국부 소성변형에 대한 재료의 저항성이다.

② 파괴가 일어나기까지의 재료의 에너지 흡수력이다.

③ 탄성변형에 따른 에너지 흡수력과 하중 제거에 따른 에너지의 회복력이다.

④ 파괴가 일어날 때까지의 소성변형의 정도이다.

89 금속재료를 냉간소성가공하여 부품을 생산할 때 소재에서 일어나는 변화가 아닌 것은?

① 결정립의 변형으로 인한 단류선(Grain Flow Line) 형성

② 전위의 집적으로 인한 가공경화

③ 불균질한 응력을 받음으로 인한 잔류응력의 발생

④ 풀림효과에 의한 연성의 증대

90 선반을 이용하여 지름이 50mm인 공작물을 절삭속도 196m/min로 절삭할 때 필요한 주축의 회전수는?(단, π는 3.14로 계산하고, 회전수는 일의 자리에서 반올림한다)

① 약 1,000rpm ② 약 1,250rpm

③ 약 3,120rpm ④ 약 3,920rpm

91 다음 중 원심식 펌프에 해당하는 것만으로 짝지은 것은?

① 피스톤 펌프, 플런저 펌프

② 벌루트 펌프, 터빈 펌프

③ 기어 펌프, 베인 펌프

④ 마찰 펌프, 제트 펌프

92 다음 중 V벨트의 특징에 대한 설명으로 옳은 것은?

① 접촉 면적이 작아서 큰 동력 전달에는 불리하다.

② 평 벨트보다는 잘 벗겨진다.

③ 효율이 크지만 구조가 복잡하다.

④ 미끄럼이 작고 속도비가 크다.

93 다음 중 큰 회전력을 전달할 수 있는 기계요소를 순서대로 나열한 것은?

① 안장키 > 경사키 > 스플라인키 > 평키

② 스플라인키 > 경사키 > 평키 > 안장키

③ 안장키 > 평키 > 경사키 > 스플라인키

④ 스플라인키 > 평키 > 경사키 > 안장키

94 강의 열처리에서 생기는 조직 중 가장 경도가 높은 것은?

① 펄라이트(Pearlite) ② 소르바이트(Sorbite)

③ 마텐자이트(Martensite) ④ 트루스타이트(Troostite)

95 다음 중 재결정온도에 대한 설명으로 옳은 것은?

① 1시간 안에 거의 완전하게 재결정이 이루어지는 온도이다.

② 재결정이 시작되는 온도이다.

③ 시간에 상관없이 재결정이 완결되는 온도이다.

④ 재결정이 완료되어 결정립성장이 시작되는 온도이다.

96 다음 중 연삭숫돌 및 연삭공정에 대한 설명으로 옳지 않은 것은?

① 연삭숫돌의 숫돌입자 크기를 나타내는 입도번호가 낮을수록 연삭공정으로 우수한 표면 정도를 얻을 수 있다.

② 결합도가 높은 연삭숫돌은 연한 재료의 연삭공정에 사용된다.

③ 연삭숫돌은 숫돌입자, 결합제, 기공의 세 가지 요소로 구성된다.

④ 연삭공정은 전통적인 절삭공정보다 높은 비에너지를 요구한다.

97 다음 중 핀(Pin)의 종류에 대한 설명으로 옳지 않은 것은?

① 테이퍼 핀은 보통 1/50정도의 테이퍼를 가진다.

② 평행 핀은 분해·조립하는 부품 맞춤면의 관계 위치를 일정하게 할 때 주로 사용한다.

③ 분할 핀은 축에 끼워진 부품이 빠지는 것을 막는데 사용된다.

④ 스프링핀은 2개의 봉을 연결하여 2개의 봉이 상대각운동을 할 수 있도록 하는데 사용한다.

98 다음 중 나무토막의 절반이 물에 잠긴 채 떠 있을 때, 이 나무토막에 작용하는 부력과 중력의 관계에 대한 설명으로 옳은 것은?

① 부력에 비해 중력의 크기가 더 크다.

② 중력에 비해 부력의 크기가 더 크다.

③ 부력과 중력의 크기가 같다.

④ 나무토막의 모양에 따라 다르므로 알 수 없다.

99 환경경영체제에 관한 국제표준화규격의 통칭으로, 기업 활동 전반에 걸친 환경경영체제를 평가하여 객관적으로 인증(認證)하는 것은 무엇인가?

① ISO 14000   ② ISO 9004

③ ISO 9001   ④ ISO 9000

100 다음 중 브레이턴 사이클(Brayton Cycle)에 대한 설명으로 옳은 것은?

① 2개의 단열변화와 2개의 등압변화로 구성되는 사이클 중 작동유체가 증기와 액체의 상변화를 수반하는 것을 말한다.

② 고온열원·저온열원·압축기 및 터빈으로 구성되는 기체의 표준사이클이다.

③ 가솔린 기관의 열효율과 출력을 생각할 때 기본이 되는 사이클로, 단열, 압축, 폭발, 단열 팽창, 배기 행정으로 구성되어 있다.

④ 고속 디젤기관의 기본 사이클로, 정압 사이클과 정적 사이클이 복합된 사이클이다.

| 03 | 토목일반(토목직)

51 폭이 b이고 높이가 h인 직사각형의 도심에 대한 단면 2차 모멘트는?

① $\dfrac{b^2+h^2}{12}(b+h)$

② $\dfrac{\sqrt{b^2+h^2}}{12}(b+h)$

③ $\dfrac{\sqrt{bh}}{12}(b^2+h^2)$

④ $\dfrac{bh}{12}(b^2+h^2)$

52 하천의 유속측정결과, 수면으로부터 깊이의 2/10, 4/10, 6/10, 8/10 되는 곳의 유속(m/s)이 각각 0.662, 0.552, 0.442, 0.332이었다면 3점법에 의한 평균유속은?

① 0.4603m/s

② 0.4695m/s

③ 0.5245m/s

④ 0.5337m/s

53 다음 중 강우자료의 변화요소가 발생한 과거의 기록치를 보정하기 위하여 전반적인 자료의 일관성을 조사하려고 할 때, 사용할 수 있는 방법으로 가장 적절한 것은?

① 정상연강수량비율법

② 이중누가우량분석

③ DAD분석

④ 등우선법

54 경심이 10m이고, 동수경사가 1/200 인 관로에서 Reynolds수가 1,000인 흐름의 평균유속은?

① 약 7.626m/s

② 약 7.726m/s

③ 약 7.826m/s

④ 약 7.926m/s

55 다음 중 수질시험 항목에 대한 설명으로 옳지 않은 것은?

① DO(용존산소)는 물 속에 용해되어 있는 분자상의 산소를 말하며 온도가 높을수록 DO농도는 감소한다.

② BOD(생물화학적 산소요구량)는 수중 유기물이 혐기성 미생물에 의해 3일간 분해될 때 소비되는 산소량을 ppm으로 표시한 것이다.

③ COD(화학적 산소요구량)는 수중의 산화 가능한 유기물이 일정 조건에서 산화제에 의해 산화되는 데 요구되는 산소량을 말한다.

④ 일반적으로 공장폐수는 무기물을 함유하고 있어 BOD(생물화학적 산소요구량) 측정이 불가능하므로 COD(화학적 산소요구량)를 측정한다.

56 다음 중 취수보 취수구에서의 표준 유입속도는?

① 0.2 ~ 0.4m/s   ② 0.3 ~ 0.6m/s

③ 0.4 ~ 0.8m/s   ④ 0.5 ~ 1.0m/s

57 입경이 균일한 포화된 사질지반에 지진이나 진동 등 동적하중이 작용할 때, 지반에서 일시적으로 전단강도를 상실하게 되는 현상은 무엇인가?

① 액상화(Liquefaction)현상

② 틱소트로피(Thixotropy)현상

③ 히빙(Heaving)현상

④ 파이핑(Piping) 현상

58 비행고도 6,000m에서 초점거리 15cm인 사진기로 수직항공사진을 촬영하였다. 다음 중 길이가 50m인 고량의 사진에서의 길이는?

① 0.55mm   ② 1.25mm

③ 3.60mm   ④ 4.20mm

59 다음 중 하천측량에 대한 설명으로 옳지 않은 것은?

① 수위관측소의 위치는 지천의 합류점 및 분류점으로 수위의 변화가 일어나기 쉬운 곳이 적당하다.

② 하천측량에서 수준측량을 할 때의 거리표는 하천의 중심에 직각 방향으로 설치한다.

③ 심천측량은 하천의 수심 및 유수부분의 하저상황을 조사하고, 횡단면도를 제작하는 측량을 말한다.

④ 하천측량 시 처음에 할 일은 도상조사로서 유로상황, 지역면적, 지형, 토지이용 상황 등을 조사하여야 한다.

60 수준측량의 야장 기입 방법 중 가장 간단한 방법으로 전시(B.S.)와 후시(F.S.)만 있으면 되는 방법은?

① 고차식

② 교호식

③ 기고식

④ 승강식

61 지표면상 A, B 간의 거리가 7.1km라고 하면 B점에서 A점을 시준할 때 필요한 측표(표척)의 최소 높이로 옳은 것은?(단, 지구의 반지름은 6,370km이고, 대기의 굴절에 의한 요인은 무시한다)

① 0.5m

② 1m

③ 3m

④ 4m

62 지름이 20cm인 관수로에 평균유속 5m/s로 물이 흐른다. 관의 길이가 50m일 때, 5m의 손실수두가 나타났다면, 이때 마찰속도 U_*의 값은?(단, 소수점 셋째 자리에서 반올림한다)

① 약 0.022m/s

② 약 0.22m/s

③ 약 2.21m/s

④ 약 22.1m/s

63 다음 그림에서 휨 모멘트가 최대가 되는 단면의 위치는 B점에서 얼마만큼 떨어져 있는가?

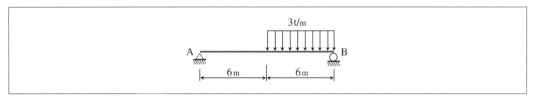

① 4.2m

② 4.5m

③ 4.8m

④ 5.2m

64 다음 중 단위유량도 이론에서 사용하고 있는 기본 가정이 아닌 것은?

① 일정 기저시간 가정

② 비례가정

③ 푸아송 분포 가정

④ 중첩가정

65 DGPS를 적용할 경우 기지점과 미지점에서 측정한 결과로부터 공통오차를 상쇄시킬 수 있으므로 측량의 정확도를 높일 수 있다. 이때 상쇄되는 오차 요인으로 옳지 않은 것은?

① 위성의 궤도정보오차

② 다중경로오차

③ 대류권 신호지연

④ 위성의 시계오차

66 지하수 흐름과 관련된 Dupuit의 공식으로 옳은 것은?(단, $q=$ 단위폭당의 유량, $l=$ 침윤선 길이, $k=$ 투수계수)

① $q = \dfrac{k}{2l}(h_1^2 - h_2^2)$

② $q = \dfrac{k}{2l}(h_1^2 + h_2^2)$

③ $q = \dfrac{k}{l}(h_1^{\frac{3}{2}} - h_2^{\frac{3}{2}})$

④ $q = \dfrac{k}{l}(h_1^{\frac{3}{2}} + h_2^{\frac{3}{2}})$

67 다음 중 벤츄리 미터(Venturi Meter)의 일반적인 용도로 옳은 것은?

① 수심 측정

② 압력 측정

③ 유속 측정

④ 단면 측정

68 사각 위어에서 유량산출에 쓰이는 Francis 공식에 대하여 양단 수축이 있는 경우에 유량으로 옳은 것은?
(단, B : 위어 폭, h : 월류수심)

① $Q = 1.84(B - 0.4h)h^{\frac{3}{2}}$

② $Q = 1.84(B - 0.3h)h^{\frac{3}{2}}$

③ $Q = 1.84(B - 0.2h)h^{\frac{3}{2}}$

④ $Q = 1.84(B - 0.1h)h^{\frac{3}{2}}$

69 다음 중 철근의 부착응력에 영향을 주는 요소에 대한 설명으로 옳지 않은 것은?

① 경사인장균열이 발생하게 되면, 철근이 균열에 저항하게 되고, 따라서 균열면 양쪽의 부착응력을 증가시키기 때문에 결국 인장철근의 응력을 감소시킨다.

② 거푸집 내 타설된 콘크리트의 상부로 상승하는 물과 공기는 수평으로 놓인 철근에 의해 가로막히게 되며, 이로 인해 철근과 철근 하단에 형성될 수 있는 수막 등에 의해 부착력이 감소될 수 있다.

③ 전단에 의한 인장철근의 장부력(Dowel Force)은 부착에 의한 쪼갬 응력을 증가시킨다.

④ 인장부 철근이 필요에 의해 절단되는 불연속 지점에서는 철근의 인장력 변화정도가 매우 크며, 부착응력 역시 증가한다.

70 리벳으로 연결된 부재에서 리벳이 상·하 두 부분으로 절단되었다면, 그 원인으로 적절한 것은?

① 연결부의 인장파괴

② 리벳의 압축파괴

③ 연결부의 지압파괴

④ 리벳의 전단파괴

71 다음 중 상수도관의 종류와 이에 대한 설명으로 옳은 것은?

① 흄관은 내압력이 크고, 현장에서 시공성이 낮다.

② PVC관은 내식성이 작고, 자외선 강하다.

③ 강관은 절단가공이 쉽고, 관내면이 매끄럽다.

④ 주철관은 충격에 강하고, 이형관의 제작이 힘들다.

72 플레이트 보(Plate Girder)의 경제적인 높이는 다음 중 어느 것에 의해 구해지는가?

① 전단력

② 지압력

③ 휨 모멘트

④ 비틀림 모멘트

73 프리스트레스의 손실 원인 중 프리스트레스 도입 후 시간이 경과함에 따라서 생기는 것은 어느 것인가?

① 콘크리트의 탄성수축

② 콘크리트의 크리프

③ PS 강재와 쉬스의 마찰

④ 정착단의 활동

74 다음 중 흙의 다짐에 대한 설명으로 옳지 않은 것은?

① 다짐의 효과는 다짐을 할 때의 수분함량에 크게 좌우된다.

② 최대 건조단위중량이 큰 흙일수록 최적함수비는 작은 것이 보통이다.

③ 점성토 지반을 다질 때는 진동 롤러로 다지는 것이 유리하다.

④ 일반적으로 다짐 에너지를 크게 할수록 최대 건조단위중량은 커지고 최적함수비는 줄어든다.

75 프리스트레스트 콘크리트의 원리를 설명할 수 있는 기본 개념으로 옳지 않은 것은?

① 균등질 보의 개념

② 내력 모멘트의 개념

③ 하중 평형의 개념

④ 변형도 개념

76 인장응력 검토를 위한 $L-150 \times 90 \times 12$인 형강(Angle)의 전개 총폭($b_g$)은 얼마인가?

① 228mm

② 232mm

③ 240mm

④ 252mm

77 다음 중 콘크리트 다짐 특성에 대한 설명으로 옳지 않은 것은?

① 콘크리트 타설 직후 바로 충분히 다져서 콘크리트가 철근 및 매설물 등의 주위와 거푸집까지 잘 채워져 밀실한 콘크리트가 되도록 한다.

② 슬럼프 150mm 이하의 된비빔콘크리트에 거푸집 진동기를 사용하지만, 얇은 벽 거푸집 진동기의 사용이 곤란한 장소에는 내부 진동기를 사용한다.

③ 재진동을 할 경우에는 콘크리트에 나쁜 영향이 생기지 않도록 초결이 발생하기 전에 실시하여야한다.

④ 거푸집널에 접하는 콘크리트는 가능하면 평탄한 표면이 얻어지도록 타설하고 다져야한다.

78 다음 중 흙 속에서의 물의 흐름에 대한 설명으로 옳지 않은 것은?

① 투수계수는 온도에 비례하고 점성에 반비례한다.

② 불포화토는 포화토에 비해 유효응력이 작고, 투수계수가 크다.

③ 흙 속의 침투수량은 Darcy 법칙, 유선망, 침투해석 프로그램 등에 의해 구할 수 있다.

④ 흙 속에서 물이 흐를 때 수두차가 커져 한계동수구배에 이르면 분사현상이 발생한다.

79 어떤 흙의 습윤 단위중량이 $2.0t/m^3$, 함수비 20% 비중 $G_s = 2.7$인 경우 포화도는 얼마인가?

① 84.1% ② 87.1%

③ 95.6% ④ 98.5%

80 수준점 A, B, C에서 P점까지 수준측량을 한 결과가 아래의 표와 같다. 관측거리에 대한 경중률을 고려한 P점의 표고는?

측량 경로	거리(km)	P점의 표고(m)
A→P	2km	124.583m
B→P	3km	124.295m
C→P	1km	124.792m

① 약 124.529m ② 약 124.645m

③ 약 124.704m ④ 약 124.714m

81 흐트러지지 않은 시료를 이용하여 액성한계 40%, 소성한계 22.3%를 얻었다. 정규압밀 점토의 압축지수 (C_c)값을 Terzaghi와 Peck이 발표한 경험식에 의해 구하면?

① 0.25 ② 0.27

③ 0.30 ④ 0.35

82 연약지반에 구조물을 축조할 때 피조미터를 설치하여 과잉간극수압의 변화를 측정했더니 어떤 점에서 구조물 축조 직후 $10t/m^2$이었지만, 4년 후는 $2t/m^2$이었다. 이때의 압밀도는?

① 10% ② 20%
③ 40% ④ 80%

83 얕은 기초에 대한 Terzaghi의 수정지지력 공식은 아래의 표와 같다. $4m \times 5m$의 직사각형 기초를 사용할 경우 형상계수 α와 β의 값으로 옳은 것은?

$$q_u = \alpha c N_c + \beta \gamma_1 B N_\gamma + \gamma_2 D_f N_q$$

① $\alpha = 1.2,\ \beta = 0.4$
② $\alpha = 1.28,\ \beta = 0.42$
③ $\alpha = 1.24,\ \beta = 0.42$
④ $\alpha = 1.32,\ \beta = 0.38$

84 다음 중 간극비(e)와 간극률(n, %)의 관계로 옳은 것은?

① $e = \dfrac{1 - n/100}{n/100}$
② $e = \dfrac{n/100}{1 - n/100}$
③ $e = \dfrac{1 + n/100}{n/100}$
④ $e = \dfrac{1 + n/100}{1 - n/100}$

85 도로 연장 3km 건설 구간에서 7개 지점의 시료를 채취하여 다음과 같은 CBR을 구하였다. 이때의 설계 CBR은 얼마인가?

7개의 CBR : 5.3, 5.7, 7.6, 8.7, 7.4, 8.6, 7.2

〈설계 CBR 계산용 계수〉									
개수(n)	2	3	4	5	6	7	8	9	10 이상
d_2	1.41	1.91	2.24	2.48	2.67	2.83	2.96	3.08	3.18

① 4 ② 5
③ 6 ④ 7

86 다음 중 하수처리시설의 펌프장시설에서 중력식 침사지에 대한 설명으로 옳지 않은 것은?

① 체류시간은 30 ~ 60초를 표준으로 하여야 한다.

② 표면부하율은 오수침사지와 우수침사지 모두 $1,800 \, \text{m}^3/\text{m}^2 \cdot \text{d}$ 정도로 한다.

③ 침사지의 평균유속은 0.3m/s를 표준으로 한다.

④ 침사지 형상은 정방형 또는 장방형 등으로 하고, 지수는 2지 이상을 원칙으로 한다.

87 다음 중 상수도 계통에서 상수의 공급과정을 순서대로 바르게 나열한 것은?

① 취수 – 정수 – 도수 – 배수 – 송수 – 급수

② 취수 – 도수 – 정수 – 송수 – 배수 – 급수

③ 취수 – 배수 – 정수 – 도수 – 급수 – 송수

④ 취수 – 정수 – 송수 – 배수 – 도수 – 급수

88 다음 중 도수(Conveyance of Water)시설에 대한 설명으로 옳은 것은?

① 상수원으로부터 원수를 취수하는 시설이다.

② 원수를 음용가능하게 처리하는 시설이다.

③ 배수지로부터 급수관까지 수송하는 시설이다.

④ 취수원으로부터 정수시설까지 보내는 시설이다.

89 다음 중 강판형(Plate Girder) 복부(Web) 두께의 제한이 규정되어 있는 이유로 가장 적절한 것은?

① 시공 공간 확보   ② 공비의 절약

③ 자중의 경감   ④ 좌굴의 방지

90 상수시설 중 가장 일반적인 장방형 침사지의 표준 표면부하율로 옳은 것은?

① 50 ~ 150mm/min   ② 200 ~ 500mm/min

③ 700 ~ 1,000mm/min   ④ 1,000 ~ 1,250mm/min

91 다음 중 우수조정지의 설치장소로 적당하지 않은 곳은?

① 토사의 이동이 부족한 장소
② 하수관거의 유하능력이 부족한 장소
③ 방류수로의 유하능력이 부족한 장소
④ 하류지역 펌프장 능력이 부족한 장소

92 특정오염물의 제거가 필요하여 활성탄 흡착으로 제거하고자 한다. 연구결과 수량 대비 5%의 활성탄을 사용할 때 오염물질의 75%가 제거되며, 10%의 활성탄을 사용한 때는 96.5%가 제거되었다. 이 특정오염물의 잔류농도를 처음 농도의 0.5% 이하로 처리하기 위해서는 활성탄을 수량대비 몇 약 %로 처리하여야 하는가?(단, 흡착과정은 Freundlich 방정식 $\dfrac{X}{M} = K \cdot C^{1/n}$ 을 만족한다)

① 약 10%   ② 약 12%
③ 약 14%   ④ 약 16%

93 보통중량골재를 사용하는 콘크리트의 설계기준 강도가 38MPa인 경우 콘크리트의 탄성계수(E_c)는?(단, 보통골재를 사용한다)

① 약 2.6452×10^4 MPa   ② 약 2.7104×10^4 MPa
③ 약 2.9546×10^4 MPa   ④ 약 3.0952×10^4 MPa

94 다음 중 전단철근에 대한 설명으로 옳은 것은?

① 용접 이형철망을 사용할 경우 전단철근의 설계기준항복강도는 400MPa를 초과할 수 없다.
② 전단철근의 전단강도는 $V_s = 0.2(1 - f_{ck})f_{ck}b_w d$ 이하이어야 한다.
③ 종방향 철근을 구부려 전단철근으로 사용할 때는 그 경사 길이의 중앙 3/4만이 전단철근으로서 유효하다고 보아야 한다.
④ 부재축에 직각으로 배치된 전단철근의 간격은 프리스트레스트 콘크리트 부재일 경우 0.5h 이하, 또는 600mm 이하로 하여야 한다.

95 그림과 같은 맞대기 용접부에 작용하는 응력은?

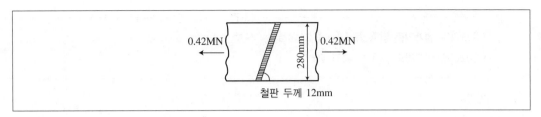

0.42MN ← → 0.42MN
280mm
철판 두께 12mm

① 110MPa   ② 115MPa
③ 120MPa   ④ 125MPa

96 사용고정하중 $= 1,300$kN, 사용활하중 $= 1,700$kN를 받는 정사각 단면의 독립확대기초를 설계하고자 한다. 한 변의 길이를 4m로 한다면 다른 한 변의 길이는 얼마로 해야 하는가?(단, 허용지지력 $q_a = 300$kN/m^2)

① 2m   ② 2.5m
③ 5.6m   ④ 7.5m

97 다음 그림에서 리벳지름 $\phi = 22$mm일 때 순폭은 얼마인가?(단, $b_g = 160$mm, $g = 50$mm, $p = 40$mm이고, 리벳구멍은 리벳지름에 3mm를 더한 값으로 한다)

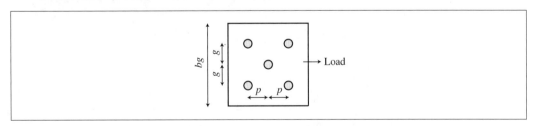

b_g
g
g
g
→ Load
p p

① 약 9cm   ② 약 10cm
③ 약 11cm   ④ 약 12cm

98 다음 조건의 경량콘크리트를 사용할 경우 경량콘크리트계수(λ)는?

───────────〈조건〉───────────
- 콘크리트 설계기준 압축강도(f_{ck}) : 24MPa
- 콘크리트 인장강도(f_{sp}) : 2.17MPa

① 0.79   ② 0.75

③ 0.69   ④ 0.65

99 다음 중 콘크리트의 탄성계수에 가장 많은 영향을 주는 것은?

① 단위 중량과 28일 압축 강도

② 물 – 시멘트비와 양생 온도

③ 물 – 시멘트비와 시멘트 계수

④ 단위 중량과 세조 골재비

100 강도설계법에 의할 때 휨 부재가 만족해야 할 조건으로 옳은 것은?(단, M_u : 극한 하중에 의한 소요 휨 강도, M_n : 공칭 휨 강도, ϕ : 강도감소계수이다)

① $M_u \geq \phi M_n$ ② $M_u > \phi M_n$

③ $M_u < \phi M_n$ ④ $M_u \leq \phi M_n$

2권

제2회
부산교통공사
기술직

NCS 직업기초능력평가
+ 전공

www.sdedu.co.kr

〈문항 및 시험시간〉

평가영역	문항 수	시험시간	모바일 OMR 답안분석		
			직업기초능력평가 + 전공		
			전기·신호직	기계직	토목직
▶ 공통 : 직업기초능력평가 ▶ 전공 　– 전기일반(전기·신호직) 　– 기계일반(기계직) 　– 토목일반(토목직)	100문항	100분			

제2회 모의고사

| 문항 수 : 100문항 |
| 시험시간 : 100분 |

제 1영역 직업기초능력평가

01 다음 중 조직의 유형에 대한 설명으로 가장 적절한 것은?

① 공식화 정도에 따라 소규모 조직, 대규모 조직으로 나눌 수 있다.

② 영리조직으로는 정부조직, 법원, 대학 등이 있다.

③ 공식조직은 인간관계에 따라 형성된 자발적 조직이다.

④ 소규모조직으로는 가족 소유의 상점 등이 있다.

02 다음 글의 주제로 가장 적절한 것은?

> 표준화된 언어는 의사소통을 효과적으로 하기 위하여 의도적으로 선택해야 할 공용어로서의 가치가 있다. 반면에 방언은 지역이나 계층의 언어와 문화를 보존하고 드러냄으로써 국가 전체의 언어와 문화를 다양하게 발전시키는 토대로서의 가치가 있다. 이러한 의미에서 표준화된 언어와 방언은 상호 보완적인 관계에 있다. 표준화된 언어가 있기에 정확한 의사소통이 가능하며, 방언이 있기에 개인의 언어생활에서나 언어 예술 활동에서 자유롭고 창의적인 표현이 가능하다. 결국 우리는 표준화된 언어와 방언 둘 다의 가치를 인정해야 하며, 발화(發話) 상황(狀況)을 잘 고려해서 표준화된 언어와 방언을 잘 가려서 사용할 줄 아는 능력을 길러야 한다.

① 창의적인 예술 활동에서는 방언의 기능이 중요하다.

② 표준화된 언어와 방언에는 각각 독자적인 가치와 역할이 있다.

③ 정확한 의사소통을 위해서는 표준화된 언어가 꼭 필요하다.

④ 표준화된 언어와 방언을 구분할 줄 아는 능력을 길러야 한다.

03 S사원은 E제과회사 영업부에 근무 중이다. 최근 잦은 영업활동으로 인해 자가용의 필요성을 느낀 S사원은 경제적 효율성을 따져 효율성이 가장 높은 중고차를 매입하려고 한다. 경제적 효율성이 높고, 외부 손상이 없는 중고차를 매입하려고 할 때, S사원이 매입할 자동차는?(단, 효율성은 소수점 셋째 자리에서 반올림한다)

〈A ~ D자동차의 연료 및 연비〉

(단위 : km/L)

구 분	연 료	연 비
A자동차	휘발유	11
B자동차	휘발유	12
C자동차	LPG	7
D자동차	경 유	13

〈연료별 리터당 가격〉

(단위 : 원/L)

연 료	LPG	휘발유	경 유
리터당 가격	900	2,000	1,500

〈A ~ E자동차의 기존 주행거리 및 상태〉

(단위 : km)

구 분	주행거리	상 태
A자동차	51,000	손상 없음
B자동차	44,000	외부 손상
C자동차	33,000	내부 손상
D자동차	31,000	손상 없음

※ (경제적 효율성)$= \left[\dfrac{(리터당\ 가격)}{(연비) \times 500} + \dfrac{10,000}{(주행거리)} \right] \times 100$

① A자동차 　　　　② B자동차

③ C자동차 　　　　④ D자동차

04 주머니에 1부터 10까지의 숫자가 적힌 카드 10장이 들어있다. 주머니에서 카드를 세 번 뽑는다고 할 때, 1, 2, 3이 적힌 카드 중 하나 이상을 뽑을 확률은?(단, 꺼낸 카드는 다시 넣지 않는다)

① $\dfrac{5}{8}$

② $\dfrac{17}{24}$

③ $\dfrac{7}{24}$

④ $\dfrac{7}{8}$

05 50원, 100원, 500원짜리 동전이 14개가 있다. 이 동전들의 총합이 2,250원이라면 50원짜리 동전은 몇 개인가?

① 5개

② 6개

③ 7개

④ 8개

06 업무수행과정에서 발생하는 문제를 발생형, 탐색형, 설정형의 세 가지 문제 유형으로 분류한다고 할 때, 다음 〈보기〉의 ㉠~㉡을 문제 유형에 따라 바르게 연결한 것은?

――――〈보기〉――――

㉠ 제품을 배송하는 과정에서 고객의 개인정보를 잘못 기입하는 바람에 배송이 지연되고 있다.
㉡ 제약업계는 개발의 효율성 및 성과를 위해 매출액 가운데 상당 부분을 연구·개발에 투자하고 있으나, 기대만큼의 성과를 도출하지 못하고 있다.
㉢ 제품에서 기준치를 초과한 발암물질이 검출됨에 따라 회사는 전 제품에 대한 리콜을 고민하고 있다.
㉣ 연구팀은 제품 개발에 필수적인 제작 과정을 획기적으로 줄일 수 있는 기술을 개발할 것을 요청받았다.
㉤ 회사는 10대 전략 과제를 선정하고 부서별 역할과 세부추진계획을 점검하기로 하였다.
㉥ 정부의 사업 허가 기준이 강화될 것이라는 예측에 따라 새로운 사업 계획서 작성 방향에 대해 기업의 고민도 커질 것으로 예상된다.

	발생형	탐색형	설정형
①	㉠, ㉢	㉡, ㉣	㉤, ㉥
②	㉡, ㉢	㉠, ㉣	㉤, ㉥
③	㉢, ㉣	㉠, ㉤	㉡, ㉥
④	㉣, ㉤	㉡, ㉥	㉠, ㉢

※ 하반기에 연수를 마친 A ~ E 5명은 다음 〈조건〉에 따라 세계 각국에 있는 해외사업본부로 배치될 예정이다. 이어지는 질문에 답하시오. [7~8]

〈조건〉

• A, B, C, D, E는 인도네시아, 미국 서부, 미국 남부, 칠레, 노르웨이에 있는 서로 다른 해외사업본부로 배치된다.
• C와 D 중 한 명은 미국 서부에 배치된다.
• B는 칠레에 배치되지 않는다.
• E는 노르웨이로 배치된다.
• 미국 서부에는 회계직이 배치된다.
• C가 인도네시아에 배치되면 A는 칠레에 배치된다.
• A가 미국 남부에 배치되면 B는 인도네시아에 배치된다.
• A, D, E는 회계직이고, B, C는 기술직이다.

---

07 다음 중 D가 배치될 해외사업본부는 어디인가?

① 인도네시아　　　　　　　② 미국 서부
③ 미국 남부　　　　　　　④ 노르웨이

08 주어진 〈조건〉을 참고할 때, 다음 ㉠ ~ ㉢의 설명 중 옳은 것을 모두 고르면?

㉠ C가 인도네시아에 배치되면 B는 미국 남부에 배치된다.
㉡ A가 미국 남부에 배치되면 C는 인도네시아에 배치된다.
㉢ A는 반드시 칠레에 배치된다.
㉣ 노르웨이에는 회계직이 배치된다.

① ㉠, ㉡　　　　　　　　② ㉠, ㉣
③ ㉡, ㉢　　　　　　　　④ ㉡, ㉣

〈극장 좌석번호〉

- 극장 좌석번호 부여방식
  [홀] – [층수] – [좌석 위치] – [열] – [행] 순의 코드
- 홀

그랜드홀	카라반홀	제이슨홀	터넷홀
Gi	Kr	Ja	Tn

- 층수

1층	2층	3층
01	02	03

- 좌석 위치

좌측 벽면	우측 벽면	무대 앞	그 외
L	R	I	E

- 열

A	B	C	D	E	F
01	02	03	04	05	06
G	H	I	J	K	L
07	08	09	10	11	12

- 행

1~10	11~20	21~30	31~40	41~50	51~60	61~70	71~80
101	211	321	431	541	651	761	871

〈동아리 부원 이용좌석 현황〉

민수가 속한 동아리의 부원들은 모두 8월에 극장에서 각자 1개씩의 공연을 관람하였다. 각 동아리 부원이 착석하였던 좌석은 다음과 같다.

Gi01E07101	Ja03L11431	Tn02E09651	Kr01L02211	Gi02R06871
Tn01I08321	Ja02R04541	Kr03I01651	Tn03L12871	Gi01E03871

09 다음 중 좌석번호가 Ja02R09431인 좌석에 대한 정보로 옳은 것을 〈보기〉에서 모두 고르면?

─────〈보기〉─────
ㄱ. 카라반홀에 위치한 좌석이다.
ㄴ. J열에 위치하고 있다.
ㄷ. 2층에 위치하고 있다.
ㄹ. 우측 벽면에 위치하고 있다.

① ㄱ, ㄴ   ② ㄱ, ㄷ

③ ㄴ, ㄷ   ④ ㄷ, ㄹ

10 민수가 속한 동아리 부원의 좌석에 대한 설명으로 옳은 것은?

① 4명이 터넷홀에서 공연을 관람하였다.

② 51 ~ 60행에서 관람한 사람은 1명이다.

③ B열에서 관람한 사람의 수와 C열에서 관람한 사람의 수는 같다.

④ 우측 벽면에서 관람한 사람의 수는 3명이다.

11 최근 B연구소는 A금속과 B금속을 합금하였다. A금속은 물에 넣으면 $\frac{1}{10}$ 이 가벼워지고, B금속은 물에 넣으면 $\frac{1}{8}$ 이 가벼워진다. H연구소가 A금속과 B금속을 합금하여 만든 C금속은 200g이며, 물속에서의 무게는 178g이었다고 할 때, A금속과 B금속의 무게 차이는 얼마인가?(단, A금속과 B금속의 합금 무게는 A금속 무게와 B금속 무게의 합과 같다)

① 20g

② 30g

③ 40g

④ 50g

12 다음 표는 국가별 자동차 보유 대수에 대한 자료이다. 이에 대한 설명으로 옳은 것은?(단, 모든 비율은 소수점 둘째 자리에서 반올림한다)

〈국가별 자동차 보유 대수〉

(단위 : 천 대)

구분		전체	승용차	트럭·버스
유럽	네덜란드	3,585	3,230	355
	독일	18,481	17,356	1,125
	프랑스	17,434	15,100	2,334
	영국	15,864	13,948	1,916
	이탈리아	15,400	14,259	1,414
캐나다		10,029	7,823	2,206
호주		5,577	4,506	1,071
미국		129,943	104,898	25,045

① 유럽 국가는 미국, 캐나다, 호주와 비교했을 때, 자동차 보유 대수에서 승용차가 차지하는 비율이 높다.

② 자동차 보유 대수에서 트럭·버스가 차지하는 비율이 가장 높은 나라는 미국이다.

③ 자동차 보유 대수에서 승용차가 차지하는 비율이 가장 낮은 나라는 호주지만, 그래도 90%를 넘는다.

④ 캐나다와 프랑스는 승용차와 트럭·버스의 비율이 3 : 1로 거의 비슷하다.

13 C사원은 총무팀에서 근무하고 있으며, 각 부서의 비품 조달을 담당하고 있다. E팀장은 4분기 비품 보급 계획을 수립하라는 지시를 하였으며, C사원은 비품수요 조사 및 보급 계획을 세워 보고하였다. 보고서를 읽어 본 E팀장은 업무 지도 차원에서 지적을 하였는데, 다음 중 C사원이 받아들이기에 적절하지 않은 것은?

① 각 부서에서 어떤 비품을 얼마큼 필요한지를 정확하게 조사했어야지.

② 부서에서 필요한 수량을 말했으면 그것보다는 조금 더 여유 있게 준비했어야지.

③ 비품목록에 없는 것을 요청했다면 비품 보급 계획에서 제외했어야지.

④ 비품 구매비용이 예산을 초과하는지를 검토했어야지.

14 다음은 A가구사의 시장 조사 결과 보고서이다. 보고서를 참고할 때, A가구사가 마련해야 할 마케팅 전략으로 적절한 것을 〈보기〉에서 모두 고르면?

- 조사 기간 : 2023. 01. 12 ~ 2023. 01. 22
- 조사 품목 : A돌침대
- 조사 대상 : 주부 1,000명
- 조사 결과
  - 소비자의 건강에 대한 관심 증대
  - 소비자는 가격보다 제품의 기능을 우선적으로 고려
  - 취급 점포가 너무 많아서 점포관리가 체계적이지 못함
  - 자사 제품의 가격이 낮아서 품질도 떨어지는 것으로 인식됨

〈보기〉

ㄱ. 유통 경로를 늘린다.
ㄴ. 고급화 전략을 추진한다.
ㄷ. 박리다매 전략을 이용한다.
ㄹ. 전속적 또는 선택적 유통 전략을 도입한다.

① ㄱ, ㄴ   ② ㄱ, ㄷ

③ ㄴ, ㄷ   ④ ㄴ, ㄹ

15 다음은 R대리가 천안 출장을 갔다 올 때, 선택할 수 있는 교통편에 대한 자료이다. R대리가 교통편 하나를 선택하여 왕복티켓을 모바일로 예매하려고 할 때, 가장 저렴한 교통편은 무엇인가?

<출장 시 이용가능한 교통편 현황>

교통편	종류	비용	기타
버스	일반버스	24,000원	–
	우등버스	32,000원	모바일 예매 1% 할인
기차	무궁화호	28,000원	왕복 예매 시 15% 할인
	새마을호	36,000원	왕복 예매 시 20% 할인
	KTX	58,000원	1+1 이벤트(편도 금액으로 왕복 예매 가능)

① KTX
② 우등버스
③ 무궁화호
④ 새마을호

16 R부장은 모스크바 현지 영업소로 출장을 갈 계획이다. 4일 오후 2시 회의가 예정되어 있어 모스크바 공항에 적어도 오전 11시 이전에는 도착하고자 한다. 인천에서 모스크바까지는 8시간이 걸리며, 시차는 인천이 모스크바보다 6시간이 더 빠르다. R부장은 인천에서 늦어도 몇 시에 출발하는 비행기를 예약해야 하는가?

① 3일 09:00
② 3일 19:00
③ 4일 09:00
④ 4일 11:00

17 아시안 게임에 참가한 어느 종목의 선수들을 A, B, C등급으로 분류하여 전체 4,500만 원의 포상금을 지급하려고 한다. A등급인 선수는 B등급보다 2배, B등급은 C등급보다 $\frac{3}{2}$ 배의 포상금을 지급하려고 한다. A등급은 5명, B등급은 10명, C등급은 15명이라면, A등급을 받은 선수 한 명에게 지급될 금액은?

① 300만 원
② 400만 원
③ 450만 원
④ 500만 원

18 다음 중 밑줄 친 ⊙과 가까운 사례를 추론한 것으로 가장 적절한 것은?

화학 공정을 통하여 저렴하고 풍부한 원료로부터 원하는 물질을 제조하고자 할 때, 촉매는 활성화 에너지가 낮은 새로운 반응 경로를 제공하여 마치 마술처럼 원하는 반응이 쉽게 일어나도록 돕는다. 제1차 세계 대전 직전에 식량 증산에 크게 기여하였던 철촉매에서부터 최근 배기가스를 정화하는 데 사용되는 백금 촉매에 이르기까지 다양한 촉매가 여러 가지 문제 해결의 핵심 기술이 되고 있다. 그러나 전통적인 공업용 촉매개발은 시행착오를 반복하다가 요행히 촉매를 발견하는 식이었다.

이러한 문제점을 해결하기 위해 촉매 설계 방법이 제안되었는데, 이는 표면 화학 기술과 촉매 공학의 발전으로 가능해졌다. 촉매 설계 방법은 ⊙ 회귀 경로를 통하여 오류를 최소 과정 내에서 통제할 수 있는 체계로서 크게 세 단계로 이루어진다. 첫 번째 단계에서는 대상이 되는 반응을 선정하고, 열역학적 검토와 경제성 평가를 거쳐 목표치를 설정한다. 두 번째 단계에서는 반응물이 촉매 표면에 흡착되어 생성물로 전환되는 반응 경로 모델을 구상하며, 그 다음에 반응의 진행을 쉽게 하는 활성 물질, 활성 물질의 기능을 증진시키는 증진제, 그리고 반응에 적합한 촉매 형태를 유지시키는 지지체를 선정한다. 마지막 단계에서는 앞에서 선정된 조합으로 촉매 시료를 제조한 후 실험하고, 그 결과를 토대로 촉매의 활성·선택성·내구성을 평가한다. 여기서 결과가 목표치에 미달하면 다시 촉매 조합을 선정하는 단계로 돌아가며, 목표치를 달성하는 경우에도 설정된 경로 모델대로 반응이 진행되지 않았다면, 다시 경로 모델을 설정하는 단계로 회귀한다. 설정된 경로 모델에 따라 목표치에 도달하면 촉매 설계는 완료된다.

미래 사회에서는 에너지 자원의 효율적 사용과 환경 보존을 최우선시하여, 다양한 촉매의 개발이 필요하게 될 것이다. 특히 반응 단계는 줄이면서도 효과적으로 원하는 물질을 생산하고, 낮은 온도에서 선택적으로 빠르게 반응을 진행시킬 수 있는 새로운 촉매가 필요하게 된다. 촉매 설계 방법은 환경 및 에너지 문제를 해결하는 마법의 돌을 만드는 체계적 접근법인 것이다.

① 민준이는 현관문 잠금 장치의 비밀번호를 잊어버려 여러 번호를 입력하다가 운 좋게 다섯 번 만에 문을 열었다.
② 시안이는 설문지를 작성하여 설문 조사를 하던 중에 설문지의 질문이 잘못된 것을 발견하여 설문지 작성 과정으로 돌아와 질문을 수정하였다.
③ 수아는 좋은 시어를 찾기 위해 우리말 형용사 사전을 뒤졌으나 적절한 시어를 찾지 못했다. 그러던 어느 날 『토지』를 읽다가 적절한 시어를 찾아냈다.
④ 설아는 방송국 홈페이지에 글을 올리다가 우연히 경품 응모에 당첨되었다. 그 후 설아는 계속해서 글을 올렸고, 경품을 타는 횟수가 더욱 늘어났다.

19 다음은 2022년 10 ~ 12월 산업분류별 상용 근로일수, 임시 일용근로일수 및 월 근로시간(평균) 현황에 대한 자료이다. 이에 대한 설명으로 옳은 것을 〈보기〉에서 모두 고르면?

〈산업분류별 상용 근로일수, 임시 일용근로일수 및 월 근로시간 현황〉

(단위 : 일, 시간)

구분	2022년 10월			2022년 11월			2022년 12월		
	상용 근로일수	임시 일용 근로일수	월 근로시간	상용 근로일수	임시 일용 근로일수	월 근로시간	상용 근로일수	임시 일용 근로일수	월 근로시간
전체	20.6	13.6	163.3	20.7	13.7	164.2	20.7	13.6	163.9
광업	21.8	10.8	175.5	21.9	10.8	176.6	21.9	10.7	176.6
제조업	20.6	14.8	176.3	20.8	14.9	177.4	20.7	14.8	177.1
전기, 가스, 증기 및 수도 사업	19.0	17.5	160.6	19.2	17.6	162.1	19.2	17.6	162.1
하수·폐기물처리, 원료재생 및 환경복원업	21.7	13.5	177.0	21.8	13.2	177.9	21.8	13.2	177.8
건설업	20.5	12.9	138.0	20.7	12.9	138.7	20.6	12.9	138.5
도매 및 소매업	20.9	13.4	164.4	21.1	13.5	165.4	21.0	13.5	165.2
운수업	21.0	18.2	166.1	21.1	18.2	166.8	21.1	18.3	166.5
숙박 및 요식업	23.0	13.9	159.3	23.1	13.9	159.7	23.1	13.8	159.7
출판, 영상, 방송통신 및 정보서비스업	19.8	16.1	160.7	19.9	16.2	162.0	19.9	16.2	161.6
금융 및 보험업	19.6	19.3	160.2	19.7	19.3	161.3	19.6	19.2	160.9
부동산 및 임대업	19.4	17.0	178.4	19.5	17.0	179.1	19.5	16.9	178.9
전문, 과학 및 기술서비스업	19.8	16.5	159.6	19.9	16.7	160.8	19.9	16.6	160.4
사업시설관리 및 사업지원 서비스업	20.2	13.5	162.6	20.3	13.5	163.4	20.3	13.5	163.2
교육 서비스업	19.8	11.5	142.0	20.0	11.4	142.8	20.0	11.2	142.3
보건업 및 사회복지 서비스업	20.7	17.3	161.8	20.8	17.5	162.7	20.8	17.4	162.5
예술, 스포츠 및 여가관련서비스업	20.5	15.3	157.2	20.6	15.3	157.9	20.5	15.3	157.7
협회 및 단체, 수리 및 기타개인서비스업	21.5	11.7	161.3	21.6	11.6	162.1	21.6	11.6	162.0

─────〈보기〉─────

ㄱ. 2022년 10월부터 12월까지 전체 월 근로시간은 매월 증가하였다.
ㄴ. 2022년 11월 건설업의 상용 근로일수는 광업의 상용 근로일수의 80% 이상이다.
ㄷ. 2022년 10월에 임시 일용근로일수가 가장 많은 산업은 2022년 12월에 10월 대비 임시 일용근로일수가 증가하였다.
ㄹ. 월 근로시간이 가장 많은 산업은 2022년 11월과 12월에 동일하다.

① ㄱ, ㄴ   ② ㄱ, ㄷ
③ ㄴ, ㄷ   ④ ㄴ, ㄹ

20 다음 글의 내용으로 적절하지 않은 것은?

우리 은하에서 가장 가까이 위치한 은하인 안드로메다은하까지의 거리는 220만 광년이다. 이처럼 엄청난 거리로 떨어져 있는 천체까지의 거리는 어떻게 측정한 것일까?

첫 번째 측정 방법은 삼각 측량법이다. 그러나 피사체가 매우 멀리 있는 경우라면 삼각형의 밑변이 충분히 길 필요가 있다. 지구는 1년에 한 바퀴씩 태양 주변을 공전하는데 우리는 이 공전 궤도 반경을 알고 있기 때문에 이를 밑변으로 삼아 별까지의 거리를 측정할 수 있다. 그러나 가까이 있는 별까지의 거리도 지구 궤도 반지름에 비하면 엄청나게 길어서 연주 시차는 아주 작은 값이 되므로 측정하기가 쉽지 않다. 두 번째 측정 방법은 주기적으로 별의 밝기가 변하는 변광성의 주기와 밝기를 연구하는 과정에서 얻어졌다. 보통 별의 밝기는 거리의 제곱에 반비례해서 어두워지는데, 1등급과 6등급의 별은 100배의 밝기 차이가 있다. 그러나 밝은 별이 반드시 어두운 별보다 가까이 있는 것은 아니다. 별의 거리는 밝기의 절대등급과 겉보기 등급의 비교를 통해 확정되기 때문이다. 즉, 모든 별이 같은 거리에 놓여 있다고 가정하고, 밝기 등급을 매긴 것을 절대등급이라 하는데, 만약 이 등급이 낮은(밝은) 별이 겉보기에 어둡다면 이 별은 매우 멀리 있는 것으로 볼 수 있다.

① 절대등급과 겉보기등급은 다를 수 있다.
② 별은 항상 같은 밝기를 가지고 있지 않다.
③ 삼각 측량법은 지구의 궤도 반경을 알아야 측정이 가능하다.
④ 어두운 별은 밝은 별보다 항상 멀리 있기 때문에 밝기에 의한 거리의 차가 있다.

21 다음 글에서 〈보기〉의 문장이 들어갈 위치로 가장 적절한 곳은?

(가) 피타고라스학파는 사실 학파라기보다는 오르페우스(Orpheus) 교라는 신비주의 신앙을 가진 하나의 종교 집단이었다 한다. 피타고라스가 살던 당시 그리스에서는 막 철학적 사유가 싹트고 있었다. 당시 철학계에서는 이 세상의 다양한 사물과 변화무쌍한 현상 속에서 변하지 않는 어떤 '근본적인 것(Arkhe)'을 찾는 것이 유행이었다. 어떤 사람은 그것을 '물'이라 하고, 어떤 사람은 '불'이라 했다. 그런데 피타고라스는 특이하게도 그런 눈에 보이는 물질이 아니라 추상적인 것, 곧 '수(數)'가 만물의 근원이라고 생각했다.

(나) 피타고라스학파가 신봉하던 오르페우스는 인류 최초의 음악가였다. 이 때문에 그들은 음악에서도 수적 비례를 찾아냈다. 음의 높이는 현(絃)의 길이와의 비례 관계로 설명된다. 현의 길이를 1/3만 줄이면 음은 정확하게 5도 올라가고 반으로 줄이면 한 옥타브 올라간다. 여러 음 사이의 수적 비례는 아름다운 화음을 만들어 낸다.

(다) 이 신비주의자들이 밤하늘에 빛나는 별의 신비를 그냥 지나쳤을 리 없다. 하늘에도 수의 조화가 지배하고 있다. 별은 예정된 궤도를 따라 움직이고 일정한 시간에 나타나 일정한 시간에 사라진다. 그래서 그들에게 별의 움직임은 리드미컬한 춤이었다. 재미있게도 그들은 별들이 현악기 속에 각자의 음을 갖고 있다고 믿었다. 그렇다면 천체의 운행 자체가 거대한 교향곡이 아닌가.

(라) 아득한 옛날 사람들은 우리와는 다른 태도로 자연과 세계를 대했다. 그들은 세상의 모든 것에 생명이 있다고 믿었고, 그 생명과 언제든지 교감할 수 있었다. 무정한 밤하늘에서조차 그들은 별들이 그려내는 아름다운 그림을 보고, 별들이 연주하는 장엄한 곡을 들었다.

언제부터인가 우리는 불행하게도 세계를 이렇게 느끼길 그만두었다. 다시 그 시절로 되돌아갈 수는 없을까? 물론 그럴 수는 없다. 하지만 놀랍게도 우리 삶의 한구석엔 고대인들의 심성이 여전히 남아 있다. 여기서는 아직도 그들처럼 세계를 보고 느낄 수 있다. 바로 예술의 세계다.

〈보기〉

세상의 모든 것은 수로 표시된다. 수를 갖지 않는 사물은 없다. 그러면 모든 것에 앞서 존재하는 것이 바로 수가 아닌가. 수는 모든 것에 앞서 존재하며 혼돈의 세계에 질서를 주고 형체 없는 것에 형상을 준다. 따라서 수를 연구하는 것이 바로 존재의 가장 깊은 비밀을 탐구하는 것이었다. 그러므로 수학 연구는 피타고라스 교단에서 지켜야 할 계율 가운데 가장 중요한 것으로 여겨졌다.

① (가) 문단의 뒤 ② (나) 문단의 뒤
③ (라) 문단의 뒤 ④ (라) 문단의 뒤

22 다음 제시된 문단을 논리적 순서대로 바르게 나열한 것은?

(가) 상품의 가격은 기본적으로 수요와 공급의 힘으로 결정된다. 시장에 참여하고 있는 경제 주체들은 자신이 가진 정보를 기초로 하여 수요와 공급을 결정한다.

(나) 이런 경우에는 상품의 가격이 우리의 상식으로는 도저히 이해하기 힘든 수준까지 일시적으로 뛰어오르는 현상이 나타날 가능성이 있다. 이런 현상은 특히 투기의 대상이 되는 자산의 경우 자주 나타나는데, 우리는 이를 '거품 현상'이라고 부른다.

(다) 그러나 현실에서는 사람들이 서로 다른 정보를 갖고 시장에 참여하는 경우가 많다. 어떤 사람은 특정한 정보를 갖고 있는데 거래 상대방은 그 정보를 갖고 있지 못한 경우도 있다.

(라) 일반적으로 거품 현상이란 것은 어떤 상품 – 특히 자산 – 의 가격이 지속해서 급격히 상승하는 현상을 가리킨다. 이와 같은 지속적인 가격 상승이 일어나는 이유는 애초에 발생한 가격 상승이 추가적인 가격 상승의 기대로 이어져 투기 바람이 형성되기 때문이다.

(마) 이들이 똑같은 정보를 함께 갖고 있으며 이 정보가 아주 틀린 것이 아닌 한, 상품의 가격은 어떤 기본적인 수준에서 크게 벗어나지 않을 것이라고 예상할 수 있다.

---

① (마) – (가) – (다) – (라) – (나) 　　② (라) – (가) – (다) – (나) – (마)

③ (가) – (다) – (나) – (라) – (마) 　　④ (가) – (마) – (다) – (나) – (라)

---

23 다음 글에서 〈보기〉의 문장이 들어갈 위치로 가장 적절한 곳은?

한국의 전통문화는 근대화의 과정에서 보존되어야 하는가, 아니면 급격한 사회 변동에 따라 해체되어야 하는가? 한국 사회 변동 과정에서 외래문화는 전통문화에 흡수되어 토착화되는가, 아니면 전통문화 자체를 전혀 다른 것으로 변질시키는가? 이러한 질문에 대해서 오늘 한국 사회는 진보주의와 보수주의로 나뉘어 뜨거운 논란을 빚고 있다. (㉠) 그러나 전통의 유지와 변화에 대한 견해 차이는 단순하게 진보주의와 보수주의로 나뉠 성질의 것이 아니다. 한국 사회는 한 세기 이상의 근대화 과정을 거쳐 왔으며 앞으로도 광범하고 심대한 사회 구조의 변동을 가져올 것이다. (㉡) 이런 변동 때문에 보수주의적 성향을 가진 사람들도 전통문화의 변질을 어느 정도 수긍하지 않을 수 없고, 진보주의 성향을 가진 사람 또한 문화적 전통의 가치를 인정하지 않을 수 없다. (㉢) 근대화는 전통문화의 계승과 끊임없는 변화를 다 같이 필요로 하며 외래문화의 수용과 토착화를 동시에 요구하기 때문이다. (㉣) 근대화에 따르는 사회 구조적 변동이 문화를 결정짓기 때문에 전통문화의 변화 문제는 특수성이나 양자택일이라는 기준으로 다룰 것이 아니라 끊임없는 사회 구조의 변화라는 시각에서 바라보고 분석하는 것이 중요하다.

〈보기〉

또한 이 논란은 단순히 외래문화나 전통문화 중 양자택일을 해야 하는 문제도 아니다.

---

① ㉠ 　　②㉡

③ ㉢ 　　④ ㉣

24 부산교통공사는 직원들의 편의를 위해 커피머신을 마련하고자 한다. 커피머신은 시중에서 2백만 원에 살수 있고, 1년 이내에 되팔 때는 60%의 가격을 받을 수 있다. 또한 원두는 시중에서 1kg당 15,000원에 구매할 수 있다. 반면 1년간 대여할 경우에는 대여료 월 80,000원과 원두를 1kg당 10,000원에 이용할수 있으나, 1년 이내 반납 시 위약금으로 잔여기간에 대한 대여료의 50%를 물어야 한다. 만약 커피머신을 10개월간 사용할 계획이라면 어떤 방법이 얼마만큼 저렴한가?(단, 원두는 한 달에 3kg을 사용한다)

① 구매한다. 40,000원

② 대여한다. 70,000원

③ 구매한다. 70,000원

④ 대여한다. 100,000원

25 다음은 기안문 작성원칙에 대한 설명이다. 이에 대한 설명으로 옳지 않은 것을 모두 고르면?

> ㄱ. 용이성 : 은어나 비어는 사용하지 않고, 전문용어를 사용해 뜻을 정확히 한다.
> ㄴ. 경제성 : 글의 서식을 통일하고, 문자는 부호화하여 사용한다.
> ㄷ. 간결성 : 꼭 필요한 내용만 간략히 쓰고, 문장의 서술을 나열하여 쓴다.
> ㄹ. 정확성 : 중심내용이 빠지지 않도록 하고, 과장된 표현은 피한다.

① ㄱ, ㄴ

② ㄴ, ㄷ

③ ㄷ, ㄹ

④ ㄱ, ㄷ, ㄹ

26 다음 자료를 참고할 때, 하루 동안 고용할 수 있는 최대 인원은?

총 예산	본예산	500,000원
	예비비	100,000원
고용비	1인당 수당	50,000원
	산재보험료	(수당)×0.504%
	고용보험료	(수당)×1.3%

① 10명

② 11명

③ 12명

④ 13명

27 N공사에 근무하는 B사원은 국내 원자력 산업에 대한 SWOT 분석결과 자료를 토대로, SWOT 분석에 의한 경영전략에 따라 〈보기〉와 같이 분석하였다. 다음 중 SWOT 분석에 의한 경영전략에 따른 분석으로 적절하지 않은 것을 〈보기〉에서 모두 고르면?

〈국내 원자력 산업에 대한 SWOT 분석결과〉

구분	분석 결과
강점(Strength)	• 우수한 원전 운영 기술력 • 축적된 풍부한 수주 실적
약점(Weakness)	• 낮은 원전해체 기술 수준 • 안전에 대한 우려
기회(Opportunity)	• 해외 원전수출 시장의 지속적 확대 • 폭염으로 인한 원전 효율성 및 필요성 부각
위협(Threat)	• 현 정부의 강한 탈원전 정책 기조

〈SWOT 분석에 의한 경영전략〉

• SO전략 : 강점을 살려 기회를 포착하는 전략
• ST전략 : 강점을 살려 위협을 회피하는 전략
• WO전략 : 약점을 보완하여 기회를 포착하는 전략
• WT전략 : 약점을 보완하여 위협을 회피하는 전략

─〈보기〉─

㉠ 뛰어난 원전 기술력을 바탕으로 동유럽 원전수출 시장에서 우위를 점하는 것은 SO전략으로 적절하겠어.
㉡ 안전성을 제고하여 원전 운영 기술력을 향상시키는 것은 WO전략으로 적절하겠어.
㉢ 우수한 기술력과 수주 실적을 바탕으로 국내 원전 사업을 확장하는 것은 ST전략으로 적절하겠어.
㉣ 안전에 대한 우려가 있는 만큼, 안전점검을 강화하고 당분간 정부의 탈원전 정책 기조에 협조하는 것은 WT전략으로 적절하겠어.

① ㉠, ㉡
② ㉠, ㉢
③ ㉡, ㉢
④ ㉡, ㉣

28 다음 중 밑줄 친 ㉠~㉣의 수정 방안으로 적절하지 않은 것은?

학부모들을 상대로 설문조사를 한 결과, 사교육비 절감에 가장 큰 도움을 준 제도는 바로 교과교실제(영어, 수학 교실 등 과목전용교실 운영)였다. 사교육비 중에서도 가장 ㉠ 많은 비용이 차지하는 과목이 영어와 수학이라는 점을 고려해보면 공교육에서 영어, 수학을 집중적으로 가르쳐주는 것이 사교육비 절감에 큰 도움이 되었다는 점을 이해할 수 있다. 한때 사교육비 절감을 기대하며 도입했던 '방과 후 학교'는 사교육비를 절감하지 못했는데, 이는 학생들을 학교에 묶어놓는 것만으로는 사교육을 막을 수 없다는 점을 시사한다. 학생과 학부모가 적지 않은 비용을 지불하면서도 사교육을 찾게 되는 이유는 ㉡ 입시에 도움이 된다. 공교육에서는 정해진 교과 과정에 맞추어 수업을 해야 하고 실력 차이가 나는 학생들을 ㉢ 개별적으로 가르쳐야 하기 때문에 입시에 초점을 맞추기가 쉽지 않다. 따라서 공교육만으로는 입시에 뒤처진다고 생각하는 사람들이 많은 것이다. ㉣ 그래서 교과교실제에 이어 사교육비 절감에 도움이 되었다고 생각하는 요인이 '다양하고 좋은 학교의 확산'이라는 점을 보면 공교육에도 희망이 있다고 할 수 있다. 인문계, 예체능계, 실업계, 특목고 정도로만 학교가 나눠졌던 과거에 비해 지금은 학생의 특기와 적성에 맞는 다양하고 좋은 학교가 많이 생겨났다. 좋은 대학에 입학하려는 이유가 대학의 서열화와 그에 따른 취업경쟁 때문이라는 것을 생각해보면 고등학교 때부터 미래를 위해 공부할 수 있는 학교는 사교육비 절감과 더불어 공교육의 강화, 과도한 입시 경쟁 완화에 도움이 될 것이다.

① ㉠ : 조사가 잘못 쓰였으므로 '많은 비용을 차지하는'으로 수정한다.
② ㉡ : 호응 관계를 고려하여 '입시에 도움이 되기 때문이다.'로 수정한다.
③ ㉢ : 문맥을 고려하여 '집중적으로'로 수정한다.
④ ㉣ : 앞 내용과 상반된 내용이 이어지므로 '하지만'으로 수정한다.

29 다음은 투입 자원에 따른 성과 지수를 나타낸 것이다. 가장 높은 성과를 기대할 수 있는 투입 자원은?

〈투입 자원별 기대 성과 지수〉
- 자원 A : 1단위당 2.5의 성과가 기대됨(단위당 가격 : 300만 원)
- 자원 B : 1단위당 2.3의 성과가 기대됨(단위당 가격 : 200만 원)
- 자원 C : 1단위당 0.5의 성과가 기대됨(단위당 가격 : 100만 원)
※ 가용예산 : 500만 원

① 자원 A 1단위 + 자원 B 1단위
② 자원 A 1단위 + 자원 C 2단위
③ 자원 B 1단위 + 자원 C 3단위
④ 자원 B 2단위 + 자원 C 1단위

30 다음 중 밑줄 친 ㉠과 관련된 욕구로 적절한 것은?

> A사원 : 사내 게시판에 공지된 교육프로그램 참여 신청에 관한 안내문은 보셨나요?
> B대리 : 봤지. 안 그래도 신청해야 하나 고민 중이야.
> A사원 : 대리님이 꼭 따고 싶다고 하셨던 자격증 강의잖아요.
> B대리 : ㉠ 아니, 나는 아침잠이 많아서…. 너무 이른 시간이라 참여할 수 있을지 걱정이야.
> A사원 : 그런 이유로 고민할 시간도 없어요. 선착순 마감되기 전에 얼른 신청하세요!

① 안전의 욕구   ② 사회적 욕구
③ 생리적 욕구   ④ 존경의 욕구

31 티베트에서는 손님이 찻잔을 비우면 주인이 계속 첨잔을 하는 것이 기본예절이며, 손님의 입장에서 주인이 권하는 차를 거절하면 실례가 된다. 티베트에 출장 중인 G사원은 이를 숙지하고 티베트인 집에서 차 대접을 받게 되었다. G사원이 찻잔을 비울 때마다 주인이 계속 첨잔을 하여 곤혹을 겪고 있을 때, G사원의 행동으로 가장 적절한 것은?

① 주인에게 그만 마시고 싶다며 단호하게 말한다.
② 잠시 자리를 피하도록 한다.
③ 차를 다 비우지 말고 입에 살짝 댄다.
④ 힘들지만 계속 마시도록 한다.

32 부산교통공사의 관리팀 팀장으로 근무하는 B과장은 최근 팀장 회의에서 '관리자가 현상을 유지한다면, 리더는 세상을 바꾼다.'는 리더와 관리자의 차이에 대한 설명을 듣게 되었다. 이와 관련하여 관리자가 아닌 진정한 리더가 되기 위한 B과장의 다짐으로 적절하지 않은 것은?

① 위험을 회피하기보다는 계산된 위험을 취하도록 하자.
② 사람을 관리하기보다는 사람의 마음에 불을 지피도록 하자.
③ 내일에 초점을 맞추기보다는 오늘에 초점을 맞추도록 하자.
④ 기계적인 모습보다는 정신적으로 따뜻한 모습을 보이자.

※ 다음은 2018 ~ 2022년 S공사의 차량기지 견학 안전체험 건수 및 인원 현황 자료이다. 자료를 참고하여 이어지는 질문에 답하시오. [33~34]

〈차량기지 견학 안전체험 건수 및 인원 현황〉

(단위 : 건, 명)

구분	2018년		2019년		2020년		2021년		2022년		합계	
	건수	인원	건수	인원	건수	인원	건수	인원	건수	인원	건수	인원
고덕	24	611	36	897	33	633	21	436	17	321	131	2,898
도봉	30	644	31	761	24	432	28	566	25	336	138	2,739
방화	64	1,009	(ㄴ)	978	51	978	(ㄹ)	404	29	525	246	3,894
신내	49	692	49	512	31	388	17	180	25	385	171	2,157
천왕	68	(ㄱ)	25	603	32	642	30	566	29	529	184	3,206
모란	37	766	27	643	31	561	20	338	22	312	137	2,620
합계	272	4,588	241	4,394	(ㄷ)	3,634	145	2,490	147	2,408	1,007	17,514

33 다음 중 빈칸에 들어갈 수치가 바르게 연결된 것은?

① (ㄱ) – 846
② (ㄴ) – 75
③ (ㄷ) – 213
④ (ㄹ) – 29

34 다음 중 차량기지 견학 안전체험 현황에 대한 설명으로 옳은 것을 〈보기〉에서 모두 고르면?

─〈보기〉─

ㄱ. 방화 차량기지 견학 안전체험 건수는 2019년부터 2022년까지 전년 대비 매년 감소하였다.
ㄴ. 2020년 고덕 차량기지의 안전체험 건수 대비 인원수는 도봉 차량기지의 안전체험 건수 대비 인원수보다 크다.
ㄷ. 2019년부터 2021년까지 고덕 차량기지의 안전체험 건수의 증감추이는 인원수의 증감추이와 동일하다.
ㄹ. 신내 차량기지의 안전체험 인원수는 2022년에 2018년 대비 50% 이상 감소하였다.

① ㄱ, ㄴ
② ㄱ, ㄷ
③ ㄴ, ㄷ
④ ㄴ, ㄹ

※ 다음은 B공사의 프로젝트 목록에 관한 자료이다. 자료를 참고하여 이어지는 질문에 답하시오. [35~37]

〈프로젝트별 진행 시 세부사항〉

구분	필요 인원	소요기간	기간	1인당 인건비	진행비
A프로젝트	46명	1개월	2월	130만 원	20,000만 원
B프로젝트	42명	4개월	2 ~ 5월	550만 원	3,000만 원
C프로젝트	24명	2개월	3 ~ 4월	290만 원	15,000만 원
D프로젝트	50명	3개월	5 ~ 7월	430만 원	2,800만 원
E프로젝트	15명	3개월	7 ~ 9월	400만 원	16,200만 원

※ 1인당 인건비는 프로젝트가 끝날 때까지의 1인당 총 인건비를 말한다.

35 모든 프로젝트를 완료하기 위해 필요한 최소 인원은 몇 명인가?(단, 프로젝트 참여자는 하나의 프로젝트를 끝내면 다른 프로젝트에 참여한다)

① 50명
② 65명
③ 92명
④ 117명

36 다음 중 B공사의 A ~ E프로젝트를 인건비가 가장 적게 드는 것부터 순서대로 바르게 나열한 것은?

① A - E - C - D - B
② A - E - C - B - D
③ E - A - C - B - D
④ E - C - A - D - B

37 B공사는 인건비와 진행비를 합하여 프로젝트 비용을 산정하려고 한다. 필요한 인원수가 가장 적은 E프로젝트를 제외한 A~ D프로젝트 중 비용이 가장 적게 드는 프로젝트는?

① A프로젝트
② B프로젝트
③ C프로젝트
④ D프로젝트

38 가족들과 레스토랑에서 외식을 계획 중인 H씨는 레스토랑에서 가격 할인을 받기 위해 A ~ D레스토랑에 대한 통신사별 멤버십 혜택을 다음과 같이 정리하였다. 다음의 각 상황에서 가장 비용이 저렴한 경우는?

<표 제목 생략>

구분	X통신사	Y통신사	Z통신사
A레스토랑	1,000원당 100원 할인	15% 할인	–
B레스토랑	15% 할인	20% 할인	15% 할인
C레스토랑	20% 할인 (VIP의 경우 30% 할인)	1,000원당 200원 할인	30% 할인
D레스토랑	–	10% 할인 (VIP의 경우 20% 할인)	1,000원당 100원 할인

〈통신사별 멤버십 혜택〉

① A레스토랑에서 14만 3천 원의 금액을 사용하고, Y통신사의 할인을 받는다.
② B레스토랑에서 16만 5천 원의 금액을 사용하고, X통신사의 할인을 받는다.
③ C레스토랑에서 16만 4천 원의 금액을 사용하고, X통신사의 VIP 할인을 받는다.
④ D레스토랑에서 15만 4천 원의 금액을 사용하고, Y통신사의 VIP 할인을 받는다.

39 부산교통공사의 사내식당에는 요리사인 철수와 설거지 담당인 병태가 있다. 요리에 사용되는 접시는 하나의 탑처럼 순서대로 쌓여 있으며 철수는 접시가 필요할 경우 이 접시 탑의 맨 위에 있는 접시부터 하나씩 사용하고 병태는 자신이 설거지한 깨끗한 접시를 해당 탑의 맨 위에 하나씩 쌓는다. 철수와 병태는 (가), (나), (다), (라) 작업을 차례대로 수행하였다. 철수가 (라) 작업을 완료한 이후 접시 탑의 맨 위에 있는 접시는?

(가) 병태가 시간 순서대로 접시 A, B, C, D접시를 접시 탑에 쌓는다.
(나) 철수가 접시 한 개를 사용한다.
(다) 병태가 시간 순서대로 접시 E, F를 접시 탑에 쌓는다.
(라) 철수가 접시 세 개를 순차적으로 사용한다.

① A접시   ② B접시
③ C접시   ④ D접시

40 다음 글의 제목으로 가장 알맞은 것은?

제4차 산업혁명은 인공지능이 기존의 자동화 시스템과 연결되어 효율이 극대화되는 산업 환경의 변화를 의미한다. 2016년 세계경제포럼에서 언급되어, 유행처럼 번지는 용어가 되었다. 학자에 따라 바라보는 견해는 다르지만 대체로 기계학습과 인공지능의 발달이 그 수단으로 꼽힌다. 2010년대 중반부터 드러나기 시작한 제4차 산업혁명은 현재진행형이며, 그 여파는 사회 곳곳에서 드러나고 있다. 현재도 사람을 기계와 인공지능이 대체하고 있으며, 현재 일자리의 80 ~ 99%까지 대체될 것이라고 보는 견해도 있다.

만약 우리가 현재의 경제 구조를 유지한 채로 이와 같은 극단적인 노동 수요 감소를 맞게 된다면, 전후 미국의 대공황 등과는 차원이 다른 끔찍한 대공황이 발생할 것이다. 계속해서 일자리가 줄어들수록 중·하위 계층은 사회에서 밀려날 수밖에 없는데, 반면 자본주의 사회의 특성상 많은 비용을 수반하는 과학기술의 연구는 자본에 종속될 수밖에 없기 때문이다. 물론 지금도 이러한 현상이 없는 것은 아니지만, 아직까지는 단순노동이 필요하기 때문에 노동력을 제공하는 중·하위층들도 불합리한 부분들에 파업과 같은 실력행사를 할 수 있었다. 그러나 앞으로 자동화가 더욱 진행되어 노동의 필요성이 사라진다면 그들을 배려해야 할 당위성은 법과 제도가 아닌 도덕이나 인권과 같은 윤리적인 영역에만 남게 되는 것이다.

반면에, 이를 긍정적으로 생각한다면 이처럼 일자리가 없어졌을 때 극소수에 해당하는 경우를 제외한 나머지 사람들은 노동에서 완전히 해방되어, 인공지능이 제공하는 무제한적인 자원을 마음껏 향유할 수도 있을 것이다. 하지만 이러한 미래는 지금의 자본주의보다는 사회주의 경제 체제에 가깝다. 이 때문에 많은 경제학자와 미래학자들은 제4차 산업혁명 이후의 미래를 장밋빛으로 바꿔나가기 위해, 기본소득제 도입 등의 시도와 같은 고민들을 이어가고 있다.

① 제4차 산업혁명의 의의
② 제4차 산업혁명의 빛과 그늘
③ 제4차 산업혁명의 시작
④ 제4차 산업혁명에 대한 준비

41 다음 중 잘못된 직업관을 가지고 있는 사람은?

① 항공사에서 근무하고 있는 A는 자신의 직업에 대해 긍지와 자부심을 갖고 있다.
② IT 회사에서 개발 업무를 담당하는 B는 업계 최고 전문가가 되기 위해 항상 노력한다.
③ 극장에서 근무 중인 C는 언제나 다른 사람에게 봉사한다는 마음을 가지고 즐겁게 일한다.
④ 화장품 회사에 입사한 신입사원 D는 입사 동기들보다 빠르게 승진하는 것을 목표로 삼았다.

42 다음은 A제품을 생산·판매하는 R사의 1 ~ 3주차 A제품 주문량 및 B, C부품 구매량에 대한 자료이다. 〈조건〉에 근거하여 3주차 토요일 판매완료 후 남게 되는 A제품과 B, C부품의 재고량을 바르게 나열한 것은?

〈A제품 주문량 및 B, C부품 구매량〉

(단위 : 개)

구 분	1주차	2주차	3주차
A제품 주문량	0	200	500
B부품 구매량	450	1,000	550
C부품 구매량	700	2,400	1,300

※ 1주차 시작 전 A제품의 재고는 없고, B, C부품의 재고는 각각 50개, 100개이다.
※ 한 주의 시작은 월요일이다.

〈조건〉

• A제품은 매주 월요일부터 금요일까지 생산하고, A제품 1개 생산 시 B부품 2개, C부품 4개가 사용된다.
• B, C부품은 매주 일요일에 일괄구매하고, 그 다음 부품이 모자랄 때까지 A제품을 생산한다.
• 생산된 A제품은 매주 토요일에 주문량만큼 즉시 판매되고, 남은 A제품은 이후 판매하기 위한 재고로 보유한다.

	A제품	B부품	C부품
①	0	50	0
②	0	50	100
③	50	0	100
④	50	0	200

43 자동차 부품을 생산하는 E기업은 반자동과 자동생산라인을 하나씩 보유하고 있다. 최근 일본의 자동차 회사와 수출계약을 체결하여 자동차 부품 34,500개를 납품하였다. 아래 E기업의 생산조건을 고려할 때, 일본에 납품할 부품을 생산하는 데 걸린 시간은 얼마인가?

〈자동차 부품 생산조건〉

• 반자동라인은 4시간에 300개의 부품을 생산하며, 그 중 20%는 불량품이다.
• 자동라인은 3시간에 400개의 부품을 생산하며, 그 중 10%는 불량품이다.
• 반자동라인은 8시간마다 2시간씩 생산을 중단한다.
• 자동라인은 9시간마다 3시간씩 생산을 중단한다.
• 불량 부품은 생산 후 폐기하고 정상인 부품만 납품한다.

① 230시간
② 240시간
③ 250시간
④ 260시간

44 부산교통공사에 근무하는 T사원은 세미나를 위한 장소를 예약하려고 한다. 세미나 장소의 선정 기준과 장소 조건이 다음과 같을 때, 가장 적절한 장소는 어디인가?

〈세미나 장소 선정 기준〉

• 5시간 대여(식사 필요)
• 가장 저렴한 비용
• 빔 프로젝터 활용 시설 필요
• 수용인원 50명 이상(식사 50인분 예약)
• 은행에서 40분 이내의 이동거리

〈장소 조건〉

장소	수용인원	시간당 대여료	식사 제공	빔 프로젝터	이동거리
G빌딩 다목적홀	100명	250,000원	○	1일 대여비 90,000원	15분
O빌딩 세미나홀	60명	120,000원	1인당 6,000원 별도 지급	○	35분
I공연장	70명	100,000원	1인당 8,000원 별도 지급	1일 대여비 50,000원	40분
P호텔 연회홀	100명	300,000원	○	○	30분

① G빌딩 다목적홀
② O빌딩 세미나홀
③ I공연장
④ P호텔 연회홀

45 어떤 회사는 2023년에 신입사원을 채용하려고 한다. 최종 관문인 협동심 평가는 이전 전형까지 통과한 지원자 A ~ D 4명이 한 팀이 되어 역할을 나눠 주방에서 제한시간 내에 하나의 요리를 만드는 것이다. 재료손질, 요리보조, 요리, 세팅 및 정리 4개의 역할이 있고, 협동심 평가 후 지원자별 기존 성적에 가산점을 더하여 최종 점수를 계산해 채용하려고 한다. 지원자들의 의견을 모두 수렴하여 역할을 선정한 것은?

〈지원자별 성적 분포〉

(단위 : 점)

A지원자	B지원자	C지원자	D지원자
90	95	92	97

〈역할 가산점〉

(단위 : 점)

재료손질	요리보조	요리	세팅 및 정리
5	3	7	9

※ 협동심 평가의 각 역할은 한 명만 수행할 수 있다.

〈조건〉
• C지원자는 주부습진이 있어 재료손질 역할을 원하지 않는다.
• A지원자는 깔끔한 성격으로 세팅 및 정리 역할을 원한다.
• D지원자는 손재주가 없어 재료손질 역할을 원하지 않는다.
• B지원자는 적극적인 성격으로 어떤 역할이든지 자신 있다.
• 최종점수는 100점을 넘을 수 없다.

	재료손질	요리보조	요리	세팅 및 정리
①	B	C	D	A
②	B	D	C	A
③	C	A	D	B
④	C	D	B	A

46 6층짜리 주택에 A ~ F가 입주하려고 한다. 다음 규칙에 따라 입주한다고 할 때, 항상 옳은 것은?

> • B와 D 중 높은 층에서 낮은 층의 수를 빼면 4이다.
> • B와 F는 인접할 수 없다.
> • A는 E보다 밑에 산다.
> • D는 A보다 밑에 산다.
> • A는 3층에 산다.

① C는 B보다 높은 곳에 산다.
② B는 F보다 높은 곳에 산다.
③ E는 F와 인접해 있다.
④ A는 D보다 낮은 곳에 산다.

47 다음 글의 빈칸에 들어갈 내용으로 가장 적절한 것은?

> 일반적으로 물체, 객체를 의미하는 프랑스어 오브제는 라틴어에서 유래된 단어로, 어원적으로는 앞으로 던져진 것을 의미한다. 미술에서 대개 인간이라는 '주체'와 대조적인 '객체'로서의 대상을 지칭할 때 사용되는 오브제가 미술사 전면에 나타나게 된 것은 입체주의 이후이다.
> 20세기 초 입체파 화가들이 화면에 나타나는 공간을 자연의 모방이 아닌 독립된 공간으로 인식하기 시작하면서 회화는 재현미술로서의 단순한 성격을 벗어나기 시작한다. 즉, '미술은 그 자체가 실재이다. 또한 그것은 객관세계의 계시 혹은 창조이지 그것의 반영이 아니다.'라는 세잔의 사고에 의하여 공간의 개방화가 시작된 것이다. 이는 평면에 실제 사물이 부착되는 콜라주 양식의 탄생과 함께 일상의 평범한 재료들이 회화와 자연스레 연결되는 예술과 비예술의 결합으로 차츰 변화하게 된다.
> 이러한 오브제의 변화는 다다이즘과 쉬르리얼리즘에서 '일용의 기성품과 자연물 등을 원래의 그 기능이나 있어야 할 장소에서 분리하고, 그대로 독립된 작품으로서 제시하여 일상적 의미와는 다른 상징적·환상적인 의미를 부여하는' 것으로 일반화된다. 그리고 동시에, 기존 입체주의에서 단순한 보조수단에 머물렀던 오브제를 캔버스와 대리석의 대체하는 확실한 표현방법으로 완성시켰다.
> 이후 오브제는 그저 예술가가 지칭하는 것만으로도 우리의 일상생활과 환경 그 자체가 곧 예술작품이 될 수 있음을 주장한다. ＿＿＿＿＿＿＿＿＿＿＿＿＿＿＿＿＿＿＿＿＿＿＿＿＿ 거기에서 더 나아가 오브제는 일상의 오브제를 다양하게 전환시켜 다양성과 대중성을 내포하고, 오브제의 진정성과 상징성을 제거하는 팝아트에서 다시 한 번 새롭게 변화하기에 이른다.

① 무너진 베를린 장벽의 조각을 시내 한복판에 장식함으로써 예술과 비예술이 결합한 것이다.
② 화려하게 채색된 소변기를 통해 일상성에 환상적인 의미를 부여한 것이다.
③ 평범한 세면대일지라도 예술가에 의해 오브제로 정해진다면 일상성을 간직한 미술과 일치되는 것이다.
④ 폐타이어나 망가진 금관악기 등으로 제작된 자동차를 통해 일상의 비일상화를 나타낸 것이다.

48 다음 중 조직체계의 구성요소에 대한 설명으로 가장 적절한 것은?

① 조직목표, 조직구조, 조직문화, 규칙 및 규정으로 이루어진다.

② 조직목표는 조직 내의 부문 사이에 형성된 관계이다.

③ 조직구조는 조직이 달성하려는 장래의 상태이다.

④ 조직문화는 조직의 목표나 전략에 따라 수행된다.

49 다음은 자동차 자동차 생산·내수·수출 현황에 대한 자료이다. 이에 대한 설명으로 옳지 않은 것은?(단, 증감률은 전년 대비 수치이다)

〈자동차 생산·내수·수출 현황〉

(단위 : 대, %)

구분		2018년	2019년	2020년	2021년	2022년
생산	차량 대수	4,086,308	3,826,682	3,512,926	4,271,741	4,657,094
	증감률	(6.4)	(-6.4)	(-8.2)	(21.6)	(9.0)
내수	차량 대수	1,219,335	1,154,483	1,394,000	1,465,426	1,474,637
	증감률	(4.7)	(-5.3)	(20.7)	(5.1)	(0.6)
수출	차량 대수	2,847,138	2,683,965	2,148,862	2,772,107	3,151,708
	증감률	(7.5)	(-5.7)	(-19.9)	(29.0)	(13.7)

① 수출이 가장 큰 폭으로 증가한 해에는 생산도 가장 큰 폭으로 증가한 해이다..

② 내수가 가장 큰 폭으로 증가한 해에는 생산과 수출이 모두 감소했다.

③ 수출이 증가했던 해는 생산과 내수도 증가했다.

④ 생산이 증가한 해에도 내수나 수출이 감소한 해가 있다.

한국 신화는 기록으로 전하는 문헌 신화와 구비로 전승되는 구비 신화가 있다. 문헌 신화는 시조의 출생과 국가의 창건 과정을 기술한 건국 신화가 대부분이고, 구비 신화는 서사 무가로 구연되는 무속 신화가 대부분이다.

건국 신화는 하늘을 상징하는 남신과 땅이나 물을 상징하는 여신이 결연하고 시조가왕으로 즉위하는 과정을 주요 내용으로 한다. 그런데 「주몽 신화」와 같은 북방의 건국 신화와 「박혁거세 신화」와 같은 남방의 건국 신화는 내용상 차이를 보인다.

북방 신화에서는 천신계의 남성과 지신 혹은 수신계의 여성이 결연하여 혼례를 올린 후, 시조가 출생하여 왕으로 즉위한다. 예를 들어 「주몽 신화」에서 주몽은 하늘에서 내려온 해모수와 수신인 하백의 딸 유화 부인 사이에서 알로 탄생한다. 그런데 주몽은 해모수의 왕국을 계승하여 즉위한 것이 아니라 금와왕이 다스리던 동부여에서 성장하여 새로운 나라를 세운다. 즉, 주몽은 해모수족과 하백족이 통합된 새로운 집단에서 성장하여 권력투쟁을 통해 새로운 국가의 통치자가 된 것이다. 이처럼 시조의 출현 이전에 부모의 혼례 과정이 기술되어 있는 북방 신화는 시조의 부모가 다스리던 국가가 먼저 존재했음을 말해 준다.

반면에 남방 신화는 시조의 부모가 나타나지 않고 하늘과 땅의 결합을 상징하는 분위기만 서술된 상태에서 시조는 알로 탄생한다. 그리고 시조가 왕으로 즉위한 후 시조의 혼례 과정이 제시된다. 예를 들어 「박혁거세 신화」를 보면 신라는 건국되기 이전에 여섯 씨족이 독립적으로 생활하고 있었고 씨족마다 각각의 촌장이 다스리고 있었다. 그러다가 박혁거세가 탄생하자 여섯 촌장이 모여 공통의 통치자로 박혁거세를 추대함으로써 비로소 씨족 단위의 공동체와는 다른 국가가 형성되었다.

이처럼 시조가 왕으로 즉위한 이후 알영과 혼례를 올리는 것은 그 지역에 처음으로 국가가 세워지고 첫 번째 통치자가 등장했음을 의미한다. 박혁거세는 육촌에서 태어난 인물이 아니었고, 그의 부인 알영도 다른 곳에서 도래한 존재였다. 박혁거세와 알영이 육촌민들에게 성인으로 존경받고 통치권을 행사했다는 것으로 보아 그들이 육촌민보다 문화 수준이 높았을 것으로 여겨진다.

다음으로 한국 신화에서 건국 신화 다음으로 큰 비중을 차지하는 것은 무속 신화이다. 무속 신화는 고대 무속 제전에서 형성된 이래 부단히 생성과 소멸을 거듭했다. 이러한 무속 신화 중에서 전국적으로 전승되는 「창세 신화」와 「제석본풀이」는 남신과 여신의 결합이 제시된 후 그 자녀가 신성의 자리에 오른다는 점에서 신화적 성격이 북방의 건국 신화와 다르지 않다. 한편, 무속 신화 중 「성주 신화」에서는 남성 인물인 '성주'가 위기에 빠진 부인을 구해내고 출산과 축재를 통해 성주신의 자리에 오른다. 이는 대부분의 신화가 보여주는 부자(父子) 중심의 서사 구조가 아닌 부부 중심의 서사 구조를 보여준다.

① 건국 신화를 분석하는 방법
② 한국 신화의 분류 방법
③ 북방 신화와 남방 신화의 차이점
④ 무속 신화와 일반적 신화의 차이점

| 01 | 전기일반(전기직 · 신호직)

51 다음 평판 커패시터의 극판 사이에 서로 다른 유전체를 평판과 평행하게 각각 d_1, d_2의 두께로 채웠다. 각각의 정전용량을 C_1과 C_2라 할 때, $C_1 \div C_2$의 값은?(단, $V_1 = V_2$이고, $d_1 = 2d_2$이다)

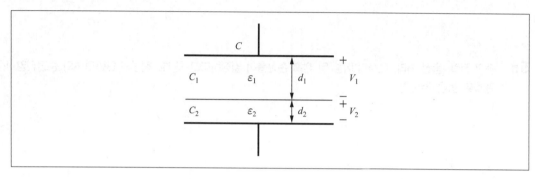

① 0.5 ② 1

③ 2 ④ 4

52 220V, 55W 백열등 2개를 매일 30분씩 10일간 점등했을 때 사용한 전력량과 110V, 55W인 백열등 1개를 매일 1시간씩 10일간 점등했을 때 사용한 전력량의 비는?

① 1 : 1 ② 1 : 2

③ 1 : 3 ④ 1 : 4

53 상호인덕턴스가 10mH이고, 두 코일의 자기인덕턴스가 각각 20mH, 80mH일 경우, 상호유도회로에서의 결합계수 k는?

① 0.125 ② 0.25

③ 0.375 ④ 0.5

54 22.9kV 배전선로의 전압선 및 중성선, 송전선로 전압선 및 가공지선으로 사용되며, 강선과 경알루미늄연선의 합성연선인 이 전선의 약호는?

① IV

② ACSR

③ DV

④ OW

55 송전 전력, 송전 거리, 전선의 비중 및 전력 손실률이 일정하다고 할 때, 전선의 단면적 A와 송전전압 V와의 관계로 옳은 것은?

① A∝ V

② A∝ $\dfrac{1}{V^2}$

③ A∝ V^2

④ A∝ $\dfrac{1}{V}$

56 다음 중 송전선로에서의 고조파 제거 방법으로 옳지 않은 것은?

① 능동형 필터를 설치한다.

② 고조파 전용변압기를 설치한다.

③ 서지흡수기를 설치한다.

④ 변압기를 △결선한다.

57 직류 전동기의 회전수를 $\dfrac{1}{2}$ 로 하려면, 계자 자속을 몇 배로 해야 하는가?

① $\dfrac{1}{4}$ 배

② $\dfrac{1}{2}$ 배

③ 2배

④ 4배

58 그림에서 $R=10\,\Omega$, $L=0.1H$인 직렬 회로에 직류 전압 100V를 가했을 때 0.01초 후의 전류는 몇 A인가?

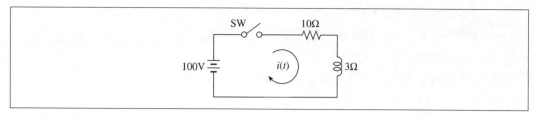

① 약 632A ② 약 63.2A
③ 약 6.32A ④ 약 0.632A

59 $0.5/\Omega$ 의 컨덕턴스를 가진 저항체에 6A의 전류를 흘리려면 몇 V의 전압을 가해야 하는가?

① 10V ② 12V
③ 12V ④ 15V

60 다음 중 단락비가 큰 동기 발전기에 대한 설명으로 옳지 않은 것은?

① 단락전류가 크다.
② 동기 임피던스가 작다.
③ 전기자 반작용이 크다.
④ 공극이 크고 전압변동률이 작다.

61 평행판 콘덴서에 전하량 Q가 충전되어 있다. 이 콘덴서의 내부 유전체의 유전율이 두 배로 변한다면 콘덴서 내부의 전속밀도는?

① 변화 없다. ② 2배가 된다.
③ 4배가 된다. ④ 6배가 된다.

62 다음 중 전류와 자속에 대한 설명으로 옳은 것은?

① 전류와 자속은 항상 폐회로를 이룬다.

② 전류와 자속은 항상 폐회로를 이루지 않는다.

③ 전류는 폐회로이나 자속은 아니다.

④ 자속은 어떤 표면을 통과하는 자기력선의 수에 비례하는 양이다.

63 전동기에 공급하는 간선의 굵기는 그 간선에 접속하는 전동기 정격 전류의 합계가 50A를 초과하는 경우, 그 정격 전류 합계의 몇 배 이상의 허용 전류를 갖는 전선을 사용하여야 하는가?

① 1.1배 ② 1.25배

③ 1.3배 ④ 2.0배

64 6극, 3상 유도 전동기가 있다. 회전자도 3상이며 회전자 정지 시의 1상의 전압은 200V이다. 전부하 시의 속도가 1,152rpm이면 2차 1상의 전압은 몇 V인가?(단, 1차 주파수는 60Hz이다)

① 8V ② 8V

③ 11V ④ 15V

65 RLC 직렬회로에 공급되는 교류전압의 주파수가 $f = \dfrac{1}{2\pi\sqrt{LC}}$ [Hz]일 때, 이에 대한 설명으로 옳은 것을 〈보기〉에서 모두 고르면?

─────〈보기〉─────

ㄱ. L 또는 C 양단에 가장 큰 전압이 걸리게 된다.

ㄴ. 회로의 임피던스는 가장 작은 값을 가지게 된다.

ㄷ. 회로에 흐른 전류는 공급전압보다 위상이 뒤진다.

ㄹ. L에 걸리는 전압과 C에 걸리는 전압의 위상은 서로 같다.

① ㄱ, ㄴ ② ㄴ, ㄷ

③ ㄱ, ㄷ, ㄹ ④ ㄴ, ㄷ, ㄹ

66 일정한 속도로 운동하던 어떤 대전 입자가 균일한 자기장 속에, 자기장의 방향과 수직으로 입사하였다. 이때 자기장 안에서 이 입자가 하는 운동으로 옳은 것은?

① 직선 운동을 한다.
② 등속 원운동을 한다.
③ 포물선 운동을 한다.
④ 힘을 받지 않는다.

67 다음 중 〈보기〉에서 설명하는 이론으로 옳은 것은?

─〈보기〉─

2개 이상의 기전력을 포함한 회로망 중의 어떤 점의 전위 또는 전류는 각 기전력이 각각 단독으로 존재한다고 생각했을 경우 그 점의 전위 또는 전류의 합과 같다.

① 테브난의 정리　　　　　　　② 중첩의 정리
③ 노튼의 정리　　　　　　　　④ 헤르츠의 정리

68 다음 그림과 같은 정류 회로에서 전류계의 지시값은?(단, 전류계는 가동 코일형이고, 정류기의 저항은 무시한다)

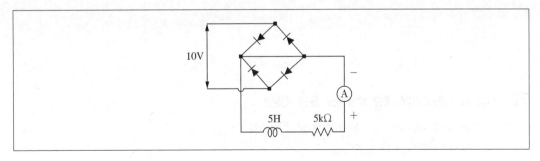

① 9mA　　　　　　　　　　② 6.4mA
③ 4.5mA　　　　　　　　　④ 1.8mA

69 다음 중 교류회로에 대한 설명으로 옳지 않은 것은?

① 저항 부하만의 회로는 역률이 1이 된다.

② RLC 직렬 교류회로에서 유효전력은 전류의 제곱과 전체 임피던스에 비례한다.

③ RLC 직렬 교류회로에서 L을 제거하면 전류가 진상이 된다.

④ R과 L의 직렬 교류회로의 역률을 보상하기 위해서는 C를 추가하면 된다.

70 다음 중 단상 유도 전동기의 기동방법 중 기동토크가 가장 큰 것은?

① 반발 기동형   ② 분상 기동형

③ 반발 유도형   ④ 콘덴서 기동형

71 다음 중 정전계 내의 도체에 대한 설명으로 옳지 않은 것은?

① 도체 표면은 등전위면이다.

② 도체 내부의 정전계의 세기는 영이다.

③ 등전위면의 간격이 좁을수록 정전계 세기가 크다.

④ 도체 표면상에서 정전계의 방향은 모든 점에서 표면의 접선방향으로 향한다.

72 다음 중 전자기파에 대한 설명으로 옳은 것은?

① 진공 중에서의 전파 속도는 파장에 따라 다르다.

② 음극선은 전자기파의 일종이다.

③ 전기장과 자기장의 방향은 평행이다.

④ 시간에 따른 전기장의 변화가 자기장을 유도한다.

73 다음 회로에서 부하임피던스 Z_L에 최대전력이 전달되기 위한 Z_L의 크기는?

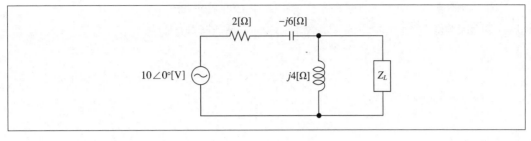

① $4\sqrt{5}\ \Omega$ ② $4\sqrt{6}\ \Omega$

③ $5\sqrt{3}\ \Omega$ ④ $6\sqrt{3}\ \Omega$

74 동기 조상기의 계자를 부족여자로 하여 운전하면 어떻게 되는가?

① 콘덴서로 작용   ② 뒤진 역률 보상

③ 리액터로 작용   ④ 저항손의 보상

75 다음 중 전류에 의한 자계의 세기와 관계가 있는 법칙은?

① 비오 – 사바르의 법칙

② 렌츠의 법칙

③ 키르히호프의 법칙

④ 옴의 법칙

76 동기 전동기를 송전선의 전압 조정 및 역률 개선에 사용하는 것을 무엇이라 하는가?

① 댐퍼   ② 동기이탈

③ 제동권선   ④ 동기 조상기

77 다음 중 PN접합 다이오드의 대표적 응용작용으로 옳은 것은?

① 증폭작용

② 발진작용

③ 정류작용

④ 변조작용

78 교류 회로에서 전압과 전류의 위상차를 θ[rad]라 할 때, $\cos\theta$가 뜻하는 것은?

① 전압변동률

② 왜곡률

③ 효율

④ 역률

79 어떤 회로에 $V = 200\sin\omega t$의 전압을 가했더니 $I = 50\sin\left(\omega t + \dfrac{\pi}{2}\right)$의 전류가 흘렀다. 다음 중 이에 해당하는 회로는?

① 저항회로

② 유도성회로

③ 임피던스회로

④ 용량성회로

80 보통 전기 기계에서는 규소 강판을 성층하여 사용하는 경우가 많다. 성층하는 이유는 어느 것을 줄이기 위한 것인가?

① 히스테리시스손

② 와류손

③ 동손

④ 기계손

81 다음 중 데이터 전송 제어에서 수행하지 않는 것은?

① 회선 제어

② 흐름 제어

③ 에러 제어

④ 동기 제어

82 다음 중 직류기에서 전기자 반작용을 방지하기 위한 보상 권선의 전류 방향은?

① 계자 전류의 방향과 같다.

② 계자 전류의 방향과 반대이다.

③ 전기자 전류 방향과 같다.

④ 전기자 전류 방향과 반대이다.

83 접지도체로 구리를 사용 시 큰 고장전류가 접지도체를 통해 흐르지 않는 경우 접지도체의 최소 단면적은?

① $6mm^2$

② $16mm^2$

③ $25mm^2$

④ $50mm^2$

84 정격 출력 6kW, 전압 100V의 직류 분권 전동기를 전기 동력계로 시험하였더니, 전기 동력계의 저울이 10kg을 가리켰다. 이 전동기의 출력 PkW와 토크 τ는 몇 $kg_f \cdot m$인가?(단, 동력계의 암의 길이는 0.4m, 전동기의 회전수는 1,600rpm이다)

① $P = 6kW$, $\tau = 3.7kg_f \cdot m$

② $P = 6.56kW$, $\tau = 4kg_f \cdot m$

③ $P = 4.2kW$, $\tau = 3.7kg_f \cdot m$

④ $P = 7.4kW$, $\tau = 4kg_f \cdot m$

85 다음 중 기전력에 대한 설명으로 옳은 것은?

① 전기 저항의 역수

② 전류를 흐르게 하는 원동력

③ 도체에 흐르는 전류의 세기

④ 전기의 흐름

86 $v = V_m \sin(\omega t + 30°)[V]$, $i = Im \sin(\omega t - 30°)[A]$일 때 전압에 대한 전류의 위상차는?

① 60° 뒤진다.　　　　　　　　② 60° 앞선다.

③ 30° 뒤진다.　　　　　　　　④ 30° 앞선다.

87 다음 중 동기 발전기 2대의 병렬 운전 조건으로 같지 않아도 되는 것은?

① 기전력의 위상　　　　　　　② 기전력의 주파수

③ 기전력의 임피던스　　　　　④ 기전력의 크기

88 전기부식방지 시설을 시설할 때 전기부식방지용 전원장치로부터 양극 및 피방식체까지의 전로의 사용전압은 최대 몇 V인가?

① 20V　　　　　　　　　　　② 40V

③ 60V　　　　　　　　　　　④ 80V

89 다음 중 유기 기전력과 관계가 있는 것은?

① 쇄교 자속수의 변화에 비례한다.

② 쇄교 자속수에 비례한다.

③ 시간에 비례한다.

④ 쇄교 자속수에 반비례한다.

90 다음 중 회전 변류기의 직류측 전압을 조정하는 방법으로 옳지 않은 것은?

① 리액턴스 조정에 의한 방법

② 여자 전류를 조정하는 방법

③ 동기 승압기를 사용하는 방법

④ 부하 시 전압 조정 변압기를 사용하는 방법

91 다음 중 직류기에 있어서 불꽃 없는 정류를 얻는 데 가장 유효한 방법은?

① 보극과 탄소브러시

② 탄소브러시와 보상권선

③ 보극과 보상권선

④ 자기포화와 브러시 이동

92 다음 중 동기기를 병렬운전 할 때, 순환 전류가 흐르는 원인은?

① 기전력의 저항이 다른 경우

② 기전력의 위상이 다른 경우

③ 기전력의 전류가 다른 경우

④ 기전력의 역률이 다른 경우

93 다음의 4단자 회로망에서 부하 Z_L에 최대전력을 공급하기 위해서 변압기를 결합하여 임피던스 정합을 시키고자 한다. 변압기의 권선비와 $X_S[\Omega]$를 옳게 나타낸 것은?

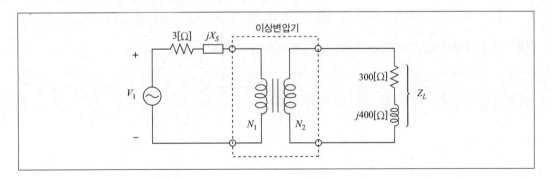

	$N_1 : N_2$	X_S
①	$1 : 10$	-4
②	$10 : 1$	-40
③	$1 : 100$	40
④	$100 : 1$	4

94 그림과 같은 회로의 이상적인 단권변압기에서 Z_{in}과 Z_L 사이의 관계식으로 옳은 것은?(단, V_1은 1차측 전압, V_2는 2차측 전압, I_1은 1차측 전류, I_2는 2차측 전류, $N_1 + N_2$는 1차측 권선수, N_2는 2차측 권선수이다)

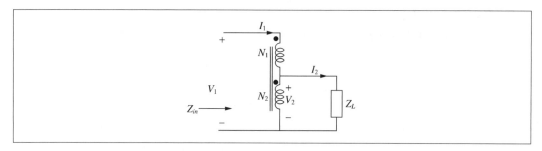

① $Z_{in} = Z_L \left(\dfrac{N_1 + N_2}{N_2} \right)^2$ ② $Z_{in} = Z_L \left(\dfrac{N_1 + N_2}{N_1} \right)^2$

③ $Z_{in} = Z_L \left(\dfrac{N_1 + N_2}{N_2} \right)$ ④ $Z_{in} = Z_L \left(\dfrac{N_1 + N_2}{N_1} \right)$

95 RLC 직렬 회로에서 $L = 0.1\text{mH}$, $C = 0.1\mu\text{F}$, $R = 100\Omega$일 때, 다음 중 이 회로의 상태는?

① 진동적이다.   ② 비진동적이다.

③ 정현파로 진동한다.   ④ 임계적이다.

96 다음 그림과 같은 회로에서 저항(R_1) 양단의 전압 V_{R_1}[V]은?

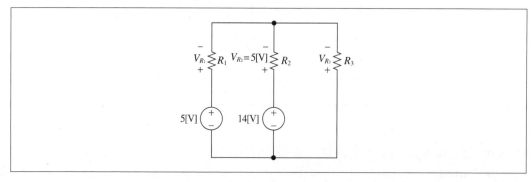

① 4V   ② -4V

③ 5V   ④ -5V

97 2kVA의 단상 변압기 3대를 써서 △ 결선하여 급전하고 있는 경우 1대가 소손되어 나머지 2대로 급전하게 되었다. 이 2대의 변압기가 과부하를 20%까지 견딜 수 있다고 할 때 2대가 부담할 수 있는 최대 부하는?(단, 소수점 셋째 자리에서 반올림한다)

① 약 3.46kVA
② 약 4.16kVA
③ 약 5.16kVA
④ 약 6.92kVA

98 다음 중 저압 및 고압 가공전선에 대한 설명으로 옳지 않은 것은?

① 저압 가공전선을 횡단보도교 위에 시설하는 경우 노면상에서 2.5m 이상 이격해야 한다.
② 고압 가공전선을 철도 위에 시설하는 경우 노면상에서 6.5m 이상 이격해야 한다.
③ 특고압 가공전선을 횡단보도교 위에 시설하는 경우 노면상에서 4m 이상 이격해야 한다.
④ 저압 가공전선을 철도 위에 시설하는 경우 노면상에서 6.5m 이상 이격해야 한다.

99 다음 중 코드 상호, 캡타이어 케이블 상호 접속 시 사용해야 하는 것은?

① 와이어 커넥터
② 코드 접속기
③ 케이블 타이
④ 테이블 탭

100 다음 중 활선 상태에서 전선의 피복을 벗길 때 사용하는 공구로 옳은 것은?

① 전선 피박기
② 애자커버
③ 와이어 통
④ 데드엔드 커버

51 다음 중 금속이 고온에서 장시간 외력을 받으면 서서히 변형이 증가하는 현상은?

① 전성　　　　　　　　　　　　　② 크리프

③ 연성　　　　　　　　　　　　　④ 피로

52 다음 중 비철금속에 대한 설명으로 옳지 않은 것은?

① 비철금속으로는 구리, 알루미늄, 티타늄, 텅스텐, 탄탈륨 등이 있다.

② 니켈은 자성을 띠지 않으며 강도, 인성, 내부식성이 우수하다.

③ 지르코늄은 고온강도와 연성이 우수하며 중성자 흡수율이 낮기 때문에 원자력용 부품에 사용한다.

④ 마그네슘은 공업용 금속 중에 가장 가볍고 진동감쇠 특성이 우수하다.

53 다음 중 냉간가공의 특징에 대한 설명으로 옳지 않은 것은?

① 가공면이 아름답다.

② 가공방향으로 섬유조직이 되어 방향에 따라 강도가 달라진다.

③ 가공도가 크므로 거친 가공에 적합하다.

④ 연신율, 단면수축률, 인성 등은 감소한다.

54 관통하는 구멍을 뚫을 수 없는 경우에 사용하는 것으로 볼트의 양쪽 모두 수나사로 가공되어 있는 머리 없는 볼트는?

① 스터드볼트　　　　　　　　　　② 관통볼트

③ 아이볼트　　　　　　　　　　　④ 나비볼트

55 다음 중 공작물은 고정시키고 공구를 회전하며 상하운동을 하여 절삭이 이루어지는 공작기계는?

① 드릴링 머신
② 프레스
③ 선반
④ 슬로터

56 다음 중 윤활유의 구비조건으로 옳지 않은 것은?

① 온도에 따른 점도 변화가 적을 것
② 발생열을 방출하며 열전도율이 낮을 것
③ 인화점이 높고 발열이나 화염에 인화되지 않을 것
④ 내열, 내압성이면서 가격이 저렴할 것

57 다음 중 공작물의 별도의 고정장치로 지지하지 않고 그 대신에 받침판을 사용하여 원통면을 연속적으로 연삭하는 공정은?

① 크립피드 연삭(Creep Feed Grinding)
② 센터리스 연삭(Centerless Grinding)
③ 원통 연삭(Cylindrical Grinding)
④ 전해 연삭(Electrolytic Grinding)

58 다음 중 연성파괴에 대한 내용으로 옳지 않은 것은?

① 컵 – 원뿔 파괴(Cup and Cone Fracture)가 발생한다.
② 소성변형이 상당히 일어난 후에 파괴된다.
③ 균열이 매우 빠르게 진전하여 일어난다.
④ 취성파괴에 비해 덜 위험하다.

59 다음 기계가공 중에서 표면 거칠기가 가장 우수한 것은?

① 내면 연삭 가공
② 래핑 가공
③ 평면 연삭 가공
④ 호닝 가공

60 다음 중 딥드로잉된 컵의 두께를 더욱 균일하게 만들기 위한 후속공정은?

① 아이어닝　　　　　　　　　② 코이닝
③ 랜싱　　　　　　　　　　　④ 허빙

61 다음 중 유동형 칩(Flow Type Chip)에 대한 설명으로 옳은 것은?

① 점성이 큰 재료를 절삭할 때 발생한다.
② 절삭할 때 진동을 동반한다.
③ 바이트 경사면에 따라 흐르듯이 연속적으로 발생한다.
④ 미끄럼 면에 간격이 조금 크게 된 상태에서 발생하는 칩이다.

62 상원사의 동종과 같이 고대부터 사용한 청동은 무엇의 합금인가?

① 철과 아연　　　　　　　　　② 철과 주석
③ 구리와 아연　　　　　　　　④ 구리와 주석

63 다음 중 사각나사의 축방향하중이 Q, 마찰각이 p, 리드각이 α일 때, 사각나사가 스스로 풀리는 조건은?

① $Q\tan(p-\alpha)<0$　　　　　② $Q\tan(p-\alpha)>0$
③ $Q\tan(p+\alpha)>0$　　　　　④ $Q\tan(p+\alpha)<0$

64 다음 중 서브머지드 아크용접에 대한 설명으로 옳지 않은 것은?

① 용접부가 곡선형상일 때 주로 사용한다.
② 아크가 용제 속에서 발생하여 보이지 않는다.
③ 용접봉의 공급과 이송 등을 자동화한 자동용접법이다.
④ 복사열과 연기가 많이 발생하지 않는다.

65 다음 중 유압회로에서 사용되는 릴리프 밸브에 대한 설명으로 가장 적절한 것은?

① 유압회로의 압력을 제어한다.

② 유압회로의 흐름의 방향을 제어한다.

③ 유압회로의 유량을 제어한다.

④ 유압회로의 온도를 제어한다.

66 다음 중 ㉠, ㉡에 들어갈 말을 순서대로 바르게 짝지은 것은?

> 강에서 _____㉠_____이라 함은 변태점 온도 이상으로 가열한 후 물 또는 기름과 같은 냉각제 속에 넣어 급랭시키는 열처리를 말하며, 일반적으로 강은 급랭시키면 _____㉡_____ 조직이 된다.

	㉠	㉡
①	어닐링(Annealing)	마텐자이트(Martensite)
②	퀜칭(Quenching)	마텐자이트(Martensite)
③	어닐링(Annealing)	오스테나이트(Austenite)
④	퀜칭(Quenching)	오스테나이트(Austenite)

67 속이 찬 봉재로부터 길이방향으로 이음매가 없는 긴 강관(鋼管)을 제조하는 방법은?

① 프레스 가공 ② 전조 가공

③ 만네스만 가공 ④ 드로잉 가공

68 기준 치수에 대한 공차가 $\phi 150^{+0.04}_{0}$mm인 구멍에, $\phi 150^{+0.03}_{-0.08}$mm인 축을 조립할 때 해당하는 끼워맞춤의 종류는?

① 억지 끼워맞춤 ② 아주 억지 끼워맞춤

③ 중간 끼워맞춤 ④ 헐거운 끼워맞춤

69 다음 중 불활성가스 아크용접법에 대한 설명으로 옳지 않은 것은?

① 아르곤, 헬륨 등과 같이 고온에서도 금속과 반응하지 않는 불활성가스를 차폐가스로 하여 대기로부터 아크와 용융금속을 보호하며 행하는 아크용접이다.

② 비소모성 텅스텐봉을 전극으로 사용하고 별도의 용가재를 사용하는 MIG용접(불활성가스 금속 아크용접)이 대표적이다.

③ 불활성가스는 용접봉 지지기 내를 통과시켜 용접물에 분출시키며 보통의 아크용접법보다 생산비가 고가이다.

④ 용접부가 불활성가스로 보호되어 용가재합금 성분의 용착효율은 거의 100%에 가깝다.

70 탄성한도 내 인장 하중을 받는 봉이 있다. 응력을 4배로 증가시키면 최대 탄성에너지는 몇 배인가?

① $\frac{1}{4}$ 배

② 4배

③ $\frac{1}{16}$ 배

④ 16배

71 다음 중 연삭가공에 대한 설명으로 옳지 않은 것은?

① 연삭입자는 불규칙한 형상을 가진다.

② 연삭입자는 깨짐성이 있어 가공면의 치수정확도가 떨어진다.

③ 연삭입자는 평균적으로 큰 음의 경사각을 가진다.

④ 경도가 크고 취성이 있는 공작물 가공에 적합하다.

72 안지름이 d_1, 바깥지름이 d_2, 지름비가 $x = \dfrac{d_1}{d_2}$ 인 중공축이 정하중을 받아 굽힘모멘트(Bending Moment) M이 발생하였다. 허용굽힘응력을 σ_a라 할 때, 바깥지름 d_2를 구하는 식으로 옳은 것은?

① $d_2 = \sqrt[3]{\dfrac{64M}{\pi(1-x^4)\sigma_a}}$

② $d_2 = \sqrt[3]{\dfrac{32M}{\pi(1-x^4)\sigma_a}}$

③ $d_2 = \sqrt[3]{\dfrac{64M}{\pi(1-x^3)\sigma_a}}$

④ $d_2 = \sqrt[3]{\dfrac{32M}{\pi(1-x^3)\sigma_a}}$

73 다음 중 베인 펌프의 일반적인 특징에 대한 설명으로 옳은 것은?

① 베인의 마모에 의한 압력저하가 발생되기 쉽다.
② 펌프의 유동력에 비해서 형상치수가 크다.
③ 송출 압력의 맥동이 크다.
④ 작동유의 점도에 제한이 있다.

74 다음 중 침탄법과 질화법에 대한 설명으로 옳지 않은 것은?

① 침탄법은 질화법에 비해 같은 깊이의 표면경화를 짧은 시간에 할 수 있다.
② 질화법은 침탄법에 비해 변형이 적다.
③ 질화법은 침탄법에 비해 경화층은 얇으나 경도가 높다.
④ 질화법은 질화 후 열처리가 필요하다.

75 다음 중 스테인리스강에 대한 설명으로 옳지 않은 것은?

① 스테인리스강은 뛰어난 내식성과 높은 인장강도의 특성을 갖는다.
② 스테인리스강에서 탄소량이 많을수록 내식성이 향상된다.
③ 오스테나이트계 스테인리스강은 주로 크롬, 니켈이 철과 합금된 것으로 연성이 크다.
④ 12~18%의 Cr을 함유한 내식성이 아주 강한 강이다.

76 압력 50kPa, 온도 25℃ 인 이상기체가 있다. 부피를 일정하게 유지하면서 기체를 가열하여 압력이 처음의 1.5배가 되었을 때, 기체의 온도는?

① 약 37.5℃   ② 약 103.9℃
③ 약 174.1℃   ④ 약 252.6℃

77 다음 중 공기 스프링에 대한 설명으로 옳지 않은 것은?

① 2축 또는 3축 방향으로 동시에 작용할 수 있다.
② 감쇠특성이 커서 작은 진동을 흡수할 수 있다.
③ 하중과 변형의 관계가 비선형적이다.
④ 스프링 상수의 크기를 조절할 수 있다.

78 다음 중 전해가공(Electrochemical Machining)과 화학적가공(Chemical Machining)에 대한 설명으로 옳지 않은 것은?

① 광화학블랭킹(Photochemical Blanking)은 버(Burr)의 발생 없이 블랭킹(Blanking)이 가능하다.

② 화학적가공에서는 부식액(Etchant)을 이용해 공작물 표면에 화학적 용해를 일으켜 소재를 제거한다.

③ 전해가공은 경도가 높은 전도성 재료에 적용할 수 있다.

④ 전해가공으로 가공된 공작물에서는 열 손상이 발생한다.

79 다음 중 클러치 설계 시 유의할 사항으로 옳지 않은 것은?

① 균형상태가 양호하도록 하여야 한다.

② 관성력을 크게 하여 회전 시 토크변동을 작게 한다.

③ 단속을 원활히 할 수 있도록 한다.

④ 마찰열에 대하여 내열성이 좋아야 한다.

80 평벨트의 접촉각이 θ, 평벨트와 풀리 사이의 마찰계수가 μ, 긴장측 장력이 T_t, 이완측 장력이 T_s일 때, $\dfrac{T_t}{T_s}$의 비는?(단, 평벨트의 원심력은 무시한다)

① $e^{\mu\theta}$

② $\dfrac{1}{e^{\mu\theta}}$

③ $1-e^{\mu\theta}$

④ $1-\dfrac{1}{e^{\mu\theta}}$

81 다음 중 금속 인장시험의 기계적 성질에 대한 설명으로 옳지 않은 것은?

① 응력이 증가함에 따라 탄성영역에 있던 재료가 항복을 시작하는 위치에 도달하게 된다.

② 탄력(Resilience)은 탄성범위 내에서 에너지를 흡수하거나 방출할 수 있는 재료의 능력을 나타낸다.

③ 연성은 파괴가 일어날 때까지의 소성변형의 정도이고 단면감소율로 나타낼 수 있다.

④ 인성(Toughness)은 인장강도 전까지 에너지를 흡수할 수 있는 재료의 능력을 나타낸다.

82 다음 중 와이어 방전가공에 대한 설명으로 옳지 않은 것은?

① 가공액은 일반적으로 수용성 절삭유를 물에 희석하여 사용한다.

② 와이어전극은 동, 황동 등이 사용되고, 재사용이 가능하다.

③ 와이어는 일정한 장력을 걸어주어야 하는데, 보통 와이어 파단력의 1/2 정도로 한다.

④ 복잡하고 미세한 형상가공이 용이하다.

83 다음 용접의 방법 중 고상용접이 아닌 것은?

① 확산용접(Diffusion Welding)

② 초음파용접(Ultrasonic Welding)

③ 일렉트로 슬래그용접(Electro Slag Welding)

④ 마찰용접(Friction Welding)

84 다음 중 수차에 대한 설명으로 옳지 않은 것은?

① 프란시스 수차는 반동수차의 일종이다.

② 프란시스 수차에서는 고정깃과 안내깃에 의해 유도된 물이 회전차를 회전시키고 축방향으로 송출된다.

③ 프로펠러 수차는 축류형 반동수차로 수량이 많고 저낙차인 곳에 적용된다.

④ 펠턴 수차는 고낙차에서 수량이 많은 곳에 사용하기 적합하다.

85 다음 중 유압 잭(Jack)으로 작은 힘을 이용하여 자동차를 들어올릴 때 적용되는 기본 원리나 법칙은?

① 보일의 법칙　　　　　　　　　② 샤를의 법칙

③ 파스칼의 원리　　　　　　　　④ 일의 원리

86 다음 중 강의 표면 처리법에 대한 설명으로 옳은 것은?

① 아연(Zn)을 표면에 침투 확산시키는 방법을 칼로라이징(Calorizing)이라 한다.

② 침탄법(Carbonizing)은 표면에 탄소를 침투시켜 고탄소강으로 만든 다음 이것을 급랭시킨다.

③ 청화법(Cyaniding)은 침탄과 질화가 동시에 일어난다.

④ 강철입자를 고속으로 분사하는 숏 피닝(Shot Peening)은 소재의 피로수명을 감소시킨다.

87 다음 중 탄소강 중의 펄라이트(Pearlite)조직은 어떤 것인가?

① α고용체+γ고용체 혼합물

② α고용체+Fe_3C 혼합물

③ γ고용체+Fe_3C 혼합물

④ δ고용체+α고용체 혼합물

88 브레이크블록이 확장되면서 원통형 회전체의 내부에 접촉하여 제동되는 브레이크는?

① 블록브레이크   ② 밴드브레이크

③ 드럼브레이크   ④ 원판브레이크

89 다음 중 측정기에 대한 설명으로 옳은 것은?

① 버니어 캘리퍼스가 마이크로미터보다 측정정밀도가 높다.

② 사인 바(Sine Bar)는 공작물의 내경을 측정한다.

③ 다이얼 게이지(Dial Gage)는 각도측정기이다.

④ 스트레이트 에지(Straight Edge)는 평면도의 측정에 사용된다.

90 다음 중 산화철분말과 알루미늄분말의 혼합물을 이용한 용접법은?

① 플러그용접   ② 스터드용접

③ TIG용접   ④ 테르밋용접

91 냉동기의 COP가 2라면 저온부에서 1초당 5kJ의 열을 흡수하여 고온부에서 방출하는 열량은?

① 7.5kW   ② 8kW

③ 8.5kW   ④ 9kW

92 사형주조에서 응고 중에 수축으로 인한 용탕의 부족분을 보충하는 곳은?

① 게이트   ② 라이저

③ 탕구   ④ 탕도

93 다음 중 압접법(Pressure Welding)에 해당하는 것을 바르게 묶은 것은?

① 심용접, 마찰용접, 아크용접

② 마찰용접, 전자빔용접, 점용접

③ 점용접, 레이저용접, 확산용접

④ 마찰용접, 점용접, 심용접

94 다음 중 ㉠, ㉡에 들어갈 말을 바르게 짝지은 것은?

> ____㉠____은/는 금속 혹은 세라믹 분말과 폴리머나 왁스 결합제를 혼합한 후, 금형 내로 빠르게 사출하여 생형을 제작하고, 가열 혹은 용제를 사용하여 결합제를 제거한 후, 높은 온도로 ____㉡____하여 최종적으로 금속 혹은 세라믹 제품을 생산하는 공정이다.

	㉠	㉡
①	인베스트먼트 주조	소결
②	분말야금	경화
③	금속사출성형	경화
④	분말사출성형	소결

95 다음 중 웜 기어에 대한 설명으로 옳은 것을 〈보기〉에서 모두 고르면?

〈보기〉
ㄱ. 역회전을 방지할 수 없다.
ㄴ. 웜에 축방향 하중이 생긴다.
ㄷ. 부하용량이 크다.
ㄹ. 진입각(Lead Angle)의 증가에 따라 효율이 증가한다.

① ㄱ, ㄴ   ② ㄱ, ㄷ

③ ㄴ, ㄷ   ④ ㄷ, ㄹ

96 다음 중 제품의 시험검사에 대한 설명으로 옳지 않은 것은?

① 인장시험으로 항복점, 연신율, 단면감소율, 변형률을 알아낼 수 있다.

② 브리넬시험은 강구를 일정 하중으로 시험편의 표면에 압입시키며, 경도값은 압입자국의 표면적과 하중의 비로 표현한다.

③ 비파괴검사에는 초음파검사, 자분탐상검사, 액체침투검사 등이 있다.

④ 아이조드식 충격시험은 양단이 단순 지지된 시편을 회전하는 해머로 노치를 파단시킨다.

97 성크키(묻힘키 : Sunk Key)에 의한 축이음에서 축의 외주에 작용하는 접선력이 1N일 때 키(Key)에 작용하는 전단응력은?(단, 키의 치수는 $10\text{mm} \times 8\text{mm} \times 100\text{mm}$이다)

① $1{,}000\text{N/m}^2$

② $1{,}250\text{N/m}^2$

③ $2{,}000\text{N/m}^2$

④ $2{,}500\text{N/m}^2$

98 알루미늄에 많이 적용되며 다양한 색상의 유기염료를 사용하여 소재표면에 안정되고 오래가는 착색피막을 형성하는 표면처리방법으로 옳은 것은?

① 침탄법(Carburizing)

② 화학증착법(Chemical Vapor Deposition)

③ 양극산화법(Anodizing)

④ 고주파경화법(Induction Hardening)

99 2행정 사이클기관과 비교할 때 다음 중 4행정 사이클기관의 장점으로 옳은 것은?

① 매회전마다 폭발하므로 동일배기량일 경우 출력이 2사이클기관보다 크다.

② 마력당 기관중량이 가볍고 밸브기구가 필요 없어 구조가 간단하다.

③ 회전력이 균일하다.

④ 체적효율이 높다.

100 투영면적이 4.8m^2이고, 속도가 100km/h인 자동차의 저항력이 300kg이다. 이 중 30%는 마찰저항이고, 나머지는 바람에 의한 항력이다. 항력계수는 얼마인가?(단, $\gamma = 1.25\text{kg/m}^3$이다)

① 2.45

② 6.78

③ 0.89

④ 5.75

| 03 | 토목일반(토목직)

51 다음 중 흐름에 대한 설명으로 옳지 않은 것은?

① 흐름이 층류일 때는 뉴턴의 점성 법칙을 적용할 수 있다.
② 등류란 모든 점에서의 흐름의 특성이 공간에 따라 변하지 않는 흐름이다.
③ 유관이란 개개의 유체입자가 흐르는 경로를 말한다.
④ 유선이란 각 점에서 속도벡터에 접하는 곡선을 연결한 선이다.

52 다음 중 한 변의 길이가 10m인 정사각형 토지를 축척 1 : 600인 도상에서 관측한 결과, 도상의 변 관측 오차가 0.2mm씩 발생하였을 때, 실제 면적에 대한 오차 비율은?

① 1.2%
② 2.4%
③ 4.8%
④ 6.0%

53 금속의 탄성계수가 $E = 230,000$MPa이고, 전단탄성계수 $G = 60,000$MPa일 때, 이 금속의 푸아송비 (ν)는?

① 약 0.917
② 약 0.824
③ 약 0.766
④ 약 0.621

54 다음 중 슬러지 용량 지표(SVI)에 대한 설명으로 옳지 않은 것은?

① SVI는 침전슬러지량 100mL 중에 포함되는 MLSS를 그램(g)수로 나타낸 것이다.
② SVI는 활성슬러지의 침강성을 보여주는 지표로 광범위하게 사용된다.
③ SVI가 50 ~ 150일 때 침전성이 양호하다.
④ SVI가 200 이상이면 슬러지 팽화가 의심된다.

55 다음 중 베인 전단시험(Vane Shear Test)에 대한 설명으로 옳지 않은 것은?

① 베인 전단시험으로부터 흙의 내부마찰각을 측정할 수 있다.

② 현장 원위치 시험의 일종으로 점토의 비배수전단 강도를 구할 수 있다.

③ 십자형의 베인(vane)을 땅 속에 압입한 후, 회전모멘트를 가해서 흙이 원통형으로 전단파괴될 때 저항모멘트를 구함으로써 비배수 전단강도를 측정하게 된다.

④ 연약점토지반에 적용된다.

56 단주에서 단면의 핵이란 기둥에서 인장응력이 발생되지 않도록 재하되는 편심거리로 정의된다. 다음 중 지름이 40cm인 원형단면 핵의 지름은 몇 cm인가?

① 2.5cm   ② 5cm

③ 7.5cm   ④ 10cm

57 복적단 고장력 볼트의 이음에서 강판에 $P = 400kN$이 작용할 때, 필요한 볼트는 모두 몇 개인가?(단, 볼트의 지름은 20mm, 허용절단응력은 100MPa이다)

① 4개   ② 5개

③ 6개   ④ 7개

58 다각측량을 위한 수평각 측정방법 중 어느 측선의 바로 앞 측선의 연장선과 이루는 각을 측정하여 각을 측정하는 방법은?

① 편각법   ② 교각법

③ 방위각법   ④ 처짐각법

59 안지름 2m의 관내를 20℃의 물이 흐를 때 동점성계수가 $0.0101cm^2/s$이고 속도가 50cm/s일 때, 다음 중 레이놀즈수(Reynolds Number)는?

① 약 960,000   ② 약 970,000

③ 약 980,000   ④ 약 990,000

60 다음 중 교량에 쓰이는 고장력강에 요구되는 특성으로 옳지 않은 것은?

① 값이 저렴할 것

② 용접성이 좋아야 할 것

③ 가공성(열간, 냉간)이 좋아야 할 것

④ 인장 강도, 항복점이 커야 하고 피로 강도가 작을 것

61 30m에 대하여 3mm 늘어나 있는 줄자로 정사각형의 지역을 측정한 결과가 62,500m^{2}이었다면, 실제의 면적은?

① 약 62,503.3m^2

② 약 62,512.5m^2

③ 약 62,524.3m^2

④ 약 62,535.5m^2

62 다음 중 아치(Arch)의 특성으로 옳지 않은 것은?

① 부재 단면은 주로 축방향력을 받는 구조이다.

② 아치는 통상 수평반력이 생긴다.

③ 휨 모멘트나 압축에는 저항이 불가능하며 오직 장력에만 견딘다.

④ 수평반력은 각 단면에서의 휨 모멘트를 감소시킨다.

63 다음 중 강도설계법의 기본 가정으로 옳지 않은 것은?

① 콘크리트의 최대변형률은 0.003으로 가정한다.

② 철근 및 콘크리트의 변형률은 중립축으로부터의 거리에 비례한다.

③ 콘크리트 압축응력분포는 등가 직사각형 분포로 생각해도 좋다.

④ 설계기준항복강도 f_y는 450MPa을 초과하여 적용할 수 없다.

64 다음 중 옹벽 각부설계에 대한 설명으로 옳지 않은 것은?

① 캔틸레버 옹벽의 저판은 수직벽에 의해 지지된 캔틸레버로 설계되어야 한다.

② 뒷부벽식 옹벽 및 앞부벽식 옹벽의 저판은 뒷부벽 또는 앞부벽 간의 거리를 지간으로 보고 고정보 또는 연속보로 설계되어야 한다.

③ 전면벽의 하부는 연속 슬래브로서 작용한다고 보아 설계하지만 동시에 벽체 또는 캔틸레버로서도 작용하므로 상당한 양의 가외 철근을 넣어야 한다.

④ 뒷부벽은 직사각형보로, 앞부벽은 T형보로 설계되어야 한다.

65 다음 중 점토지반에서의 강성기초의 접지압 분포에 대한 설명으로 옳은 것은?

① 기초 모서리 부분에서 최대응력이 발생한다.

② 기초 중앙 부분에서 최대응력이 발생한다.

③ 기초 밑면에서의 응력은 토질에 관계없이 일정하다.

④ 모든 부분에서 동일한 응력이 작용한다.

66 다음 중 강도설계법에서 사용하는 강도감소계수 ϕ의 값으로 옳지 않은 것은?

① 무근콘크리트의 휨 모멘트 : $\phi=0.55$

② 전단력과 비틀림 모멘트 : $\phi=0.75$

③ 콘크리트의 지압력 : $\phi=0.70$

④ 인장지배단면 : $\phi=0.85$

67 흐트러지지 않은 시료를 이용하여 액성한계 40%, 소성한계 22.3%를 얻었다. Terzaghi와 Peck이 발표한 경험식에 의한 정규압밀 점토의 압축지수 C_c 값을 구하면?

① 0.25   ② 0.27

③ 0.30   ④ 0.35

68 측량성과표에 측점 A의 진북방향각은 0° 06′ 17″이고, 측점 A에서 측점 B에 대한 평균방향각은 263° 38′ 26″로 되어있을 때에 측점 A에서 측점 B에 대한 역방위각은?

① 83° 44′ 43″
② 83° 32′ 09″
③ 263° 44′ 43″
④ 263° 32′ 09″

69 다음 중 철근콘크리트 부재의 피복 두께에 대한 설명으로 옳지 않은 것은?

① 최소 피복 두께를 제한하는 이유는 철근의 부식 방지, 부착력의 증대, 내화성을 갖도록 하기 위해서이다.
② 콘크리트 표면과 그와 가장 가까이 배치된 철근 표면 사이의 콘크리트 두께를 피복 두께라 한다.
③ 현장치기 콘크리트로서, 옥외의 공기나 흙에 직접 접하지 않는 콘크리트의 최소 피복 두께는 기둥의 경우 40mm이다.
④ 현장치기 콘크리트로서, 흙에 접하거나 옥외의 공기에 직접 노출되는 콘크리트의 최소 피복 두께는 D16 이하의 철근의 경우 20mm이다.

70 다음 중 촬영고도 3,000m에서 초점거리 153mm의 카메라를 사용하여 고도 600m의 평지를 촬영할 때, 사진축척은?

① $\dfrac{1}{14,865}$
② $\dfrac{1}{15,686}$
③ $\dfrac{1}{16,766}$
④ $\dfrac{1}{17,568}$

71 2방향 슬래브 설계 시 직접설계법을 적용할 수 있는 제한사항에 대한 설명으로 옳지 않은 것은?

① 각 방향으로 3경간 이상이 연속되어 있어야 한다.
② 연속한 기둥 중심선을 기준으로 기둥의 어긋남은 그 방향 경간의 15% 이하여야 한다.
③ 각 방향으로 연속한 받침부 중심간 경간 차이는 긴 경간의 $\dfrac{1}{3}$ 이하여야 한다.
④ 슬래브 판들은 단변경간에 대한 장변경간의 비가 2 이하인 직사각형이여야 한다.

72 다음 중 고도정수처리 단위 공정 중 하나인 오존처리에 대한 설명으로 옳지 않은 것은?

① 오존은 철·망간의 산화능력이 크다.

② 오존의 산화력은 염소보다 훨씬 강하다.

③ 유기물의 생분해성을 증가시킨다.

④ 오존의 잔류성이 우수하므로 염소의 대체 소독제로 쓰인다.

73 상차라고도 하며 그 크기와 방향(부호)이 불규칙적으로 발생하고 확률론에 의해 추정할 수 있는 오차는 무엇인가?

① 개인오차   ② 우연오차

③ 정오차   ④ 누적오차

74 유량이 $100,000m^3/d$이고 BOD가 2mg/L인 하천으로 유량 $1,000m^3/d$, BOD 100mg/L인 하수가 유입된다. 하수가 유입된 후 혼합된 BOD의 농도는?

① 약 1.97mg/L   ② 약 2.97mg/L

③ 약 3.97mg/L   ④ 약 4.97mg/L

75 다음 중 사진측량의 특수 3점에 대한 설명으로 옳은 것은?

① 사진상에서 등각점을 구하는 것이 가장 쉽다.

② 사진의 경사각이 0°인 경우에는 특수 3점이 일치한다.

③ 기복변위는 주점에서 0이며 연직점에서 최대이다.

④ 카메라 경사에 의한 사선방향의 변위는 등각점에서 최대이다.

76 다음 중 유심다각망에 대한 설명으로 옳지 않은 것은?

① 농지측량에 많이 사용된다.

② 방대한 지역의 측량에 적합하다.

③ 삼각망 중에서 정확도가 가장 높다.

④ 동일측점 수에 비하여 포함면적이 가장 넓다.

77 다음 중 최소 전단철근을 배치하지 않아도 되는 경우는?(단, $\frac{1}{2}\phi V_c < V_u$인 경우)

① 슬래브나 확대기초의 경우

② 전단철근이 없어도 계수휨모멘트와 계수전단력에 저항할 수 있다는 것을 실험에 의해 확인할 수 있는 경우

③ T형보에서 그 깊이가 플랜지 두께의 2.5배 또는 복부폭의 1/2 중 큰 값 이하인 보

④ 전체깊이가 450mm 이하인 보

78 다음 중 축방향 압축력을 받는 기둥을 설계할 때, 허용압축 응력도를 판단하기 위하여 고려하여야 할 여러 사항 중 가장 중요한 요소로 판단되는 것은?

① 단면적   ② 기둥의 길이

③ 세장비   ④ 기둥의 단면 1차 모멘트

79 다음 중 강도설계로 전단과 휨만을 받는 부재를 설계할 때, 공칭전단강도(V_c)에 대한 근사식은?

① $V_c = \frac{1}{6}\sqrt{f_{ck}} \cdot b_w \cdot d$ 　　　　　② $V_c = \frac{1}{3}\sqrt{f_{ck}} \cdot b_w \cdot d$

③ $V_c = \frac{1}{4}\sqrt{f_{ck}} \cdot b_w \cdot d$ 　　　　　④ $V_c = \frac{1}{5}\sqrt{f_{ck}} \cdot b_w \cdot d$

80 다음 그림과 같이 방향이 반대인 힘 P와 $3P$가 L간격으로 평행하게 작용하고 있다. 두 힘의 합력의 작용위치 X는?

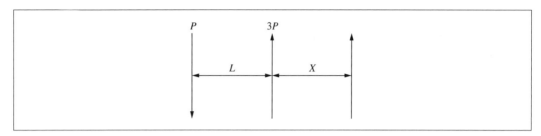

① $\dfrac{1}{3}L$

② $\dfrac{1}{2}L$

③ $\dfrac{2}{3}L$

④ $1L$

81 프리스트레스의 손실을 초래하는 원인 중 프리텐션 방식보다 포스트텐션 방식에서 크게 나타나는 것은?

① 콘크리트의 탄성수축

② 강재와 시스의 마찰

③ 콘크리트의 크리프

④ 콘크리트의 건조수축

82 두께가 2cm인 점토시료의 압밀시험결과 전 압밀량의 90%에 도달하는 데 1시간이 걸렸다. 만일 같은 조건에서 같은 점토로 이루어진 2m의 토층 위에 구조물을 축조한 경우, 최종침하량의 90%에 도달하는 데 걸리는 시간은?

① 약 310일

② 약 365일

③ 약 417일

④ 약 511일

83 설계기준 압축강도(f_{ck})가 24MPa이고, 쪼갬인장강도(f_{sp})가 2.4MPa인 경량골재 콘크리트에 적용하는 경량콘크리트계수(λ)는?

① 약 0.53

② 약 0.65

③ 약 0.72

④ 약 0.87

84 다음 중 지성선에 해당하지 않는 것은?

① 구조선   ② 능선

③ 계곡선   ④ 경사변환선

85 다음 〈조건〉을 따르는 표준 갈고리가 있는 인장 이형철근의 기본정착길이(l_{hb})는 얼마인가?

──────〈조건〉──────

- 보통 중량골재를 사용한 콘크리트 구조물
- 도막되지 않은 D35(공칭직경 34.9mm)철근으로 단부에 90° 표준 갈고리가 있음
- f_{ck}=28MPa, f_y=400MPa

① 약 633mm   ② 약 660mm

③ 약 1,130mm   ④ 약 1,585mm

86 어떤 모래층의 간극률이 35%, 비중이 2.66이다. 이 모래의 Quick Sand에 대한 한계 동수 구배는 얼마인가?

① 약 2.20   ② 약 1.14

③ 약 1.08   ④ 약 0.98

87 다음 중 활동면위의 흙을 몇 개의 연직 평행한 절편으로 나누어 사면의 안정을 해석하는 방법이 아닌 것은?

① Fellenius 방법   ② Bishop 간편법

③ 마찰원법   ④ Janbu 간편법

88 물이 담겨 있는 그릇을 정지 상태에서 가속도 α로 수평으로 잡아당겼을 때 발생되는 수면이 수평면과 이루는 각이 30°라면 가속도 α는?(단, 중력가속도는 9.8m/s^{2}이다)

① 약 4.9m/s^2 ② 약 5.7m/s^2

③ 약 8.5m/s^2 ④ 약 17.0m/s^2

89 다음 중 지형 공간 정보 체계의 자료 정리 체계를 순서대로 바르게 나열한 것은?

① 부호화 – 자료정비 – 자료입력 – 조작처리 – 출력

② 자료입력 – 부호화 – 자료정비 – 조작처리 – 출력

③ 자료입력 – 자료정비 – 부호화 – 조작처리 – 출력

④ 부호화 – 조작처리 – 자료정비 – 자료입력 – 출력

90 다음 중 트래버스 측량에 대한 설명으로 옳지 않은 것은?

① 트래버스 종류 중 결합트래버스는 가장 높은 정확도를 얻을 수 있다.

② 각 관측 방법 중 방위각법은 한번 오차가 발생하면 그 영향이 끝까지 미친다.

③ 폐합오차 조정방법 중 컴퍼스 법칙은 각 관측의 정밀도가 거리 관측의 정밀도보다 높을 때 실시한다.

④ 폐합트래버스에서 편각의 총합은 반드시 $360°$가 되어야 한다.

91 유효깊이(d)가 500mm인 직사각형 단면보에 $f_y = 400$MPa인 인장철근이 1일로 배치되어 있다. 중립축(c)의 위치가 압축연단에서 200mm인 경우 강도감소계수(ϕ)는?

① 약 0.804   ② 약 0.817

③ 약 0.834   ④ 약 0.842

92 콘크리트 구조설계기준의 요건에 따르면 $f_{ck} = 38$MPa일 때 등가직사각형 응력 분포의 깊이를 나타내는 β_1의 값은?

① 0.80   ② 0.76

③ 0.74   ④ 0.72

93 최대주응력이 $10t/m^2$, 최소주응력이 $4t/m^2$일 때, 최소주응력 면과 $45°$를 이루는 평면에 일어나는 수직응력은?

① $7t/m^2$ ② $3t/m^2$

③ $6t/m^2$ ④ $4\sqrt{2}\, t/m^2$

94 강도 정수가 $c=0$, $\Phi=40°$인 사질토 지반에서 Rankine 이론에 의한 수동 토압 계수는 주동 토압 계수의 몇 배인가?

① 약 4.6배 ② 약 9.0배
③ 약 12.3배 ④ 약 21.1배

95 다음 중 말뚝의 부마찰력(Negative Skin Friction)에 대한 설명으로 옳지 않은 것은?

① 말뚝의 허용지지력을 결정할 때 세심하게 고려해야 한다.
② 연약지반에 말뚝을 박은 후 그 위에 성토를 한 경우 일어나기 쉽다.
③ 연약한 점토에 있어서는 상대변위의 속도가 느릴수록 부마찰력은 크다.
④ 연약지반을 관통하여 견고한 지반까지 말뚝을 박은 경우 일어나기 쉽다.

96 다음 중 측량의 분류에 대한 설명으로 옳은 것은?

① 측량 구역이 상대적으로 협소하여 지구의 곡률을 고려하지 않아도 되는 측량을 측지측량이라 한다.
② 측량 정확도에 따라 평면기준점 측량과 고저기준점 측량으로 구분한다.
③ 구면 삼각법을 적용하는 측량과 평면 삼각법을 적용하는 측량과의 근본적인 차이는 삼각형의 내각의 합이다.
④ 측량법에서는 기본측량과 공공측량의 두 가지로만 측량을 분류한다.

97 다음 그림의 삼각형 구조가 평형 상태에 있을 때 법선 방향에 대한 힘의 크기 P는?

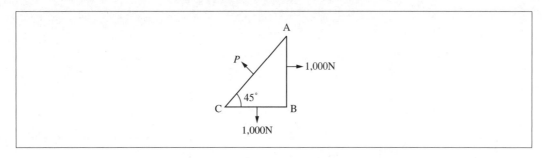

① 약 2,002N ② 약 1,804N
③ 약 1,657N ④ 약 1,414N

98 다음 중 UTM 좌표에 대한 설명으로 옳지 않은 것은?

① 중앙 자오선의 축척 계수는 0.9996이다.

② 좌표계는 경도 6°, 위도 8° 간격으로 나눈다.

③ 우리나라는 40구역(Zone)과 43구역(Zone)에 위치하고 있다.

④ 경도의 원점은 중앙자오선에 있으며 위도의 원점은 적도상에 있다.

99 연약 지반에 구조물을 축조할 때 피에조미터를 설치하여 과잉 간극 수압의 변화를 측정했더니 어떤 점에서 구조물 축조 직후 $10t/m^2$이었지만, 4년 후는 $2t/m^2$이었다. 이때의 압밀도는?

① 20% ② 40%

③ 60% ④ 80%

100 내부 마찰각 30°, 점착력 $1.5t/m^2$ 그리고 단위중량이 $1.7t/m^3$인 흙에 있어서 인장균열(Tension Crack)이 일어나기 시작하는 깊이는 얼마인가?

① 약 2.2m ② 약 2.7m

③ 약 3.1m ④ 약 3.5m

3권

제3회
부산교통공사
기술직

NCS 직업기초능력평가
+ 전공

www.sdedu.co.kr

〈문항 및 시험시간〉

평가영역	문항 수	시험시간	모바일 OMR 답안분석		
			직업기초능력평가 + 전공		
			전기·신호직	기계직	토목직
▶ 공통 : 직업기초능력평가 ▶ 전공 　– 전기일반(전기·신호직) 　– 기계일반(기계직) 　– 토목일반(토목직)	100문항	100분			

제3회 모의고사

제1영역 직업기초능력평가

01 다음 글을 읽고 글의 제목으로 가장 적절한 것을 고르면?

> 보건복지부에 따르면 현재 등록 장애인만 250만 명이 넘는다. 여기에 비등록 장애인까지 포함시킨다면 실제 장애인 수는 400만 명에 다다를 것으로 예상된다.
>
> 특히 이들 가정은 경제적 사회적 어려움에 봉착해 있을 뿐만 아니라, 많은 장애인 자녀들이 부모의 돌봄 없이는 일상생활 유지가 어려운 상황인데 특히 법적인 부분에서 훨씬 더 문제가 된다. 부모 사망 뒤, 장애인 자녀가 상속인으로서 제대로 된 권리를 행사하기 어려울 뿐만 아니라, 본인도 모르게 유산 상속 포기 절차가 진행되는 경우가 이에 해당한다.
>
> 따라서 장애인 자녀의 부모들은 상속과정에서 자녀들이 부딪힐 문제들에 대해 더 꼼꼼하게 대비해야 할 필요성이 있는데, 이에 해당하는 내용을 크게 두 가지로 살펴볼 수 있다. '자녀의 생활 안정 및 유지'를 위한 '장애인 신탁'과 '상속 시의 세금혜택'인 '장애인 보험금 비과세'가 그것이다.
>
> 먼저 장애인 신탁은 직계존비속이나 일정 범위 내 친족으로부터 재산을 증여받은 장애인이 증여세 신고기한 이내에 신탁회사에 증여받은 재산을 신탁하고, 그 신탁의 이익 전부에 대해 장애인이 수익자가 되면 재산가액 5억원까지 증여세를 면제해주는 제도로 이를 통해 장애인은 생계유지와 안정적인 자산 이전을 받을 수 있다.
>
> 또 수익자가 장애인 자녀인 보험에 가입한 경우 보험금의 4,000만 원까지는 상속세 및 증여세법에 의해 과세하지 않는다. 또한 후견인 등이 보험금을 가로챌 수 있는 여지를 차단하기 위해 중도 해지가 불가능하고 평생 동안 매월 연금으로 수령할 수 있는 종신형 연금보험을 선택하는 것이 장애인 자녀의 생활 안정에 유리할 것이다.

① 부모 사망 시 장애인 자녀의 유산 상속 과정
② 부모 사망 시 장애인 자녀의 생활안정 및 세금혜택
③ 부모 사망 시 장애인 자녀가 직면한 사회적 문제
④ 부모 사망 시 장애인 자녀의 보험 및 증여세 혜택

02 다음 글의 내용을 참고할 때, 수익률을 극대화하기 위한 전략으로 옳지 않은 것은?

> 사업이 결국 물건을 제조 및 생산하여 소비자에게 판매한 후 이익을 거두는 활동이라고 단순화한다면, 사업가는 이 정의를 기초로 사업성과를 높이기 위한 고민을 해야 한다. 우선 사업가는 어떤 물건을 만들 것인지를 고민해야 한다. 아마도 이를 위해서 시장 분석이라는 것을 하게 될지 모른다. 시장 분석을 통해 타깃이 되는 소비자를 선정하고, 이들이 현재 그리고 미래에 어떤 상품에 관심을 가지게 될 것인지를 판단한다.
>
> 생산할 상품이 정해지면 이 상품을 어떻게 만들 것인지를 고민해야 한다. 상품의 완성도를 높이기 위한 고민을 이 때에 하게 된다. 동시에 상품 제작비용을 어떻게 낮출 것인지도 고민해야 한다. 같은 완성도를 보이는데, A방법은 비용이 높고 B방법은 비용이 낮다면 당연히 B방법을 택해야 한다. 이때 고민하는 것이 바로 원가구조이다. 상품을 생산하는 데 들어가는 비용이 얼마인가를 합리적이고 꼼꼼하게 살펴야 한다.
>
> 상품이 만들어졌으면, 이 상품을 소비자에게 얼마에 팔 것인지를 결정해야 한다. 가능한 한 높은 가격에 팔면 좋겠지만, 가격을 마냥 높이는 경우에는 소비자가 사지 않을 가능성이 높다. 따라서 적정한 가격을 책정하는 것이 중요하다.

① 상품선정, 제조 및 생산, 판매 과정에 대한 고민이 필요하다.
② 소비자의 취향, 흥미, 특징 등을 분석하는 것이 중요하다.
③ 원가구조 분석의 핵심은 어떻게 비용을 낮출 것인가이다.
④ 판매 가격을 마냥 높이는 것만이 최선은 아니다.

03 B은행은 두 달 동안 예금과 적금에 가입한 남성과 여성 고객들의 통계를 정리하였다. 여성과 남성은 각각 50명씩이었으며, 여성 가입고객 중 예금에 가입한 인원은 35명, 적금은 30명이었다. 남성 가입고객의 경우 예금과 적금 모두 가입한 고객은 남성 고객 총인원의 20%였다. 전체 가입고객 중 예금과 적금 모두 가입한 고객의 비중은 몇 %인가?

① 25%
② 30%
③ 35%
④ 40%

04 다음 글에 나타난 글쓴이의 특징으로 가장 적절한 것은?

우리나라의 전통음악은 정악(正樂)과 민속악으로 나눌 수 있다. 정악은 주로 양반들이 향유하던 음악으로, 궁중에서 제사를 지낼 때 사용하는 제례악과 양반들이 생활 속에서 즐기던 풍류음악 등이 이에 속한다. 이와 달리 민속악은 서민들이 즐기던 음악으로, 서민들이 생활 속에서 느낀 기쁨, 슬픔, 한(恨) 등의 감정이 솔직하게 표현되어 있다.

정악의 제례악에는 종묘제례악과 문묘제례악이 있다. 본래 제례악의 경우 중국 음악을 사용하였는데, 이 때문에 우리나라의 정악을 중국에서 들어온 것으로 여기고 순수한 우리의 음악으로 받아들이지 않을 수 있다. 그러나 종묘제례악은 세조 이후부터 세종대왕이 만든 우리 음악을 사용하였고, 중국 음악으로는 문묘제례악과 이에 사용되는 악기 몇 개일 뿐이다.

정악의 풍류음악은 주로 양반 사대부들이 사랑방에서 즐기던 음악으로, 궁중에서 경사가 있을 때 연주되기도 하였다. 대표적인 곡으로는 '영산회상', '여민락' 등이 있으며, 양반 사대부들은 이러한 정악곡을 반복적으로 연주하면서 음악에 동화되는 것을 즐겼다. 이처럼 대부분의 정악은 이미 오래전부터 우리 민족 고유의 정서와 감각을 바탕으로 만들어져 전해 내려온 것으로 부정할 수 없는 우리의 전통 음악이다.

① 예상되는 반론에 대비하여 근거를 들어 주장을 강화하고 있다.
② 구체적인 사례를 들며 대상을 설명하고 있다.
③ 비교·대조를 통해 여러 가지 관점에서 대상을 살펴보고 있다.
④ 기존 견해를 비판하고 새로운 견해를 제시하고 있다.

05 다음 글을 이해한 내용으로 가장 적절한 것은?

총무부는 회사에 필요한 사무용품을 대량으로 주문하였다. 주문서는 메일로 보냈는데, 배송 온 사무용품을 확인하던 중 책꽂이의 수량과 연필꽂이의 수량이 바뀌어서 배송된 것을 알았다. 주문서를 보고 주문한 수량을 한 번 더 확인한 후 바로 문구회사에 전화를 하니 상담원은 처음 발주한 수량대로 제대로 보냈다고 한다. 메일을 확인해 보니 수정 전의 파일이 발송되었다.

① 문구회사는 주문서를 제대로 보지 못하였다.
② 주문서는 메일로 보내면 안 된다.
③ 메일에 자료를 첨부할 때는 꼼꼼히 확인하여야 한다.
④ 책꽂이는 환불을 받는다.

06 부산교통공사는 야유회 준비를 위해 500mL 물과 2L 음료수를 총 330개 구입하였다. 야유회에 참가한 직원을 대상으로 500mL 물은 1인당 1개, 2L 음료수는 5인당 1개씩 지급했더니 남거나 모자라지 않았다면, 부산교통공사의 야유회에 참가한 직원은 모두 몇 명인가?

① 260명　　　　　　　　　　　　② 265명

③ 270명　　　　　　　　　　　　④ 275명

07 K부서에는 부장 1명, 과장 1명, 대리 2명, 사원 2명 총 6명이 근무하고 있다. 새로운 프로젝트를 진행하기 위해 K부서를 2개의 팀으로 나누려고 한다. 팀을 나눈 후 인원수는 서로 같으며, 부장과 과장이 같은 팀이 될 확률은 30%라고 한다. 대리 2명의 성별이 서로 다를 때, 부장과 남자 대리가 같은 팀이 될 확률은?

① 41%　　　　　　　　　　　　② 41.5%

③ 42%　　　　　　　　　　　　④ 42.5%

08 농도를 알 수 없는 설탕물 500g에 3%의 설탕물 200g을 온전히 섞었더니 섞은 설탕물의 농도는 7%가 되었다. 처음 500g의 설탕물에 녹아있던 설탕은 몇 g인가?

① 40g　　　　　　　　　　　　② 41g

③ 42g　　　　　　　　　　　　④ 43g

09 부산교통공사 관리팀에 근무하는 B팀장은 최근 부하직원 A씨 때문에 고민 중이다. B팀장이 보기에 A씨의 업무방법은 업무성과를 내기에 부적절해 보이지만, 자존감이 강하고 자기결정권을 중시하는 A씨는 자기 자신이 스스로 잘하고 있다고 생각하며 B팀장의 조언이나 충고에 대해 반발심을 표현하고 있기 때문이다. 이와 같은 상황에서 B팀장이 부하직원인 A씨에게 할 수 있는 가장 효과적인 코칭방법은 무엇이겠는가?

① A씨를 더 강하게 질책하여 업무방법을 개선시키도록 한다.

② 대화를 통해 스스로 자신의 잘못을 인식하도록 유도한다.

③ 스스로 업무방법을 고칠 때까지 믿어주고 기다려준다.

④ A씨에 대한 칭찬을 통해 업무 성과를 극대화시킨다.

10 다음 제시된 단어들의 관계와 유사한 관계를 나타내는 표로 옳은 것은?

철봉		줄넘기
	운동장	
골대		뜀틀

①

교무실		양호실
	학교	
행정실		급식실

②

간호사		방사선사
	병원	
의사		물리치료사

③

정돈		처분
	정리	
청산		정제

④

도마		국자
	주방	
과도		접시

11 다음 중 A ~ G 일곱 사람이 〈조건〉에 따라 원탁에 둘러 앉을 때, B와 인접하여 앉아 있는 사람을 모두 고르면?

─〈조건〉─
- A로부터 두 사람 건너 F가 앉아 있다.
- F로부터 두 사람 건너 E가 앉아 있다.
- E로부터 두 사람 건너 B가 앉아 있다.
- C와 F는 인접하여 앉아 있지 않다.
- G와 C는 인접하여 앉아 있다.

① A, D
② C, D
③ D, F
④ G, F

12 다음은 윤리적 규범에 대한 설명이다. 빈칸 ㉠~㉢에 들어갈 말을 바르게 연결한 것은?

윤리적 규범이란 ___㉠___ 과 ___㉡___ 를 기반으로 ___㉢___ 을 반복하여 형성되는 것이다.

	㉠	㉡	㉢
①	개인생활	이익의 필요	도덕적 가치신념
②	개인생활	협력의 필요	공동 협력의 룰
③	공동생활	이익의 필요	도덕적 가치신념
④	공동생활	협력의 필요	공동 협력의 룰

13 다음 글의 내용으로 가장 적절한 것은?

지금까지 보았듯이 체계라는 개념은 많은 현실주의자들에게 있어서 중요한 개념이다. 무질서 상태라는 비록 단순한 개념이건 현대의 현실주의자가 고안한 정교한 이론이건 간에 체계라는 것은 국제적인 행위체에 영향을 주기 때문에 중요시되는 것이다. 그런데 최근의 현실주의자들은 체계를 하나의 유기체로 보고 얼핏 국가의 의지나 행동으로부터 독립한 듯이 기술하고 있다. 정치가는 거의 자율성이 없으며 또 획책할 여지도 없어서, 정책결정과정에서는 인간의 의지가 별 효과가 없는 것으로 본다. 행위자로서 인간은 눈앞에 버티고 선 냉혹한 체계의 앞잡이에 불과하며 그러한 체계는 이해할 수 없는 기능을 갖는 하나의 구조이며 그러한 메커니즘에 대하여 막연하게 밖에는 인지할 수 없다. 정치가들은 무수한 제약에 직면하지만 호기는 거의 오지 않는다. 정치가들은 권력정치라고 불리는 세계규모의 게임에 열중할 뿐이며 자발적으로 규칙을 변화시키고 싶어도 그렇게 하지 못한다. 결국 비판의 초점은 현실주의적 연구의 대부분은 숙명론적이며 결정론적이거나 혹은 비관론적인 저류가 흐르고 있다고 지적한다. 그 결과 이러한 비판 중에는 행위자로서 인간과 구조는 상호 간에 영향을 주고 있다는 것을 강조하면서 구조를 보다 동적으로 파악하는 사회학에 눈을 돌리는 학자도 있다.

① 이상주의자들에게 있어서 체계라는 개념은 그리 중요하지 않다.
② 무질서 상태는 국제적 행위체로서 작용하는 체계가 없는 혼란스러운 상태를 의미한다.
③ 현실주의자들은 숙명론 혹은 결정론을 신랄하게 비판한다.
④ 현실주의적 관점에서 정치인들은 체계 앞에서 무기력하다.

※ 부산교통공사의 컴퓨터기기 유지 및 보수 업무를 담당하는 Y사원은 세 개의 부서에서 받은 컴퓨터 점검 및 수리 요청 내역과 수리요금표를 다음과 같이 정리하였다. 자료를 참고하여 이어지는 질문에 답하시오. **[14~16]**

〈점검 · 수리 요청 내역〉

구분	수리 요청 내역	요청인원(명)	비고
A부서	RAM 8GB 교체	12	요청인원 중 3명은 교체＋추가설치 희망
	SSD 250GB 추가 설치	5	–
	프로그램 설치	20	• 문서작성 프로그램 : 10명 • 3D그래픽 프로그램 : 10명
B부서	HDD 1TB 교체	4	요청인원 모두 교체 시 HDD 백업 희망
	HDD 포맷 · 배드섹터 수리	15	–
	바이러스 치료 및 백신 설치	6	–
C부서	외장 VGA 설치	1	–
	HDD 데이터 복구	1	• 원인 : 하드웨어적 증상 • 복구용량 : 270GB
	운영체제 설치	4	회사에 미사용 정품 설치 USB 보유

※ HDD 데이터 복구의 경우 서비스센터로 PC를 가져가 진행한다.

〈수리요금표〉

구분	수리 내역		서비스비용(원)	비고
H/W	교체 및 설치	RAM(8GB)	8,000	부품비용 : 96,000원
		HDD(1TB)	8,000	부품비용 : 50,000원
		SSD(250GB)	9,000	부품비용 : 110,000원
		VGA(포스 1060i)	10,000	부품비용 : 300,000원
	HDD 포맷 · 배드섹터 수리		10,000	–
	HDD 백업		100,000	–
S/W	프로그램 설치		6,000	그래픽 관련 프로그램 설치 시 개당 추가 1,000원의 비용 발생
	바이러스 치료 및 백신 설치		10,000	–
	운영체제 설치		15,000	정품 미보유 시 정품 설치 USB 개당 100,000원의 비용 발생
	드라이버 설치		7,000	–
데이터 복구	하드웨어적 원인(~ 160GB)		160,000	초과용량의 경우 1GB당 5,000원의 비용 발생
	소프트웨어적 원인		180,000	

※ 프로그램 · 드라이버 설치 서비스비용은 개당 비용이다.
※ H/W를 교체 · 설치하는 경우 수리요금은 서비스비용과 부품비용을 합산하여 청구한다.
※ 하나의 PC에 같은 부품을 여러 개 교체 · 설치하는 경우 부품의 개수만큼 서비스비용이 발생한다.

14 A부서의 수리 요청 내역과 수리요금을 바르게 짝지은 것은?

	수리 요청 내역	수리요금
①	RAM 8GB 교체	1,248,000원
②	RAM 8GB 교체	1,560,000원
③	프로그램 설치	100,000원
④	프로그램 설치	120,000원

15 다음 중 B부서에 청구되어야 할 수리비용은?

① 742,000원 ② 778,000원

③ 806,000원 ④ 842,000원

16 HDD 데이터 복구를 요청한 C부서의 U과장이 Y사원에게 PC를 며칠 후에 받을 수 있는지를 물었다. 다음 안내문을 참고했을 때, Y사원이 U과장에게 안내할 기간으로 적절한 것은?

〈데이터 복구 관련 안내문〉

• 복구 전 진단을 시행하며, 이때 소요되는 시간은 2시간입니다.

• 시간당 데이터 복구량은 7.5GB입니다.

• 수리를 마친 다음 날 직접 배송해드립니다.

---

① 3일 ② 4일

③ 5일 ④ 6일

※ 다음은 공장 규모별 시설면적 및 등록현황 비율에 대한 자료이다. 이어지는 질문에 답하시오. **[17~18]**

〈공장 규모별 시설면적 비율〉

(단위 : %)

구분		2021년 하반기	2022년 상반기	2022년 하반기
공장용지	계	100.0	100.0	100.0
	대기업	24.7	24.6	23.4
	중기업	22.0	21.5	20.9
	소기업	53.3	53.9	55.7
제조시설	계	100.0	100.0	100.0
	대기업	20.1	20.4	21.5
	중기업	27.9	26.3	22.7
	소기업	52.0	53.3	55.8
부대시설	계	100.0	100.0	100.0
	대기업	24.4	24.5	38.2
	중기업	23.8	22.9	20.0
	소기업	51.8	52.6	41.8

〈공장 규모별 등록현황 비율〉

(단위 : %)

구분		2020년 하반기	2021년 상반기	2021년 하반기	2022년 상반기	222년 하반기
등록완료	계	100.0	100.0	100.0	100.0	100.0
	대기업	0.6	0.5	0.5	0.5	0.5
	중기업	5.3	5.3	5.3	5.3	5.3
	소기업	94.1	94.2	94.2	94.2	94.2
부분등록	계	100.0	100.0	100.0	100.0	100.0
	대기업	3.5	3.5	3.4	2.8	2.8
	중기업	8.7	9.2	8.8	9.2	8.6
	소기업	87.8	87.3	87.8	88.0	88.6
휴 업	계	100.0	100.0	100.0	100.0	100.0
	대기업	0.0	0.0	0.0	0.0	0.0
	중기업	3.2	3.1	2.9	2.8	2.7
	소기업	96.8	96.9	97.1	97.2	97.3

17 다음 중 2021년 하반기부터 2022년 하반기까지의 공장 규모별 시설면적 비율에 대한 설명으로 옳은 것을 〈보기〉에서 모두 고르면?

─────〈보기〉─────

ㄱ. 면적 비율이 큰 순으로 순위를 매길 때, 공장용지면적 비율의 순위는 2021년과 2022년 하반기 모두 동일하다.

ㄴ. 2022년 상반기 제조시설면적은 소기업이 중기업의 2배 이상이다.

ㄷ. 2022년 하반기에 소기업은 부대시설면적보다 제조시설면적을 더 많이 보유하고 있다.

ㄹ. 제시된 기간 동안 대기업이 차지하는 공장용지면적 비율과 소기업의 부대시설면적 비율의 증감추이는 동일하다.

① ㄱ, ㄴ　　　　　　　　　　② ㄱ, ㄹ

③ ㄴ, ㄷ　　　　　　　　　　④ ㄴ, ㄹ

18 2020년 하반기부터 2022년 하반기까지의 공장 규모별 등록현황 비율에 대한 설명 중 옳지 않은 것은?

① 휴업 중인 공장 중 소기업의 비율은 2020년 하반기부터 계속 증가하였다.

② 부분등록된 공장 중 대기업과 중기업의 비율의 차는 2020년 하반기보다 2021년 하반기에 증가하였다.

③ 2022년 하반기에 부분등록된 기업 중 대기업의 비율은 중기업 비율의 30% 이상이다.

④ 등록완료된 중기업 공장의 수는 2020년 하반기부터 2022년 하반기까지 동일하다.

19 다음 SWOT 분석에 대한 설명을 참고하여 추론한 내용으로 가장 적절한 것은?

SWOT 분석에서 강점(S)은 경쟁기업과 비교하여 소비자로부터 강점으로 인식되는 것이 무엇인지, 약점(W)은 경쟁기업과 비교하여 소비자로부터 약점으로 인식되는 것이 무엇인지, 기회(O)는 외부환경 에서 유리한 기회요인은 무엇인지, 위협(T)은 외부환경에서 불리한 위협요인은 무엇인지를 찾아내는 것이다. SWOT 분석의 가장 큰 장점은 기업의 내부 및 외부 환경의 변화를 동시에 파악할 수 있다는 것이다.

① 제품의 우수한 품질은 SWOT 분석의 기회 요인으로 볼 수 있다.

② 초고령화 사회는 실버산업에 있어 기회 요인으로 볼 수 있다.

③ 기업의 비효율적인 업무 프로세스는 SWOT 분석의 위협 요인으로 볼 수 있다.

④ 살균제 달걀 논란은 빵집에게 있어 약점 요인으로 볼 수 있다.

20 A공사의 운영본부에서 근무 중인 귀하는 국토교통부에서 제공한 국제 여객·화물 수송량 및 분담률 통계자료를 확인하였으며, 여객서비스 및 화물운영에 필요한 자료를 추려 각 부서에 전달하고자 한다. 다음의 자료를 토대로 이해한 내용으로 옳지 않은 것은?

〈국제 여객·화물 수송량 및 분담률〉

[단위 : 여객(천 명), 화물(천 톤), 분담률(%)]

구분			2018년	2019년	2020년	2021년	2022년
여객	해운	수송량	2,534	2,089	2,761	2,660	2,881
		분담률	6.7	5.9	6.4	5.9	5.7
	항공	수송량	35,341	33,514	40,061	42,649	47,703
		분담률	93.3	94.1	93.6	94.1	94.3
화물	해운	수송량	894,693	848,299	966,193	1,069,556	1,108,538
		분담률	99.7	99.7	99.7	99.7	99.7
	항공	수송량	2,997	2,872	3,327	3,238	3,209
		분담률	0.3	0.3	0.3	0.3	0.3

※ 수송분담률 : 여객 및 화물의 총수송량에서 분야별 수송량이 차지하는 비율

① 2018년부터 2022년까지 항공 여객 수송량의 평균은 약 39,853천 명이다.
② 여객 수송은 해운보다 항공이 차지하는 비중이 절대적인 반면, 화물 수송은 그 반대이다.
③ 2022년 항공 화물 수송량은 2020년 대비 4% 이상 감소하였다.
④ 2022년 해운 여객 수송량은 2019년 대비 37% 이상 증가하였다.

21 다음 중 서양의 식사 예절에 대한 설명으로 가장 적절한 것은?

① 생선의 머리는 오른쪽으로 둔다.
② 커피 잔에 손가락을 끼지 않고 세 손가락으로 잡는다.
③ 포크와 나이프는 안쪽에서 바깥쪽으로 사용한다.
④ 식사가 끝나면 포크는 안쪽, 나이프를 바깥으로 접시 왼쪽에 나란히 놓는다.

22 다음 글을 논리적 순서대로 바르게 나열한 것은?

(A) 과거에 한 월간 잡지가 여성 모델이 정치인과 사귄다는 기사를 내보냈다가 기자는 손해배상을 하고 잡지도 폐간된 경우가 있었다. 일부는 추측 기사이고 일부는 사실도 있었지만, 사실 이든 허위든 관계없이 남의 명예와 인권을 침해하였기에 그 책임을 진 것이다.

(B) 인권이라는 이름으로 남의 사생활을 침해하는 일은 자기 인권을 내세워 남의 불행을 초래하는 것이므로 보호받을 수 없다. 통상 대중 스타나 유명인들의 사생활은 일부 노출되어 있고, 이러한 공개성 속에서 상품화되므로 비교적 보호 강도가 약하기는 하지만 그들도 인간으로서 인권이 보호되는 것은 마찬가지다.

(C) 우리 사회에서 이제 인권이라는 말은 강물처럼 넘쳐흐른다. 과거에는 인권을 말하면 붙잡혀 가고 감옥에도 가곤 했지만, 이제는 누구나 인권을 스스럼없이 주장한다. 그러나 중요한 점은 인권이라 하더라도 무제한 보장되는 것이 아니라 남의 행복과 공동체의 이익을 침해하지 않는 범위 안에서만 보호된다는 것이다.

(D) 그런데 남의 명예를 훼손하여도 손해배상을 해주면 그로써 충분하고, 자기 잘못을 사죄하는 광고를 신문에 강제로 싣게 할 수는 없다. 헌법재판소는 남의 명예를 훼손한 사람이라 하더라도 강제로 사죄 광고를 싣게 하는 것은 양심에 반하는 가혹한 방법이라 하여 위헌으로 선고했다.

---

① (A) − (B) − (C) − (D) ② (B) − (A) − (C) − (D)
③ (C) − (B) − (A) − (D) ④ (C) − (B) − (D) − (A)

23 다음 〈조건〉을 모두 만족하는 A ∼ F회사가 있다. 한 층에 한 개 회사만이 입주할 수 있고, B가 3층에 있을 때, 항상 옳은 것은?

〈조건〉

• A, B, C는 같은 층 간격을 두고 떨어져 있다.
• D와 E는 인접할 수 없다.
• A는 5층이다.
• F는 B보다 위층에 있다.

---

① C는 1층에 있다.
② D는 홀수 층에 있다.
③ F는 6층에 있다.
④ D는 4층에 있다.

※ 부산교통공사는 조합원 초청행사 안내 현수막을 설치하려고 한다. 다음 자료를 참고하여 이어지는 질문에 답하시오. [24~25]

- 현수막 설치 후보 장소 : 주민센터, 공사본부, 우체국, 주유소, 마트
- 현수막 설치일자 : 3월 29 ~ 31일

구분	주민센터	공사본부	우체국	주유소	마트
설치가능 일자	3월 31일	3월 29일	3월 30일	3월 31일	4월 2일
게시기간	3월 31일 ~ 4월 15일	3월 29일 ~ 4월 18일	3월 30일 ~ 4월 8일	3월 31일 ~ 4월 8일	4월 2 ~ 25일
하루평균 유동인구	230명	300명	260명	270명	310명
설치비용	200만 원	300만 원	250만 원	200만 원	300만 원
게시비용	10만 원/일	8만 원/일	12만 원/일	12만 원/일	7만 원/일

※ 현수막은 유동인구가 가장 많은 2곳에 설치 예정
※ 유동인구가 하루 20명 이상 차이나지 않는 경우 게시기간이 긴 장소에 설치
※ 설치비용은 한 번만 지불

24 다음 중 안내 현수막을 설치하기에 적절한 장소를 모두 고른 것은?(단, 설치장소 선정에 설치 및 게시 비용은 고려하지 않는다)

① 주민센터, 공사본부
② 공사본부, 우체국
③ 주유소, 공사본부
④ 주유소, 마트

25 상부 지시로 다른 조건은 모두 배제하고 설치 및 게시 비용만 고려하여 가장 저렴한 곳에 현수막을 설치하기로 하였다. 다음 중 현수막을 설치하기에 적절한 장소는?(단, 현수막은 장소마다 제시되어 있는 게시기간 모두 사용한다)

① 주민센터
② 마트
③ 우체국
④ 주유소

26 다음 빈칸에 들어갈 문장으로 가장 적절한 것을 고르면?

> 과거, 민화를 그린 사람들은 정식으로 화업을 전문으로 하는 사람이 아니었다. 대부분 타고난 그림 재주를 밑천으로 그림을 그려 가게에 팔거나 필요로 하는 사람에게 그려주고 그 대가로 생계를 유지했던 사람들이었던 것이다. 그들은 민중의 수요를 충족시키기 위해 정형화된 내용과 상투적 양식의 그림을 반복적으로 그렸다.
>
> 민화는 당초부터 세련된 예술미 창조를 목표로 하는 그림이 아니었다. 단지 이 세상을 살아가는 데 필요한 진경(珍景)의 염원과 장식 욕구를 충족할 수만 있으면 그것으로 족한 그림이었던 것이다. 그래서 표현 기법이 비록 유치하고, 상투적이라 해도 화가나 감상자(수요자) 모두에게 큰 문제가 되지 않았던 것이다. _____ 다시 말해 민화는 필력보다 소재와 그것에 담긴 뜻이 더 중요한 그림이었던 것이다. 문인 사대부들이 독점 향유해 온 소재까지도 서민들은 자기 식으로 해석, 번안하고 그 속에 현실적 욕망을 담아 생활 속에 향유했다. 민화에 담은 주된 내용은 세상에 태어나 죽을 때까지 많은 자손을 거느리고 부귀를 누리면서 편히 오래 사는 것이었다.

① '어떤 기법을 쓰느냐.'에 따라 민화는 색채가 화려하거나 단조로울 수 있다.

② '어떤 기법을 쓰느냐.'보다 '무엇을 어떤 생각으로 그리느냐.'를 중시하는 것이 민화였다.

③ '어떤 기법을 쓰느냐.'보다 '감상자가 작품에 만족을 하는지.'를 중시하는 것이 민화였다.

④ '어떤 기법을 쓰느냐.'에 따라 세련된 그림이 나올 수도 있고, 투박한 그림이 나올 수 있다.

27 다음 글의 주제로 가장 적절한 것은?

> 사회 방언은 지역 방언과 함께 2대 방언의 하나를 이룬다. 그러나 사회 방언은 지역 방언만큼 일찍부터 방언 학자의 주목을 받지는 못하였다. 어느 사회에나 사회 방언이 없지는 않았으나, 일반적으로 사회 방언 간의 차이는 지역 방언들 사이의 그것만큼 그렇게 뚜렷하지 않기 때문이었다. 가령 20대와 60대 사이에는 분명히 방언차가 있지만 그 차이가 전라도 방언과 경상도 방언 사이의 그것만큼 현저하지는 않은 것이 일반적이며, 남자와 여자 사이의 방언차 역시 마찬가지다. 사회 계층 간의 방언차는 사회에 따라서는 상당히 현격한 차이를 보여 일찍부터 논의의 대상이 되어 왔었다. 인도에서의 카스트에 의해 분화된 방언, 미국에서의 흑인 영어의 특이성, 우리나라 일부 지역에서 발견되는 양반 계층과 일반 계층 사이의 방언차 등이 그 대표적인 예들이다. 이러한 사회 계층 간의 방언 분화는 최근 사회 언어학의 대두에 따라 점차 큰 관심의 대상이 되어 가고 있다.

① 2대 방언 – 지역 방언과 사회 방언

② 최근 두드러진 사회 방언에 대한 관심

③ 부각되는 계층 간의 방언 분화

④ 사회 언어학의 대두와 사회 방언

음속은 온도와 압력의 영향을 받는데, 물속에서의 음속은 공기 중에서보다 4~5배 빠르다. 물속의 음속은 수온과 수압이 높을수록 증가한다. 그런데 해양에서 수압은 수심에 따라 증가하지만, 수온은 수심에 따라 증가하는 것이 아니어서 수온과 수압 중에서 상대적으로 더 많은 영향을 끼치는 요소에 의하여 음속이 결정된다.

음속에 변화를 주는 한 요인인 수온의 변화를 보면, 표층은 태양 에너지가 파도나 해류로 인해 섞이기 때문에 온도 변화가 거의 없다. 그러나 그 아래의 층에서는 태양 에너지가 도달하기 어려워 수심에 따라 수온이 급격히 낮아지고, 이보다 더 깊은 심층에서는 수온 변화가 거의 없다. 표층과 심층 사이에 있는, 깊이에 따라 수온이 급격하게 변화하는 층을 수온약층이라 한다. 표층에서는 수심이 깊어질수록 높은 음속을 보인다. 그러다가 수온이 갑자기 낮아지는 수온약층에서는 음속도 급격히 감소하다가 심층의 특정 수심에서 최소 음속에 이른다. ㉠ 그 후 음속은 점차 다시 증가한다.

수온약층은 위도나 계절 등에 따라 달라질 수 있다. 보통 적도에서는 일 년 내내 해면에서 수심 150m까지는 수온이 거의 일정하게 유지되다가, 그 이하부터 600m까지는 수온약층이 형성된다.

중위도에서 여름철에는 수심 50m에서 120m까지 수온약층이 형성되지만, 겨울철에는 표층의 수온도 낮으므로 수온약층이 형성되지 않는다. 극지방은 표층도 깊은 수심과 마찬가지로 차갑기 때문에 일반적으로 수온약층이 거의 없다.

수온약층은 음속의 급격한 변화를 가져올 뿐만 아니라 음파를 휘게도 한다. 소리는 파동이므로 바닷물의 밀도가 변하면 다른 속도로 진행하기 때문에 굴절 현상이 일어난다. 수온약층에서는 음속의 변화가 크기 때문에 음파는 수온약층과 만나는 각도에 따라 위 혹은 아래로 굴절된다. 음파는 상대적으로 속도가 느린 층 쪽으로 굴절한다. 이런 굴절 때문에 해수면에서 음파를 보냈을 때 음파가 거의 도달하지 못하는 구역이 형성되는데 이를 음영대(Shadow Zone)라 한다.

높은 음속을 보이는 구간이 있다면 음속이 최소가 되는 구간도 있다. 음속이 최소가 되는 이 층을 음속 최소층 또는 음파통로라고 부른다. 음파통로에서는 음속이 낮은 대신 소리의 전달은 매우 효과적이다. 이 층을 탈출하려는 바깥 방향의 음파가 속도가 높은 구역으로 진행하더라도 금방 음파통로 쪽으로 굴절된다. 음파통로에서는 음파가 위로 진행하면 아래로 굴절하려 하고, 아래로 진행하는 음파는 위로 다시 굴절하려는 경향을 보인다. 즉, 음파는 속도가 느린 층 쪽으로 굴절해서 그 층에 머물려고 하는 것이다. 그리하여 이 층에서 만들어진 소리는 수천km 떨어진 곳에서도 들린다.

해양에서의 음속 변화 특징은 오늘날 다양한 분야에 활용되고 있다. 음영대를 이용해 잠수함이 음파탐지기로부터 회피하여 숨을 장소로 이동하거나, 음파통로를 이용해 인도양에서 음파를 일으켜 대서양을 돌아 태평양으로 퍼져나가게 한 후 온난화 등의 기후 변화를 관찰하는 데 이용되기도 한다.

28 다음 중 윗글을 통해 유추할 수 있는 내용으로 적절하지 않은 것은?

① 수온이 일정한 구역에서는 수심이 증가할수록 음속도 증가할 것이다.

② 음속이 최소가 되는 층에서 발생한 소리는 멀리까지 들리므로 기후 연구 등에 이용될 것이다.

③ 수영장 물 밖에 있을 때보다 수영장에서 잠수해 있을 때 물 밖의 소리가 더 잘 들릴 것이다.

④ 음영대의 특성을 이용하면 잠수함은 적의 음파 탐지로부터 숨을 장소를 찾을 수 있을 것이다.

29 다음 중 ㉠의 이유로 가장 적절한 것은?

① 수온약층이 계절에 따라 변화하기 때문이다.

② 압력이 증가할수록 수온이 계속 감소하기 때문이다.

③ 밀도가 다른 해수층을 만나 음파가 굴절되기 때문이다.

④ 압력 증가의 효과가 수온 감소의 효과를 능가하기 때문이다.

30 자동차 회사에 근무하는 D씨는 올해 새로 출시될 예정인 수소전기차 '럭스'에 대해 SWOT 분석을 진행하기로 하였다. '럭스'의 분석 내용이 아래와 같을 때, 〈보기〉의 (가) ~ (라) 중 SWOT 분석에 들어갈 내용으로 적절하지 않은 것은?

〈수소전기차 '럭스' 분석 내용〉

▶ 럭스는 서울에서 부산을 달리고도 절반 가까이 남는 609km에 달하는 긴 주행거리와 5분에 불과한 짧은 충전시간이 강점이다.

▶ 수소전기차의 정부 보조금 지급 대상은 총 240대로, 생산량에 비해 보조금이 부족한 실정이다.

▶ 전기차의 경우 전기의 가격은 약 $10 \sim 30$원/km이며, 수소차의 경우 수소의 가격은 약 72.8원/km이다.

▶ 럭스의 가격은 정부와 지자체의 보조금을 통해 3천여 만 원에 구입이 가능하며, 이는 첨단 기술이 집약된 친환경차를 중형 SUV 가격에 구매한다는 점에서 매력적이지 않을 수 없다.

▶ 화석연료로 만든 전기를 충전해서 움직이는 전기차보다 물로 전기를 만들어서 움직이는 수소전기차가 더 친환경적이다.

▶ 수소를 충전할 수 있는 충전소는 전국 12개소에 불과하며, 올해 안에 10개소를 더 설치한다고 계획되었으나 모두 완공될지는 미지수이다.

▶ 현재 전세계에서 친환경차의 인기는 뜨거우며, 저유가와 레저 문화의 확산으로 앞으로도 인기가 지속될 전망이다.

〈보기〉

강점(Strength)	약점(Weakness)
• (가) <u>보조금을 통한 저렴한 가격</u> • 일반 전기차보다 친환경적인 수소전기차 • (나) <u>짧은 충전시간과 긴 주행거리</u>	• (다) <u>수소보다 비싼 전기 가격</u>
기회(Opportunity)	위협(Threat)
• (라) <u>친환경차에 대한 인기</u>	• 생산량에 비해 부족한 보조금 • 충전 인프라 부족

① (가) ② (나)

③ (다) ④ (라)

---

31 다음은 직원들의 이번 주 초과근무 계획표이다. 하루에 5명 이상 초과근무를 할 수 없고, 초과근무 시간은 각자 일주일에 10시간을 초과할 수 없다고 한다. 한 사람만 초과근무 일정을 수정할 수 있을 때, 규칙에 어긋난 요일과 그 날에 속한 사람 중 변경해야 할 직원은 누구인가?(단, 주말은 1시간당 1.5시간으로 계산한다)

〈초과근무 계획표〉

성명	초과근무 일정	성명	초과근무 일정
김혜정	월요일 3시간, 금요일 3시간	김재건	수요일 1시간
이설희	토요일 6시간	신혜선	수요일 4시간, 목요일 3시간
임유진	토요일 3시간, 일요일 1시간	한예리	일요일 6시간
박주환	목요일 2시간	정지원	월요일 6시간, 목요일 4시간
이지호	화요일 4시간	최명진	화요일 5시간
김유미	금요일 6시간, 토요일 2시간	김우석	목요일 1시간
이승기	화요일 1시간	차지수	금요일 6시간
정해리	월요일 5시간	이상엽	목요일 6시간, 일요일 3시간

	요일	직원
①	월요일	김혜정
②	화요일	정지원
③	화요일	신혜선
④	목요일	이상엽

32 다음 중 조직 갈등의 순기능으로 적절하지 않은 것은?

① 새로운 사고를 할 수 있다.

② 다른 업무에 대한 이해를 어렵게 한다.

③ 조직의 침체를 예방해 주기도 한다.

④ 항상 부정적인 결과만을 초래하는 것은 아니다.

33 B공사 창립 기념일을 맞이하여 인사팀, 영업팀, 홍보팀, 디자인팀, 기획팀에서 총 20명의 신입사원들이 나와서 장기자랑을 하기로 했다. 각 팀에서 최소 한 명 이상 참가해야 하며, 장기자랑 종목은 춤, 마임, 노래, 마술, 기타 연주가 있다. 다음 〈조건〉이 모두 참일 때 장기자랑에 참석한 홍보팀 사원은 모두 몇 명이고, 어떤 종목으로 참가하는가?(단, 장기자랑 종목은 팀별로 겹칠 수 없다)

───────────〈조건〉───────────
- 홍보팀은 영업팀 참가 인원의 2배이다.
- 춤을 추는 팀은 총 6명이며, 인사팀은 노래를 부른다.
- 기획팀 7명은 마임을 하며, 다섯 팀 중 가장 참가 인원이 많다.
- 마술을 하는 팀은 2명이며, 영업팀은 기타 연주를 하거나 춤을 춘다.
- 디자인팀은 춤을 추며, 노래를 부르는 팀은 마술을 하는 팀 인원의 2배이다.

① 1명, 마술　　　　　　　　　　　　② 1명, 노래
③ 2명, 마술　　　　　　　　　　　　④ 2명, 노래

34 다음 글을 통해 알 수 있는 내용으로 적절하지 않은 것은?

물은 상온에서 액체 상태이며, 100℃에서 끓어 기체인 수증기로 변하고, 0℃ 이하에서는 고체인 얼음으로 변한다. 만일 물이 상온 상태에서 기체이거나 또는 보다 높은 온도에서 액화돼 고체 상태라면 물이 구성 성분의 대부분을 차지하는 생명체는 존재하지 않았을 것이다. 생물체가 생명을 유지하기 위해서 물에 의존하는 것은 무엇보다 물 분자 구조의 특징에서 비롯된다.

물 1분자는 1개의 산소 원자(O)와 2개의 수소 원자(H)가 공유 결합을 이루고 있는데, 2개의 수소 원자는 약 104.5°의 각도로 산소와 결합한다. 이때 산소 원자와 수소 원자는 전자를 1개씩 내어서 전자쌍을 만들고 이를 공유한다. 하지만 전자쌍은 전자친화도가 더 큰 산소 원자 쪽에 가깝게 위치하여 산소 원자는 약한 음전하(−)를, 수소는 약한 양전하(+)를 띠게 되어 물 분자는 극성을 가지게 된다. 따라서 극성을 띤 물 분자들끼리는 서로 다른 물 분자의 수소와 산소 사이에 전기적 인력이 작용하는 결합이 형성된다. 물 분자가 극성을 가지고 있어서 물은 여러 가지 물질을 잘 녹이는 특성을 가진다. 그래서 우리 몸에서 용매 역할을 하며, 각종 물질을 운반하는 기능을 담당한다. 물은 혈액을 구성하고 있어 영양소, 산소, 호르몬, 노폐물 등을 운반하며, 대사 반응, 에너지 전달 과정의 매질 역할을 하고 있다. 또한 전기적 인력으로 결합된 구조는 물이 비열이 큰 성질을 갖게 한다.

비열은 물질 1g의 온도를 1℃ 높일 때 필요한 열량을 말하는데, 물질의 고유한 특성이다. 체액은 대부분 물로 구성되어 있어서 상당한 추위에도 어느 정도까지는 체온이 내려가는 것을 막아 준다. 특히 우리 몸의 여러 생리 작용은 효소 단백질에 의해 일어나는데, 단백질은 온도 변화에 민감하므로 체온을 유지하는 것은 매우 중요하다.

① 물 분자는 극성을 띠어 전기적 인력을 가진다.
② 물의 분자 구조는 혈액의 역할에 영향을 미친다.
③ 물은 물질의 전달 과정에서 매질로 역할을 한다.
④ 물의 비열은 쉽게 변하는 특징이 있다.

35 신입사원이 소모품을 구매한 영수증에 커피를 쏟아 영수증의 일부가 훼손되었다고 한다. 영수증을 받은 귀하는 구매한 물품과 결제금액이 일치하는지를 확인하려고 한다. 훼손된 영수증의 나머지 정보를 활용하여 구한 C품목의 수량은?

가맹점명, 가맹점주소가 실제와 다른 경우 신고 안내
여신금융협회 : 02 - 2011 - 0777 - 포상금 10만 원 지급

영 수 증

상호 : (주)○○○할인매장
대표자 : ○○○
전화번호 : 02 - 0000 - 0000
사업자번호 : 148 - 81 - 00000
서울 종로구 새문안로 000

23-02-15 14:30:42

품 명	수 량	단 가	금 액
A	2	2,500원	5,000원
B	6	1,000원	☐ 원
C	☐	1,500원	☐ 원
D	2	4,000원	☐ 원
E	8	500원	☐ 원

소 계	☐ 원
부가세(10%)	3,500원
합 계	☐ 원

이용해주셔서 감사합니다.

① 5개　　　　　　　　　　② 6개
③ 7개　　　　　　　　　　④ 8개

36 H공사에 근무하는 A대리는 국내 자율주행자동차 산업에 대한 SWOT 분석결과에 따라 국내 자율주행자동차 산업 발달을 위한 방안을 고안하는 중이다. A대리가 SWOT 분석에 의한 경영전략에 따라 판단하였다고 할 때, 다음 중 SWOT 분석에 의한 경영전략에 맞춘 판단으로 적절하지 않은 것을 〈보기〉에서 모두 고르면?

〈국내 자율주행자동차 산업에 대한 SWOT 분석결과〉

구분	분석 결과
강점(Strength)	• 민간 자율주행기술 R&D지원을 위한 대규모 예산 확보 • 국내외에서 우수한 평가를 받는 국내 자동차기업 존재
약점(Weakness)	• 국내 민간기업의 자율주행기술 투자 미비 • 기술적 안전성 확보 미비
기회(Opportunity)	• 국가의 지속적 자율주행자동차 R&D 지원법안 본회의 통과 • 완성도 있는 자율주행기술을 갖춘 외국 기업들의 등장
위협(Threat)	• 자율주행차에 대한 국민들의 심리적 거부감 • 자율주행차에 대한 국가의 과도한 규제

〈SWOT 분석에 의한 경영전략〉

• SO전략 : 기회를 이용해 강점을 활용하는 전략
• ST전략 : 강점을 활용하여 위협을 최소화하거나 극복하는 전략
• WO전략 : 기회를 활용하여 약점을 보완하는 전략
• WT전략 : 약점을 최소화하고 위협을 회피하는 전략

─〈보기〉─

ㄱ. 자율주행기술 수준이 우수한 외국 기업과의 기술이전협약을 통해 국내 우수 자동차기업들의 자율주행기술 연구 및 상용화 수준을 향상시키려는 전략은 SO전략에 해당한다.
ㄴ. 민간의 자율주행기술 R&D를 적극 지원하여 자율주행기술의 안전성을 높이려는 전략은 ST전략에 해당한다.
ㄷ. 자율주행자동차 R&D를 지원하는 법률을 토대로 국내 기업의 기술개발을 적극 지원하여 안전성을 확보하려는 전략은 WO전략에 해당한다.
ㄹ. 자율주행기술개발에 대한 국내기업의 투자가 부족하므로 국가기관이 주도하여 기술개발을 추진하는 전략은 WT전략에 해당한다.

① ㄱ, ㄴ   ② ㄱ, ㄷ
③ ㄴ, ㄷ   ④ ㄴ, ㄹ

37 다음 내용에서 나타나는 리더의 특징으로 적절하지 않은 것은?

> 이 리더 유형은 전체 조직이나 팀원들에게 변화를 가져오는 원동력이다. 즉 개개인과 팀이 유지해온 이제까지의 업무수행 상태를 뛰어넘고자 한다.

① 카리스마　　　　　　　　　　② 정보 독점
③ 풍부한 칭찬　　　　　　　　　④ 감화(感化)

38 다음은 A ~ C지역의 가구 구성비에 대한 자료이다. 이에 대한 설명으로 옳은 것은?

〈가구 구성비〉

(단위 : %)

구분	부부 가구	2세대 가구		3세대 이상 가구	기타 가구	소계
		부모＋미혼자녀	부모＋기혼자녀			
A지역	5	65	16	2	12	100
B지역	16	55	10	6	13	100
C지역	12	40	25	20	3	100

※ 기타 가구 : 1인 가구, 형제 가구, 비친족 가구
※ 핵가족 : 부부 또는 (한)부모와 그들의 미혼 자녀로 이루어진 가족
※ 확대가족 : (한)부모와 그들의 기혼 자녀로 이루어진 2세대 이상의 가족

① 핵가족 가구의 비중이 가장 높은 지역은 A이다.
② 1인 가구의 비중이 가장 높은 지역은 B이다.
③ 확대가족 가구 수가 가장 많은 지역은 C이다.
④ A, B, C지역 모두 핵가족 가구 수가 확대가족 가구 수보다 많다.

39 A가 혼자 컴퓨터 조립을 하면 2시간이 걸리고, B 혼자 컴퓨터 조립을 하면 3시간이 걸린다. 먼저 A가 혼자 컴퓨터를 조립하다가 중간에 일이 생겨 나머지를 B가 완성했는데, 걸린 시간은 총 2시간 15분이었다. A 혼자 일한 시간은?

① 1시간 25분　　　　　　　　　② 1시간 30분
③ 1시간 35분　　　　　　　　　④ 1시간 40분

40 다음은 연령대별 골다공증 진료현황에 대한 자료이다. 이에 대한 설명으로 옳지 않은 것은?

<연령대별 골다공증 진료현황>

(단위 : 명)

구분	전체	9세 이하	10대	20대	30대	40대	50대	60대	70대	80대 이상
합계	855,975	44	181	1,666	6,548	21,654	155,029	294,553	275,719	100,581
남성	53,741	21	96	305	1,000	2,747	7,677	12,504	20,780	8,611
여성	802,234	23	85	1,361	5,548	18,907	147,352	282,049	254,939	91,970

① 골다공증 발병이 항상 진료로 이어진다면 여성의 발병률이 남성의 발병률보다 높다.
② 전체 진료인원 중 80대 이상이 차지하는 비율은 약 11.8%이다.
③ 전체 진료인원 중 골다공증 진료인원이 가장 많은 연령은 60대로 그 비율은 약 34.4%이다.
④ 골다공증 진료율이 높은 순서는 남성과 여성에서 모두 같다.

41 A, B, C상자에 금화 총 13개가 들어 있다. 금화는 A상자에 가장 적고, C상자에 가장 많다. 각 상자에는 금화가 하나 이상 있으며, 개수는 서로 다르다. 이 사실을 알고 있는 갑, 을, 병이 아래와 같은 순서로 각 상자를 열어본 후 말했다. 이들의 말이 모두 참일 때, B상자에 들어 있는 금화의 개수는?

갑이 A상자를 열어본 후 말했다.
"B와 C에 금화가 각각 몇 개 있는지 알 수 없어."
을은 갑의 말을 듣고 C상자를 열어본 후 말했다.
"A와 B에 금화가 각각 몇 개 있는지 알 수 없어."
병은 갑과 을의 말을 듣고 B상자를 열어본 후 말했다.
"A와 C에 금화가 각각 몇 개 있는지 알 수 없어."

① 3개
② 4개
③ 5개
④ 6개

42 독일인 A씨는 베를린에서 한국을 경유하여 일본으로 가는 비행기표를 구매하였다. A씨의 일정이 다음과 같을 때, A씨가 인천공항에 도착하는 한국시각과 A씨가 참여했을 환승투어를 바르게 짝지은 것은?(단, 제시된 조건 외에 고려하지 않는다)

〈A씨의 일정〉

한국행 출발시각 (독일시각 기준)	비행시간	인천공항 도착시각	일본행 출발시각 (한국시각 기준)
11월 2일 19:30	12시간 20분		11월 3일 19:30

※ 독일은 한국보다 8시간 느리다.
※ 비행 출발 1시간 전에는 공항에 도착해야 한다.

〈환승투어 코스 안내〉

구분	코스	소요 시간
엔터테인먼트	• 인천공항 → 파라다이스시티 아트테인먼트 → 인천공항	2시간
인천시티	• 인천공항 → 송도한옥마을 → 센트럴파크 → 인천공항 • 인천공항 → 송도한옥마을 → 트리플 스트리트 → 인천공항	2시간
산업	• 인천공항 → 광명동굴 → 인천공항	4시간
전통	• 인천공항 → 경복궁 → 인사동 → 인천공항	5시간
해안관광	• 인천공항 → 을왕리해변 또는 마시안해변 → 인천공항	1시간

	도착시각	환승투어
①	11월 2일 23:50	산업
②	11월 2일 15:50	엔터테인먼트
③	11월 3일 23:50	전통
④	11월 3일 15:50	인천시티

43 이번 학기에 4개의 강좌 A ~ D가 새로 개설된다. 김과장은 강의 지원자 甲, 乙, 丙, 丁, 戊 중 4명에게 한 강좌씩 맡기려 한다. 배정 결과를 궁금해 하는 5명은 다음과 같이 예측했고 배정 결과를 보니 이 중 한 명의 진술은 거짓임이 드러났다. 다음 중 강의 지원자와 담당 강좌를 바르게 추론한 것은?

> 甲 : 乙이 A강좌를 담당하고 丙은 강좌를 담당하지 않을 것이다.
> 乙 : 丙이 B강좌를 담당할 것이다.
> 丙 : 丁은 D가 아닌 다른 강좌를 담당할 것이다.
> 丁 : 戊가 D강좌를 담당할 것이다.
> 戊 : 乙의 말은 거짓일 것이다.

① 甲은 A강좌를 담당한다.
② 乙은 C강좌를 담당한다.
③ 丙은 강좌를 맡지 않는다.
④ 丁은 D강좌를 담당한다.

44 현재 A마트에서는 배추를 한 포기당 3,000원에 판매하고 있다고 한다. 다음은 배추의 유통 과정을 나타낸 자료이며, 이를 참고하여 최대의 이익을 내고자 할 때, X · Y산지 중 어느 곳을 선택하는 것이 좋으며, 최종적으로 A마트에서 배추 한 포기당 얻을 수 있는 수익은 얼마인가?(단, 소수점 첫째 자리에서 반올림한다)

<산지별 배추 유통 과정>

구분	X산지	Y산지
재배원가	1,000원	1,500원
산지 → 경매인	재배원가에 20%의 이윤을 붙여서 판매한다.	재배원가에 10%의 이윤을 붙여서 판매한다.
경매인 → 도매상인	산지가격에 25%의 이윤을 붙여서 판매한다.	산지가격에 10%의 이윤을 붙여서 판매한다.
도매상인 → 마트	경매가격에 30%의 이윤을 붙여서 판매한다.	경매가격에 10%의 이윤을 붙여서 판매한다.

	산지	이익
①	X	약 1,003원
②	X	약 1,050원
③	Y	약 1,003원
④	Y	약 1,050원

45 다음 제시된 문장을 논리적 순서대로 바르게 나열한 것은?

> (가) 그렇지만 그러한 위험을 감수하면서 기술 혁신에 도전했던 기업가와 기술자의 노력 덕분에 산업의 생산성은 지속적으로 향상되었고, 지금 우리는 그 혜택을 누리고 있다.
> (나) 산업 기술은 적은 비용으로 더 많은 생산이 가능하도록 제조 공정의 효율을 높이는 방향으로 발전해 왔다.
> (다) 기술 혁신의 과정은 과다한 비용 지출이나 실패의 위험이 도사리고 있는 험난한 길이기도 하다.
> (라) 이러한 기술 발전은 제조 공정의 일부를 서로 결합함으로써 대폭적인 비용 절감을 가능하게 하는 기술 혁신을 통하여 이루어진다.

① (나) – (라) – (다) – (가) ② (나) – (다) – (가) – (라)
③ (다) – (나) – (가) – (라) ④ (다) – (라) – (가) – (나)

46 다음은 2020 ~ 2022년 전자책 이용 매체 사용비율에 대한 자료이다. 이에 대한 설명으로 옳은 것은?(단, 인원 수는 소수점 첫째 자리에서 반올림한다)

〈2020~ 2022년 전자책 이용 매체 사용비율〉

(단위 : %)

분류	2020년	2021년		2022년	
	성인	성인	학생	성인	학생
표본 인원(명)	47	112	1,304	338	1,473
컴퓨터	68.1	67.0	43.2	52.1	48.2
휴대폰 / 스마트폰	12.8	14.3	25.5	42.4	38.0
개인용 정보 단말기(PDA)	4.3	3.6	2.3	0.2	0.2
태블릿 PC	–	2.7	0.5	3.8	2.3
휴대용 멀티미디어 플레이어(PMP)	2.1	0.9	13.7	1.0	9.3
전자책 전용 단말기	–	–	2.1	0.5	0.4
기타	12.7	11.5	12.7	–	1.6

① 2020년 휴대폰 / 스마트폰 성인 사용자 수는 2021년 태블릿 PC 성인 사용자 수보다 많다.
② 2022년에 개인용 정보 단말기(PDA) 학생 사용자 수는 전년 대비 증가하였다.
③ 2021년 컴퓨터 사용자 수는 성인 사용자 수가 학생 사용자 수의 20% 이상을 차지한다.
④ 2021 ~ 2022년 동안 전년 대비 성인 사용자 비율이 지속적으로 증가한 전자책 이용 매체는 3가지이다.

47 다음은 2022년 8월부터 2023년 1월까지의 산업별 월간 카드 승인액에 대한 자료이다. 이에 대한 설명으로 옳은 것을 〈보기〉에서 모두 고르면?

〈산업별 월간 카드 승인액〉

(단위 : 억 원)

산업별	2022년 8월	2022년 9월	2022년 10월	2022년 11월	2022년 12월	2023년 1월
도매 및 소매업	3,116	3,245	3,267	3,261	3,389	3,241
운수업	161	145	165	159	141	161
숙박 및 요식업	1,107	1,019	1,059	1,031	1,161	1,032
사업시설관리 및 사업지원 서비스업	40	42	43	42	47	48
교육 서비스업	127	104	112	119	145	122
보건 및 사회복지 서비스업	375	337	385	387	403	423
예술, 스포츠 및 여가관련 서비스업	106	113	119	105	89	80
협회 및 단체, 수리 및 기타 개인 서비스업	163	155	168	166	172	163

〈보기〉

ㄱ. 교육 서비스업의 2023년 1월 카드 승인액의 전월 대비 감소율은 25% 이상이다.

ㄴ. 2022년 11월 운수업과 숙박 및 요식업의 카드 승인액의 합은 도매 및 소매업의 카드 승인액의 40% 미만이다.

ㄷ. 2022년 9월부터 2023년 1월까지 사업시설관리 및 사업지원 서비스업과 예술, 스포츠 및 여가관련 서비스업 카드 승인액의 전월 대비 증감추이는 동일하다.

ㄹ. 2022년 9월 보건업 및 사회복지 서비스업 카드 승인액 대비 협회 및 단체, 수리 및 기타 개인 서비스업의 카드 승인액의 비율은 35% 이상이다.

① ㄱ, ㄴ
② ㄱ, ㄷ
③ ㄴ, ㄷ
④ ㄴ, ㄹ

48 다음 중 빈칸에 들어갈 말로 가장 적절한 것은?

> 세상에서는, 흔히 학문밖에 모르는 상아탑(象牙塔) 속의 연구 생활이 현실을 도피한 짓이라고 비난하기가 일쑤지만, 상아탑의 덕택이 큰 것임을 알아야 한다. 모든 점에서 편리해진 생활을 향락하고 있는 소위 현대인이 있기 전에, 그런 것이 가능하기 위해서는 오히려 그런 향락과는 담을 쌓고 진리 탐구에 몰두한 학자들의 상아탑 속에서의 노고가 앞서 있었던 것이다. 그렇다고 남의 향락을 위하여 스스로는 고난의 길을 일부러 걷는 것이 학자도 아니다. 학자는 그저 진리를 탐구하기 위하여 학문을 하는 것뿐이다. 상아탑이 나쁜 것이 아니라, 진리를 탐구해야 할 상아탑이 제 구실을 옳게 다하지 못하는 것이 탈이다. ＿＿＿＿＿＿＿＿＿＿＿＿＿＿＿＿＿＿＿ 그 학문은 자유를 잃고 왜곡(歪曲)될 염려조차 있다. 학문을 악용하기 때문에 오히려 좋지 못한 일을 하는 경우가 얼마나 많은가? 진리 이외의 것을 목적으로 할 때, 그 학문은 한때의 신기루와도 같아, 우선은 찬연함을 자랑할 수 있을지 모르나, 과연 학문이라고 할 수 있을까부터 문제다. 진리의 탐구가 학문의 유일한 목적일 때, 그리고 그 길로 매진(邁進)할 때, 그 무엇에도 속박(束縛)됨이 없는 숭고한 학적인 정신이 만난(萬難)을 극복하는 기백(氣魄)을 길러줄 것이요, 또 그것대로 우리의 인격 완성의 길로 통하게도 되는 것이다.

① 학문에 진리 탐구 이외의 다른 목적이 섣불리 앞장설 때
② 학자가 개인의 욕심을 버리고 탐구에 몰두할 때
③ 학문이 현대 사회에서 요구하는 방향으로 변화될 때
④ 학자가 진리 탐구를 게을리할 때

49 해외영업부에서 근무하는 K부장은 팀원과 함께 해외출장을 가게 되었다. 인천공항에서 대한민국 시간으로 7월 14일 09:00에 모스크바로 출발하고, 모스크바에서 일정시간 동안 체류한 후, 영국 시간으로 7월 14일 18:30에 런던에 도착하는 일정이다. 다음 중 모스크바에 체류한 시간으로 가장 적절한 것은?

경로	출발	도착	비행시간
인천 → 모스크바	7월 14일 09:00		9시간 30분
모스크바 → 런던		7월 14일 18:30	4시간

※ 시차정보(GMT기준) : 영국 0, 러시아 +3, 대한민국 +9

① 1시간   ② 3시간
③ 5시간   ④ 7시간

50 다음 글의 논지 전개 방식을 〈보기〉에서 모두 고르면?

'K-POP'은 전 세계적으로 동시에, 빠르게, 자연스럽게 퍼져나가 이른바 'K-POP 신드롬'을 일으켰다. 그런데 우월한 문화가 열등한 문화를 잠식하기 위해 의도적으로 문화를 전파한다는 기존의 문화 확산론으로는 이런 현상을 설명할 수 없었다.

그래서 새로 등장한 이론이 체험코드 이론이다. 오늘날과 같은 디지털 문화 사회에서 개인은 전 세계의 다양한 문화들을 커뮤니케이션 미디어*를 통해서 선택적으로 체험하게 된다. 이러한 체험을 통해 일종의 코드*가 형성되는데 이를 '체험코드'라고 말한다. 따라서 체험코드 이론은 커뮤니케이션 미디어 기술의 발전을 전제로 하고 있다. 현대의 문화는 커뮤니케이션 미디어에 담겨 문화 콘텐츠화되고, 세계화한 커뮤니케이션 미디어를 통해 소비된다.

또한 체험코드 이론은 문화 수용자 스스로의 판단에 의해 문화를 체험하는 개인주의적인 성향이 전 세계적으로 확대되고 있다는 점에 주목한다. 이제는 '우리 가문은 뼈대가 있고, 전통과 체면이 있으니 너 또한 그에 맞게 행동하여라.'라는 부모의 혈연 코드적이고 신분 코드적인 말은 잘 통하지 않는다. 과거의 이념인 민족·계급·신분 의식 등이 문화 소비와 수용 행위에 큰 영향을 주었던 것과 달리 오늘날은 문화 소비자의 개별적인 동기나 취향, 가치관 등이 더 중요하기 때문이다.

이처럼 커뮤니케이션 미디어의 발달과 개인주의의 확대는 기존의 코드를 뛰어 넘어 공통 문화를 향유하는 소비자들만의 체험코드를 형성하는 토대가 되었다. K-POP이 그 대표적인 예이다. K-POP이라는 문화 콘텐츠가 '유튜브' 등과 같은 커뮤니케이션 미디어를 통해 전 세계의 사람들에게 체험되어 하나의 코드를 형성했고 쌍방의 소통으로 더욱 확대되었기에 그러한 인기가 가능했던 것이다.

지난 시대의 문화 중심부와 주변부의 대립적 패러다임은 설득력을 잃고 있다. 오늘날의 사회는 서로의 문화를 체험하고 이해하고 공감하는 탈영토적인 문화 교류의 장(場)으로 변하고 있다. 이런 점에서 체험코드 이론은 앞으로 문화 교류가 나아가야 할 방향을 제시해주고 있다고 할 수 있다.

* 커뮤니케이션 미디어(Communication Media) : 의사소통 매체 또는 통신 매체로 각종 정보 단말기와 TV, 인터넷 매체 등을 말함
* 코드(Code) : 어떤 사회나 직업 따위에서 공유되어 굳어진 공통의 약속. 이 글에서는 공통의 인식 체계나 가치관이란 의미로 쓰임

───────〈보기〉───────

ㄱ. 특정 현상을 사례로 제시하고 그 원인을 밝히고 있다.
ㄴ. 기존 이론의 한계를 밝히고 새로운 관점을 제시하고 있다.
ㄷ. 두 이론을 절충하여 새로운 이론의 가능성을 제시하고 있다.
ㄹ. 개념을 정의한 후 대상을 일정한 기준으로 나누어 설명하고 있다.

① ㄱ, ㄴ   ② ㄱ, ㄷ
③ ㄱ, ㄹ   ④ ㄷ, ㄹ

| 01 | 전기일반(전기직 · 신호직)

51 다음 〈보기〉에서 도체의 전기저항 $R[\Omega]$과 고유저항 $\rho[\Omega \cdot m]$, 단면적 $A[m^2]$, 길이 $l[m]$의 관계에 대한 설명으로 옳은 것을 모두 고르면?

―――――〈보기〉―――――

ㄱ. 전기저항 R은 고유저항 ρ에 비례한다.
ㄴ. 전기저항 R은 단면적 A에 비례한다.
ㄷ. 전기저항 R은 길이 l에 비례한다.
ㄹ. 도체의 길이를 n배 늘리고 단면적을 $1/n$배만큼 감소시키는 경우, 전기저항 R은 n^2배로 증가한다.

① ㄱ, ㄴ
② ㄱ, ㄷ
③ ㄱ, ㄷ, ㄹ
④ ㄴ, ㄷ, ㄹ

52 동일한 크기의 전류가 흐르고 있는 왕복 평행 도선에서 간격을 2배로 넓히면 작용하는 힘은 몇 배로 되는가?

① 반으로 줄게 된다.
② 변함이 없다.
③ 2배로 증가한다.
④ 3배로 증가한다.

53 권수가 600회인 코일에 3A의 전류를 흘렸을 때, 10^{-3}Wb의 자속이 코일과 쇄교하였다면 인덕턴스는?

① 200mH
② 300mH
③ 400mH
④ 500mH

54 진상콘덴서에서 2배의 교류전압을 가했을 때, 충전용량의 변화량은?

① 4배
② 2배
③ 불변한다.
④ $\frac{1}{2}$ 배

55 도체수 500, 부하 전류 200A, 극수 4, 전기자 병렬 회수로 2인 직류 발전기의 매극당 감자 기자력은 얼마인가?(단, 브러시의 이동각은 전기 각도 20°이다)

① 약 11,100AT

② 약 5,550AT

③ 약 2,777AT

④ 약 1,388AT

56 다음 중 각 전력계통을 연계할 경우의 장점으로 옳지 않은 것은?

① 사고 시 타 계통으로 사고가 파급되지 않는다.

② 건설비 및 운전 경비가 절감된다.

③ 계통의 신뢰도가 증가한다.

④ 설비 용량이 절감된다.

57 다음 중 유도장해 발생 종류와 원인을 바르게 짝지은 것은?

	유도장해	원인
①	전자유도장해	영상전류, 상호정전용량
②	정전유도장해	영상전류, 상호정전용량
③	전자유도장해	영상전류, 상호인덕턴스
④	전자유도장해	영상전압, 상호정전용량

58 다음 중 선간 단락 고장을 대칭 좌표법으로 해석할 경우 필요한 것은?

① 정상 임피던스도

② 정상 임피던스도 및 영상 임피던스도

③ 정상 임피던스도 및 역상 임피던스도

④ 역상 임피던스도 및 영상 임피던스도

59 100V, 10A, 1,500rpm인 직류 분권 발전기의 정격 시의 계자 전류는 2A이고, 계자 회로에는 10Ω 의 외부 저항이 삽입되어 있을 때, 계자 권선의 저항은?

① 100Ω

② 80Ω

③ 60Ω

④ 40Ω

60 다음 중 유도장해를 방지하기 위한 대책으로 옳지 않은 것은?

① 통신선에 피뢰기를 설치한다.

② 이격거리를 짧게 한다.

③ 전력선은 소호리액터 접지를 설치한다.

④ 통신선에 배류 코일을 설치한다.

61 이상전압의 방호 장치 중 직격뢰 차폐를 위해 설치하는 기구로 옳은 것은?

① 피뢰기   ② 매설지선

③ 가공지선   ④ 서지흡수기

62 다음 〈보기〉에 나열된 보호계전기 종류와 용도를 바르게 짝지은 것은?

┌─────────────〈보기〉─────────────┐
ㄱ. 부족전압 계전기   ㄴ. 방향지락 계전기
ㄷ. 비율차동 계전기   ㄹ. 부흐홀츠 계전기
└──────────────────────────────┘

	단락보호	지락보호	발전기 및 변압기
①	ㄱ	ㄴ	ㄷ, ㄹ
②	ㄱ	ㄴ, ㄹ	ㄷ
③	ㄱ, ㄴ	ㄹ	ㄷ
④	ㄱ	ㄴ, ㄹ	ㄷ

63 다음 논리회로 소자 중 입력 값이 모두 '1'일 때, 출력 값이 '1'이 되는 것은?

① AND   ② OR

③ NAND   ④ NOR

64 용량 100kVA인 동일 정격의 단상 변압기 4대로 낼 수 있는 3상 최대 출력 용량은?

① $200\sqrt{3}\,\text{kVA}$

② $200\sqrt{2}\,\text{kVA}$

③ $300\sqrt{2}\,\text{kVA}$

④ $400\,\text{kVA}$

65 다음 중 캐스케이딩 현상에 대한 설명으로 옳은 것은?

① 저압선 고장에 의해 변압기 일부가 차단된다.

② 단독 공급계통을 구성하여 방지한다.

③ 전류가 변압기 쪽으로 역류를 방지한다.

④ 이상전압에 대한 기계를 보호한다.

66 다음 중 4극 고정자 홈 수 36개의 3상 유도 전동기의 홈 간격은 전기각으로 몇 도인가?

① $5°$

② $10°$

③ $15°$

④ $20°$

67 반지름이 $r[\text{m}]$인 도체구는 전위 $V[\text{V}]$, 전하 $q[\text{C}]$를 나타낼 때, 이 도체구의 에너지로 옳은 것은?(단, 유전율은 ε이다)

① $\dfrac{q^2}{8\pi\varepsilon r^2}\,[\text{J}]$

② $\dfrac{q}{4\pi\varepsilon r}\,[\text{J}]$

③ $\dfrac{q}{8\pi\varepsilon r}\,[\text{J}]$

④ $\dfrac{q^2}{8\pi\varepsilon r}\,[\text{J}]$

68 A전선의 지표로부터 지지점의 높이가 17m, 경간은 220m이며, 이도(D)는 4.5m일 때, A전선의 평균 높이는 얼마인가?

① 13.5m

② 14m

③ 14.5m

④ 15m

69 보드선도에서 $G(s)H(s) = \dfrac{3}{(s+5)(s+6)}$ 일 때, 이득은 얼마인가?

① 0   ② 10

③ 1   ④ 20

70 다음 중 전력원선도에서 구할 수 없는 값은?

① 선로손실   ② 수전단의 역률

③ 코로나 손실   ④ 송전효율

71 안정도란 전력계통에서 안정하게 운전되는 능력이다. 이에 해당하는 안정도의 종류를 다음 〈보기〉에서 모두 고르면?

---〈보기〉---
ㄱ. 동태안정도
ㄴ. 과도안정도
ㄷ. 정태안정도

① ㄱ   ② ㄱ, ㄴ

③ ㄴ, ㄷ   ④ ㄱ, ㄴ, ㄷ

72 수전단을 단락한 경우 송전단에서 본 임피던스는 $250\,\Omega$ 이고, 수전단을 개방한 경우 $360\,\Omega$ 일 때, 이 송전선로의 특성임피던스는 얼마인가?

① $500\,\Omega$ ② $400\,\Omega$

③ $300\,\Omega$ ④ $200\,\Omega$

73 다음 중 차단기에 대한 설명으로 옳지 않은 것은?

① 최초 주파수의 최댓값을 정격투입전류라 한다.

② 개방할 경우 무부하 충전전류일 때 재점호가 잘 일어난다.

③ 전류 차단 시 지상전류일 때 재점호가 잘 일어난다.

④ 자기차단기는 전자력을 이용한다.

74 단상용 전류력계형 역률계에서 전압과 전류가 동위상일 경우 역률은?

① 0

② 1

③ $+\infty$

④ $-\infty$

75 다음 중 저압뱅킹방식에 대한 설명으로 옳지 않은 것은?

① 플리커 현상이 감소한다.

② 공급신뢰도가 좋아진다.

③ 무정전 전력공급이 가능하다.

④ 캐스케이딩 현상이 발생한다.

76 다음 그림은 내부가 빈 동심구 형태의 콘덴서이다. 내구와 외구의 반지름 a, b를 각각 2배 증가시키고 내부를 비유전율 $\varepsilon_r = 2$인 유전체로 채웠을 때, 정전용량은 몇 배로 증가하는가?

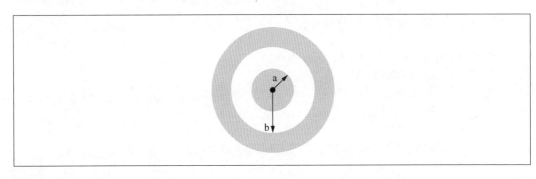

① 1배

② 2배

③ 3배

④ 4배

77 다음 중 송전선로에 매설지선을 설치하는 목적으로 옳은 것은?

① 유도차폐역할을 위해

② 이상전압의 파고값을 저감시키기 위해

③ 개폐서지 이상전압을 경감시키기 위해

④ 역섬락 방지를 위해

78 다음 중 망상 배전방식에 대한 설명으로 옳은 것을 〈보기〉에서 모두 고르면?

─────── 〈보기〉 ───────

ㄱ. 전력손실이 커진다.
ㄴ. 공급신뢰도가 가장 높은 방식이다.
ㄷ. 설치비가 저렴하다.
ㄹ. 대형 빌딩가에 적합하다.
ㅁ. 고장 날 경우 전류가 역류할 수 있다.

① ㄱ, ㄴ, ㄹ   ② ㄴ, ㄷ, ㅁ
③ ㄱ, ㄷ, ㄹ   ④ ㄴ, ㄹ, ㅁ

79 다음 중 배전방식에서 단상 3선식에 대한 특징으로 옳지 않은 것은?

① 중성선에 퓨즈를 설치하지 않는다.

② 전체 전력은 단상 2선식의 $\frac{4}{3}$ 배이다.

③ 전력손실비는 단상 2선식이 100%일 때, 37.5%이다.

④ 전압은 110V와 220V를 얻을 수 있다.

80 다음 회로에서 오랜 시간 닫혀 있던 스위치 S가 $t=0$에서 개방된 직후에 인덕터의 초기전류는?

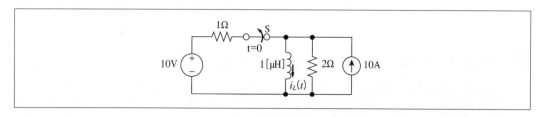

① 5A   ② 10A
③ 20A   ④ 30A

81 다음 중 폐루프(피드백) 제어계에 대한 설명으로 옳은 것을 〈보기〉에서 모두 고르면?

---〈보기〉---
ㄱ. 목표 값에 따라 정치제어와 추치제어로 분류된다.
ㄴ. 제어동작의 연속동작에는 비례제어, 비례적분제어 등이 있다.
ㄷ. 제어요소에는 조절부와 검출부가 있으며, 동작신호를 조작량으로 변환해준다.
ㄹ. 추치제어에서 시간을 미리 정해놓고 제어하는 것을 프로그램제어라 한다.

① ㄱ
② ㄴ, ㄷ
③ ㄴ, ㄹ
④ ㄱ, ㄴ, ㄹ

82 정격 속도로 회전하고 있는 분권 발전기가 있다. 단자 전압 100V, 권선의 저항은 50Ω, 계자 전류 2A, 부하 전류 50A, 전기자 저항 0.1Ω 이다. 이 때 발전기의 유기 기전력은 몇 V인가?(단, 전기자 반작용은 무시한다)

① 100V
② 100.2V
③ 105V
④ 105.2V

83 다음 중 지중전선로에 사용하는 지중함의 시설기준으로 적절하지 않은 것은?

① 견고하고 차량 기타 중량물의 압력에 견디는 구조일 것
② 안에 고인 물을 제거할 수 있는 구조로 되어 있을 것
③ 뚜껑은 시설자 이외의 자가 쉽게 열 수 없도록 시설할 것
④ 저압지중함의 경우 고무판을 뚜껑 위에 설치할 것

84 다음 중 변압기의 부하율과 부등률을 나타낸 것으로 옳은 것은?

	부하율	부등률
①	$\dfrac{(개별수용 \ 최대전력 \ 합)}{(합성 \ 최대전력)}$	$\dfrac{(평균전력)}{(최대전력)} \times 100$
②	$\dfrac{(최대전력)}{(설비용량)} \times 100$	$\dfrac{(개별수용 \ 최대전력 \ 합)}{(합성 \ 최대전력)}$
③	$\dfrac{(평균전력)}{(최대전력)} \times 100$	$\dfrac{(개별수용 \ 최대전력 \ 합)}{(합성 \ 최대전력)}$
④	$\dfrac{(개별수용 \ 최대전력 \ 합)}{(합성 \ 최대전력)}$	$\dfrac{(최대전력)}{(설비용량)} \times 100$

85 다음 중 근궤적법에 대한 설명으로 옳지 않은 것은?

① 공간영역에서 제어계 설계에 주로 사용한다.

② 근궤적은 실축에 대해 대칭이다.

③ 근궤적 수는 특성방정식의 차수와 같다.

④ 점근선의 교차는 실수축에서만 가능하다.

86 중성점 접지방식에서 1선 지락 시 건전상 전압 상승이 1.3배인 방식을 〈보기〉에서 모두 고르면?

──────〈보기〉──────
ㄱ. 직접 접지방식   ㄴ. 비접지방식
ㄷ. 소호리액터 접지방식   ㄹ. 저항 접지방식

① ㄱ   ② ㄷ

③ ㄴ, ㄹ   ④ ㄷ, ㄹ

87 다음 회로와 같이 평형 3상 RL부하에 커패시터 C를 설치하여 역률을 100%로 개선할 때, 커패시터의 리액턴스는?(단, 선간전압은 200V, 한 상의 부하는 $12+j9\,\Omega$ 이다)

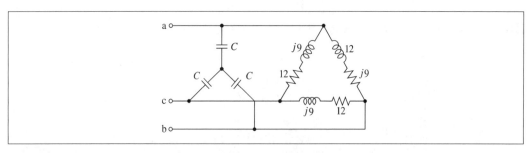

① $\dfrac{20}{4}\,\Omega$ ② $\dfrac{20}{3}\,\Omega$

③ $\dfrac{25}{4}\,\Omega$ ④ $\dfrac{25}{3}\,\Omega$

88 고압 및 특고압 전로의 절연내력시험을 하는 경우 시험전압을 전로와 대지 사이에 연속하여 몇 분간 가해 견디어야 하는가?

① 1분
② 3분
③ 5분
④ 10분

89 절연협조의 기준은 피뢰기의 제한 전압일 때, 절연 강도의 크기에 따라 바르게 나열한 것은?

① 변압기> 선로애자> 부싱> 결합콘덴서> 피뢰기
② 부싱> 변압기> 선로애자> 결합콘덴서> 피뢰기
③ 선로애자> 결합콘덴서> 부싱> 변압기> 피뢰기
④ 결합콘덴서> 선로애자> 변압기> 부싱> 피뢰기

90 2대의 직류 발전기를 병렬 운전하여 부하에 100A를 공급하고 있다. 각 발전기의 유기 기전력과 내부 저항이 각각 110V, 0.04Ω 및 112V, 0.06Ω 이다. 각 발전기에 흐르는 전류는?

① 10A, 90A
② 20A, 80A
③ 30A, 70A
④ 40A, 60A

91 배전방식에서 종류에 따른 1선당 공급전력으로 옳은 것은?(단, $P = VI\cos\theta$)

전기방식	1선당 공급전력
① 3상 3선식	$\dfrac{1}{3}P$
② 단상 3선식	$\dfrac{\sqrt{3}}{3}P$
③ 3상 4선식	$\dfrac{1}{4}P$
④ 단상 2선식	$\dfrac{1}{2}P$

92 무한히 긴 직선 도체에 전류 $I[\text{A}]$가 흐르고 있다. 이 도체에서 거리 $r[\text{m}]$만큼 떨어진 지점에서의 자속밀도로 옳은 것은?

① $\dfrac{\mu_0 \mu_s I}{2\pi r} [\text{Wb/m}^2]$

② $\dfrac{\mu_0 \mu_s I}{\pi r} [\text{Wb/m}^2]$

③ $\dfrac{2\pi r I}{\mu_0 \mu_s} [\text{Wb/m}^2]$

④ $\dfrac{\pi r I}{2\mu_0 \mu_s} [\text{Wb/m}^2]$

93 다음 중 보호계전기의 구비조건에 대한 설명으로 옳지 않은 것은?

① 기본기능은 정확성, 선택성, 신속성 등이 있다.
② 동작이 예민하지 않은 것이 좋다.
③ 고장의 정도가 확실히 파악되어야 한다.
④ 후비 보호능력을 갖춰야 한다.

94 다음 중 송전선로의 중성점 접지 목적으로 옳지 않은 것은?

① 지락 사고가 발생할 경우 보호계전기 동작을 확실하게 해준다.
② 피뢰기의 효율을 높여준다.
③ 이상전압을 경감시켜 준다.
④ 1선 지락이 발생할 경우 전위하락을 억제해준다.

95 선로정수 저항에서 연동선의 도전율 비율을 100% 기준으로 할 때, 다음 도선 종류에 따른 도전율 비율이 바르게 짝지어진 것은?

	경동선	알루미늄선
①	95%	41%
②	65%	61%
③	65%	41%
④	95%	61%

96 전기울타리용 전원 장치에 전기를 공급하는 전로의 사용전압은 몇 V 이하이어야 하는가?

① 150V
② 200V
③ 250V
④ 300V

97 송전계통 안정도 증진을 위해 직렬 콘덴서를 삽입하면 일어나는 변화로 가장 적절한 것은?

① 직렬 리액턴스 감소
② 직렬 리액턴스 증가
③ 전압변동률 감소
④ 전압변동률 증가

98 다음 설명 중에서 옳지 않은 것은?

① 코일은 직렬로 연결할수록 인덕턴스가 커진다.
② 콘덴서는 직렬로 연결할수록 용량이 커진다.
③ 저항은 병렬로 연결할수록 저항치가 작아진다.
④ 리액턴스는 주파수의 함수이다.

99 점 A에 정지해 있던 질량 1kg, 전하량 1C의 물체가 점 A보다 전위가 2V 낮은 점 B로 전위차에 의해서 가속되었다. 점 B에 도달하는 순간 이 물체가 갖는 속도는?

① 1m/s
② 2m/s
③ 3m/s
④ 4m/s

100 최대사용전압이 22,900V인 3상4선식 중성선 다중접지식 전로와 대지 사이의 절연내력 시험전압은 몇 V인가?

① 21,068V
② 25,229V
③ 28,752V
④ 32,510V

51 탄성계수가 8Gpa이고 단면적이 $100mm^2$, 길이 300mm인 강철봉에 하중이 작용하여 15mm가 늘어났다. 작용한 하중의 크기는?

① 40kN
② 30kN
③ 20kN
④ 10kN

52 다음 중 열처리에 대한 설명으로 옳지 않은 것은?

① 완전 풀림처리(Full Annealing)에서 얻어진 조직은 조대 펄라이트(Pearlite)이다.
② 노멀라이징(Normalizing)은 강의 풀림처리에서 일어날 수 있는 과도한 연화를 피할 수 있도록 공기 중에서 냉각하는 것을 의미한다.
③ 오스템퍼링(Austempering)은 오스테나이트(Austenite)에서 베이나이트(Bainite)로 완전히 등온변태가 일어날 때까지 특정온도로 유지한 후 공기 중에서 냉각한다.
④ 스페로다이징(Spherodizing)은 미세한 펄라이트 구조를 얻기 위해 공석온도 이상으로 가열한 후 서랭하는 공정이다.

53 다음 중 규격나사의 명칭에 대한 설명으로 옳은 것은?

① $M8 \times 3$: 피치가 8mm이고 바깥지름이 3mm인 미터 가는나사

② $\frac{1}{4} - 20UNC$: 바깥지름이 $\frac{1}{4}$ 인치이고 inch당 나사산 수가 20인 유니파이 가는나사

③ $Tr10 \times 1$: 바깥지름이 10mm이고 피치가 1mm인 미터 사다리꼴 나사

④ $Tr30 \times 2$: 바깥지름이 30인치이고 피치가 2인치인 미터 사다리꼴 나사

54 다음 중 축의 위험속도에 대한 내용으로 가장 적절한 것은?

① 축에 작용하는 최대비틀림모멘트
② 축베어링이 견딜 수 있는 최고회전속도
③ 축의 고유진동수
④ 축에 작용하는 최대굽힘모멘트

55 다음 중 기어와 치형곡선에 대한 설명으로 옳은 것은?

① 사이클로이드곡선은 기초원에 감은 실을 잡아당기면서 풀어나갈 때 실의 한 점이 그리는 곡선이다.

② 인벌루트곡선은 기초원 위에 구름원을 굴렸을 때 구름원의 한 점이 그리는 곡선이다.

③ 물림률이 클수록 소음이 커진다.

④ 2개의 기어가 일정한 각속도비로 회전하려면 접촉점의 공통법선은 일정한 점을 통과해야 한다.

56 다음 중 유압회로에서 캐비테이션 발생을 방지할 수 있는 방법으로 가장 적절한 것은?

① 흡입관에 급속 차단장치를 설치한다.

② 흡입 유체의 유온을 높게 하여 흡입한다.

③ 과부하시는 패킹부에서 공기가 흡입되도록 한다.

④ 흡입관 내의 평균유속이 3.5m/s 이하가 되도록 한다.

57 다음 중 원심 펌프에 대한 설명으로 옳지 않은 것은?

① 비속도를 성능이나 적합한 회전수를 결정하는 지표로 사용할 수 있다.

② 펌프의 회전수를 높임으로서 캐비테이션을 방지할 수 있다.

③ 송출량 및 압력이 주기적으로 변화하는 현상을 서징현상이라 한다.

④ 용량이 작고 양정이 높은 곳에 적합하다.

58 다음 그림과 같이 비중이 0.9인 기름의 압력을 액주계로 잰 결과가 그림과 같을 때 A점의 계기 압력은 몇 kPa인가?(단, 표준 대기압이 작용한다.)

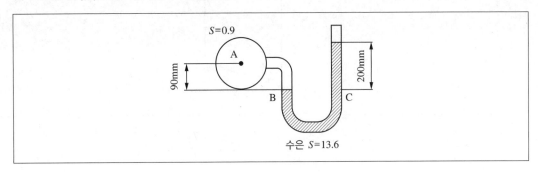

① 약 25.86kPa

② 약 32.45kPa

③ 약 41.15kPa

④ 약 62.48kPa

59 다음 중 가솔린 기관 4행정 사이클 기관과 비교한 2행정 사이클 기관의 특징으로 적절하지 않은 것은?

① 크랭크축 1회전 시 1회 폭발한다.
② 밸브기구가 필요하며 구조가 복잡하다.
③ 배기량이 같은 경우 큰 동력을 얻을 수 있다.
④ 혼합 기체가 많이 손실되며 효율이 떨어진다.

60 다음 중 물질의 양에 따라 변화하는 종량적 상태량은?

① 밀도
② 부피
③ 온도
④ 압력

61 다음 중 오토사이클의 T-S 선도에서 열효율을 나타낸 것은?

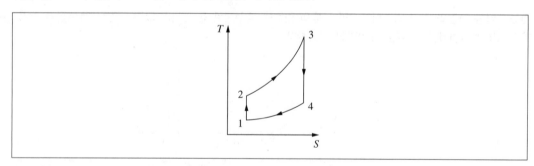

① $1-\dfrac{T_1}{T_2}$

② $1-\dfrac{T_1}{T_3}$

③ $1-\dfrac{T_4-T_1}{T_3-T_2}$

④ $1-\dfrac{T_2-T_1}{T_3-T_4}$

62 다음 중 이상적인 오토사이클의 효율을 증가시키는 방안으로 옳은 것은?

	최고온도(T)	압축비(ϵ)	비열비(k)
①	증가	증가	증가
②	증가	감소	증가
③	감소	감소	감소
④	감소	증가	감소

63 다음 중 클라우지우스의 부등식을 표현한 것으로 옳은 것은?(단, T는 절대온도, Q는 열량을 표시한다)

① $\oint \dfrac{\delta Q}{T} \geq 0$ ② $\oint \dfrac{\delta Q}{T} \leq 0$

③ $\oint T\delta Q \geq 0$ ④ $\oint T\delta Q \leq 0$

64 다음 중 표면거칠기에 대한 설명으로 옳지 않은 것은?

① 표면거칠기에 대한 의도를 제조자에게 전달하는 경우 삼각기호를 일반적으로 사용한다.
② R_{max}, R_a, R_z의 표면거칠기 표시 중에서 R_a값이 가장 크다.
③ 표면거칠기는 공작물표면의 임의위치의 기준길이 내에서 채취한 데이터로부터 평가한다.
④ 표면거칠기값의 최대높이는 R_y로 표시한다.

65 다음 중 절대압력을 정하는 데 기준(영점)이 되는 것은?

① 게이지압력   ② 표준대기압
③ 국소대기압   ④ 완전진공상태

66 다음 중 구조용 강의 인장시험에 의한 공칭응력 – 변형률선도(Stress-Strain Diagram)에 대한 설명으로 옳지 않은 것은?

① 항복점(Yield Point)에서는 하중이 증가하더라도 시험편의 변형이 일어나지 않는다

② 비례한도(Proportional Limit)까지는 응력과 변형률이 정비례의 관계를 유지한다.

③ 극한응력(Ultimated Stress)은 선도상에서의 최대응력이다.

④ 네킹구간(Necking)은 극한 강도를 지나면서 재료의 단면이 줄어들어 길게 늘어나는 구간이다.

67 유리 바깥쪽 온도가 안쪽보다 3℃ 낮을 때, 가로 세로가 각각 1m, 2m이고 두께가 2mm인 유리를 통하여 1초당 바깥쪽으로 손실되는 열량은?[단, 유리의 열전도도는 0.8W/(m · ℃)이다]

① 2,350J

② 2,400J

③ 2,450J

④ 2,500J

68 다음 중 금속과 결정 구조를 바르게 연결한 것은?

① 알루미늄(Al) – 체심입방격자

② 금(Au) – 조밀육방격자

③ 크롬(Cr) – 체심입방격자

④ 마그네슘(Mg) – 면심입방격자

69 질량이 7kg인 강제 용기 속에 물이 30L 들어있다. 용기와 18℃인 물 속에 질량이 3kg이고 온도가 200℃인 어떤 철강을 넣었더니 일정 시간 후 온도가 50℃가 되면서 열평형에 도달할 때, 이 물체의 비열은?(단, 물의 비열은 4.2kJ/(kg · K), 철강의 비열은 0.46kJ/(kg · K)이다)

① 3.8kJ/(kg · K)

② 5.3kJ/(kg · K)

③ 9.2kJ/(kg · K)

④ 12.4kJ/(kg · K)

70 다음 중 응력집중현상에 대한 설명으로 옳지 않은 것은?

① 필릿의 반지름을 크게 하여 응력집중현상을 감소시킨다.

② 응력집중 정도를 알아보기 위한 응력집중계수는 재료의 크기와 재질에 영향을 크게 받는다.

③ 단면부분을 열처리하거나 표면 거칠기를 향상시켜서 응력집중현상을 감소시킨다.

④ 열간 압연이나 열간 단조 등을 통해 내부의 기공을 압축시켜 응력집중현상을 감소시킨다.

71 단면의 폭 4cm, 높이 6cm, 길이가 2m인 단순보의 중앙에 집중하중이 작용할 때 최대 처짐이 0.5cm라면 집중하중은 몇 N인가?(단, 탄성계수 $E=200\text{GPa}$이다)

① 5,520N ② 3,300N

③ 2,530N ④ 4,320N

72 다음 중 강도의 크기를 순서대로 바르게 나열한 것은?

① 탄성한도 > 허용응력 ≥ 사용응력

② 탄성한도 > 사용응력 ≥ 허용응력

③ 허용응력 ≥ 사용응력 > 탄성한도

④ 사용응력 ≥ 허용응력 > 탄성한도

73 길이가 2m인 환봉에 인장하중을 가하였더니 길이 변화량이 0.14cm였을 때, 변형률은?

① 7% ② 0.7%

③ 0.07% ④ 0.007%

74 황 성분이 적은 선철을 용해로, 전기로에서 용해한 후 주형에 주입 전 마그네슘, 세륨, 칼슘 등을 첨가시켜 흑연을 구상화한 것은?

① 합금주철 ② 구상흑연주철

③ 칠드주철 ④ 가단주철

75 다음 중 표준 대기압의 값으로 옳지 않은 것은?

① 14.7psi ② 760mmHg

③ 1.033mAq ④ 1.013bar

76 다음 중 유체에 대한 정의로 가장 적절한 것은?

① 용기 안에 충만 될 때까지 항상 팽창하는 물질

② 흐르는 모든 물질

③ 흐르는 물질 중 전단 응력이 생기지 않는 물질

④ 극히 작은 전단응력이 물질 내부에 생기면 정지상태로 있을 수 없는 물질

77 다음 중 물리량의 차원이 옳지 않은 것은?(단, M : 질량, L : 길이, T : 시간)

물리량	MLT계
① 운동량	MLT^{-1}
② 압력	$ML^{-1}T^{-2}$
③ 동력	$ML^{-2}T^{-3}$
④ 에너지	MLT^{-1}

78 유압 회로 내의 압력이 설정 압을 넘으면 유압에 의하여 막이 파열되어 유압유를 탱크로 귀환시키며, 압력 상승을 막아 기기를 보호하는 역할을 하는 유압요소는?

① 압력 스위치 ② 감압 밸브

③ 유체 퓨즈 ④ 포핏 밸브

79 지름 70mm인 환봉에 20MPa의 최대 전단응력이 생겼을 때의 비틀림 모멘트는 몇 N·m인가?

① 약 1,347N·m ② 약 2,546N·m

③ 약 3,467N·m ④ 약 4,500N·m

80 다음 중 탄성계수 E, 전단탄성계수 G, 푸와송 비 μ, 사이의 관계식으로 옳은 것은?

① $G = \dfrac{E}{(1 + 2\mu)}$ ② $G = \dfrac{3E}{2(1 + \mu)}$

③ $G = \dfrac{2E}{(1 + \mu)}$ ④ $G = \dfrac{E}{2(1 + \mu)}$

81 지름 3m, 두께 3cm의 얇은 원통에 860kPa의 내압이 작용할 때, 이 원통에 발생하는 최대 전단응력은?

① -10.75MPa   ② 10.75MPa

③ -15.85MPa   ④ 15.85MPa

82 10냉동톤의 능력을 갖는 카르노 냉동기의 응축 온도가 25℃, 증발온도가 -20℃이다. 이 냉동기를 운전하기 위하여 필요한 이론동력은 몇 kW인가?(단, 1냉동톤은 3.85kW)

① 약 6.85kW   ② 약 5.65kW

③ 약 4.63kW   ④ 약 3.37kW

83 시스템 내의 임의의 이상기체 2kg의 정압비열은 4kJ/(kg·K)이고, 초기 온도가 70℃인 상태에서 450kJ의 열량을 가하여 팽창시킬 때 변경 후 체적은 변경 전 체적의 몇 배가 되는가?(단, 정압과정으로 팽창한다)

① 약 0.58   ② 약 1.16

③ 약 2.32   ④ 약 4.52

84 이상기체의 등온과정에서 압력이 증가할 때, 다음 중 엔탈피의 변화로 옳은 것은?

① 증가하다가 감소한다.   ② 증가한다.

③ 변화 없다.   ④ 감소한다.

85 실린더 내의 이상기체 1kg이 27℃를 일정하게 유지하면서 200kPa에서 100kPa까지 팽창했을 때, 기체가 한 일은?(단, 기체상수는 1kJ/kg · K, ln2＝0.7이다)

① 100kJ

② 210kJ

③ 300kJ

④ 433kJ

86 다음 중 열역학 제2법칙에 대한 설명으로 옳은 것은?

① 물질 변화과정의 방향성을 제시한다.

② 에너지의 양을 결정한다.

③ 에너지의 종류를 판단할 수 있다.

④ 공학적 장치의 크기를 알 수 있다.

87 압력 101kPa이고, 온도 27℃일 때, 크기가 5m×5m×5m인 방에 있는 공기의 질량을 계산하면?(단, 공기의 기체상수는 0.287kJ/kg · K이다)

① 약 118.6kg

② 약 128.6kg

③ 약 136.6kg

④ 약 146.6kg

88 250K에서 열을 흡수하여 320K에서 방출하는 이상적인 냉동기의 성능계수는?

① 약 0.28

② 약 1.28

③ 약 3.57

④ 약 4.57

89 다음 중 오토사이클의 압축비가 6인 경우 이론 열효율은 몇 %인가?(단, 비열비는 1.4이다)

① 약 51%

② 약 61%

③ 약 71%

④ 약 81%

90 다음 중 기계재료의 구비조건으로 옳지 않은 것은?

① 고온 경도가 높을 것
② 내마모성이 클 것
③ 재료 공급이 용이할 것
④ 마찰계수가 클 것

91 다음 중 한쪽 방향의 흐름은 자유로우나 역방향의 흐름을 허용하지 않는 밸브는?

① 카운터 밸런스 밸브
② 언로드 밸브
③ 감압 밸브
④ 체크 밸브

92 유량제어 밸브를 실린더의 출구 쪽에 설치해서 유출되는 유량을 제어하여 피스톤 속도를 제어하는 회로는?

① 미터 아웃 회로
② 블리드 오프 회로
③ 미터 인 회로
④ 카운터 밸런스 회로

93 다음 중 표준 고속도강의 합금 비율이 높은 순서대로 바르게 나열한 것은?

① V> Cr> W
② Cr> V> W
③ W> Cr> V
④ W> V> Cr

94 다음 중 순철에 없는 변태는 어느 것인가?

① A1
② A2
③ A3
④ A4

95 유압회로 내 이물질을 제거하는 것과 작동유 교환 시, 오래된 오일과 슬러지를 용해하여 오염물의 전량을 회로 밖으로 배출시켜서 회로를 깨끗하게 하는 것은?

① 플래싱
② 압력 오버라이드
③ 패킹
④ 매니폴드

96 다음 중 철 64%, 니켈 36%의 합금으로, 열팽창 계수가 작고 내식성도 좋아 시계추, 바이메탈 등에 사용되는 것은?

① 인코넬
② 인바
③ 콘스탄탄
④ 플래티나이트

97 밸브의 전환 도중에서 과도적으로 생긴 밸브 포트 간의 흐름을 의미하는 유압 용어는?

① 자유 흐름
② 인터플로
③ 제어 흐름
④ 아음속 흐름

98 다음 중 $\phi 45 \ H7 \left(\phi 45_0^{+\,0.024} \right)$ 인 구멍에 $\phi 45 \ k6 \left(\phi 45_{+\,0.003}^{+\,0.017} \right)$ 인 축을 끼워 맞춤할 때, 최대 틈새와 최대 죔새로 옳은 것은?

	최대 틈새	최대 죔새
①	0.021	0.017
②	0.017	0.007
③	0.014	0.007
④	0.021	0.014

99 다음 중 강에서 열처리 조직으로 경도가 가장 큰 것은?

① 오스테나이트
② 마텐자이트
③ 페라이트
④ 시멘타이트

100 다음 중 탄소강에서 인(P)의 영향으로 가장 적절한 것은?

① 결정립이 조대화가 된다.
② 연신율, 충격치를 증가시킨다.
③ 적열취성을 일으킨다.
④ 강도의 취성을 감소시킨다.

| 03 | 토목일반(토목직)

51 다음 보에서 지점 A부터 최대 휨모멘트가 생기는 단면의 위치는?

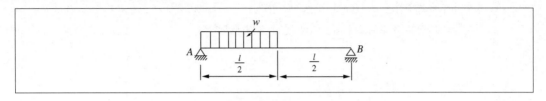

① 0

② $\dfrac{1}{8}l$

③ $\dfrac{1}{4}l$

④ $\dfrac{3}{8}l$

52 무게 $1,000\text{kg}_f$을 C점에 매달 때, 다음 중 줄 AC에 작용하는 장력은?

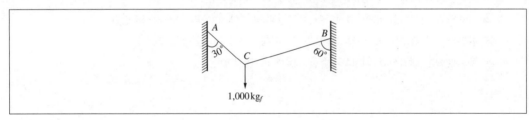

① 약 540kg_f

② 약 670kg_f

③ 약 754kg_f

④ 약 866kg_f

53 60m당 0.04m가 짧은 줄자를 사용하여 정사각형 토지의 한 변을 측정한 결과가 240m일 때, 다음 중 면적에 대한 오차는?

① 85.6m^2

② 76.8m^2

③ 67.3m^2

④ 56.1m^2

54 다음 중 정수지에 대한 설명으로 옳지 않은 것은?

① 정수지란 정수를 저류하는 탱크로, 정수시설로는 최종단계의 시설이다.

② 정수지 상부는 반드시 복개해야 한다.

③ 정수지의 유효수심은 3 ~ 6m를 표준으로 한다.

④ 정수지의 바닥은 저수위보다 1m 이상 낮게 설치해야 한다.

55 다음 중 토질조사에 대한 설명으로 옳지 않은 것은?

① 사운딩(Sounding)이란 지중에 저항체를 삽입하여 토층의 성상을 파악하는 현장 시험이다.

② 베인 시험은 정적인 사운딩이다.

③ 표준관입시험은 로드(Rod)의 길이가 길어질수록 N치가 작게 나온다.

④ 지층의 상태, 흙의 성질, 내력, 지하수의 상황을 살펴서 설계·시공의 자료로 하는 조사이다.

56 다음 중 하수도의 관로계획에 대한 설명으로 옳은 것은?

① 오수관로는 계획 1일 평균오수량을 기준으로 계획한다.

② 관로의 역사이펀을 많이 설치하여 유지관리 측면에서 유리하도록 계획한다.

③ 합류식에서 하수의 차집관로는 우천 시 계획오수량을 기준으로 계획한다.

④ 우수관로는 계획시간 최대오수량을 기준으로 계획한다.

57 직경이 15cm인 원관 속에 비중이 0.87인 기름이 0.03m^3/sec으로 흐르고 있다. 다음 중 이 기름의 동점성 계수가 1.35×10^{-4} m^2/sec일 때, 이 흐름의 상태는?

① 난류

② 층류

③ 상류

④ 사류

58 고성토의 제방에서 전단파괴가 발생되기 전에 제방의 외측에 흙을 돋우어 활동에 대한 저항모멘트를 증대시켜 전단파괴를 방지하는 공법은?

① 프리로딩 공법

② 압성토 공법

③ 치환 공법

④ 대기압 공법

59 강우계의 관측분포가 균일한 평야지역의 작은 유역에 발생한 강우에 적절한 유역 평균 강우량 산정법은?

① Thiessen의 가중법 ② Talbot의 강도법
③ 산술평균법 ④ 등우선법

60 다음 중 철근 콘크리트 보에 배치되는 철근의 순간격에 대한 설명으로 옳지 않은 것은?

① 동일 평면에서 평행한 철근 사이의 수평 순간격은 25mm 이상이어야 한다.
② 상단과 하단에 2단 이상으로 배치된 경우 상하 철근의 순간격은 25mm 이상으로 하여야 한다.
③ 철근의 순간격에 대한 규정은 서로 접촉된 겹침이음 철근과 인접된 이음철근 또는 연속철근 사이의 순간격
  에도 적용하여야 한다.
④ 벽체 또는 슬래브에서 휨 주철근의 간격은 벽체나 슬래브 두께의 2배 이하로 하여야 한다.

61 관로의 길이 100m, 안지름 30cm인 주철관에 어떤 유체를 $0.1\text{m}^3/\text{s}$의 유량으로 이송할 때, 이 관에 발생하

는 손실수두는?(단, $v = C\sqrt{RI}$, $C = 63\text{m}^{\frac{1}{2}}/\text{s}$이다)

① 0.54m ② 0.67m
③ 0.74m ④ 0.88m

62 그림과 같은 라멘 구조에서 반력 H_D의 크기는?

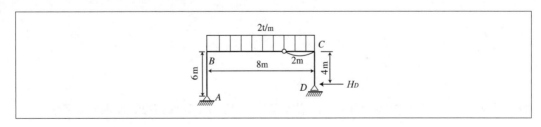

① 약 2.67t ② 약 2.89t
③ 약 3.12t ④ 약 3.68t

63 포화된 흙의 건조단위중량이 1.70t/m^3이고, 함수비가 20%일 때, 다음 중 비중은 얼마인가?

① 2.58t/m^3

② 2.68t/m^3

③ 2.78t/m^3

④ 2.88t/m^3

64 다음은 '우력'에 관한 글이다. 빈칸에 들어갈 단어를 순서대로 바르게 나열한 것은?

> 어떤 물체에 크기가 ___㉠___ 방향이 ___㉡___ 2개의 힘이 작용할 때, 작용선이 일치하면 합력이 0이 되고, 작용선이 일치하지 않고 나란하면 합력은 0이 되지만 힘의 효과가 물체에 ___㉢___ 을 일으킨다. 이와 같이 크기가 ___㉠___ 방향이 ___㉡___ 한 쌍의 힘을 우력이라 한다.

	㉠	㉡	㉢
①	같고	반대인	회전운동
②	다르고	반대인	회전운동
③	다르고	같은	평행운동
④	같고	같은	평행운동

65 어떤 흙의 변수위 투수시험을 한 결과 시료의 직경과 길이가 각각 5.0cm, 2.0cm이었으며, 유리관의 내경이 4.5mm, 1분 10초 동안에 수두가 40cm에서 20cm로 내렸다. 이 시료의 투수계수는?

① $4.95 \times 10^{-4}\text{cm/s}$

② $5.45 \times 10^{-4}\text{cm/s}$

③ $1.60 \times 10^{-4}\text{cm/s}$

④ $7.39 \times 10^{-4}\text{cm/s}$

66 축척 1 : 50,000 지형도상에서 주곡선 간의 도상 수평길이가 1cm였다면, 이 지형의 경사는?

① 4%

② 5%

③ 6%

④ 10%

67 사질토에 대한 직접 전단시험을 실시하여 다음과 같은 결과를 얻었다. 내부마찰각은 약 얼마인가?

수직응력(t/m^2)	3	6	9
최대전단응력(t/m^2)	1.73	3.46	5.19

① 25°　　　　　　　　　　　　　② 30°

③ 35°　　　　　　　　　　　　　④ 40°

68 점토층으로부터 흙시료를 채취하여 압밀시험을 한 결과, 하중강도가 3.0kg/cm^{2}로부터 4.6kg/cm^{2}로 증가했을 때, 공극비는 2.7로부터 1.9로 감소하였다. 압축계수(a_v)는 얼마인가?

① 0.5cm^2/kg　　　　　　　　　② 0.7cm^2/kg

③ 0.9cm^2/kg　　　　　　　　　④ 1.1cm^2/kg

69 사용고정하중(D)과 활화중(L)을 작용시켜서 단면에서 구한 휨모멘트는 각각 $M_D = 30$kN·m, $M_L = 3$kN·m이었다. 주어진 단면에 대해서 현행 콘크리트 구조설계기준에 따라 최대 소요강도를 구하면?

① 25kN·m　　　　　　　　　　② 32kN·m

③ 37kN·m　　　　　　　　　　④ 42kN·m

70 다음 도형(빗금 친 부분)의 X축에 대한 단면 1차 모멘트는?

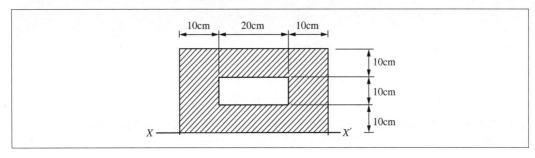

① 5,000cm^3　　　　　　　　　② 10,000cm^3

③ 15,000cm^3　　　　　　　　　④ 20,000cm^3

71 다음 중 토적곡선(Mass Curve)을 작성하는 목적으로 적절하지 않은 것은?

① 토량의 운반거리 산출
② 토공기계의 선정
③ 토량의 배분
④ 교통량 산정

72 다음 중 나선철근으로 둘러싸인 압축부재의 축방향 주철근의 최소 개수는?

① 3개
② 4개
③ 5개
④ 6개

73 저수지의 물을 방류하는 데 1 : 225로 축소된 모형에서 4분이 소요되었다면, 원형에서의 소요시간은?

① 4분
② 15분
③ 16분
④ 60분

74 축척 1/500 지형도를 기초로 하여 축척 1/3,000 지형도를 제작하고자 한다. 1/3,000 도면 한 장에는 1/500 도면이 얼마나 포함되는가?

① 2매
② 6매
③ 18매
④ 36매

75 단철근 직사각형보의 자중이 18kN이고 활하중이 26kN일 때, 다음 중 계수휨모멘트는 얼마인가?(단, 보의 경간은 10m이다)

① 810kN · m
② 790kN · m
③ 770kN · m
④ 750kN · m

76 다음 중 표준관입시험에 대한 설명으로 옳지 않은 것은?

① 표준관입시험의 N값으로 모래지반의 상대밀도를 추정할 수 있다.

② N값으로 점토지반의 연경도에 관한 추정이 가능하다.

③ 지층의 변화를 판단할 수 있는 시료를 얻을 수 있다.

④ 모래지반에 대해서도 흐트러지지 않은 시료를 얻을 수 있다.

77 다음 중 철근콘크리트 부재의 전단철근에 대한 설명으로 옳지 않은 것은?

① 주인장철근에 45° 이상의 각도로 설치되는 스터럽도 전단철근으로 사용할 수 있다.

② 주인장철근에 30° 이상의 각도로 구부린 굽힘철근도 전단철근으로 사용할 수 있다.

③ 부재축에 직각으로 배치된 전단철근의 간격은 $\frac{d}{2}$ 이하, 600mm 이하로 해야 한다.

④ 전단철근의 설계기준 항복강도는 300MPa을 초과할 수 없다.

78 보통중량골재를 사용했을 때, f_{ck} =21MPa이면 철근과 콘크리트의 탄성계수비(n)는?(단, E_S=2.0×10⁵ MPa이다)

① 약 6   ② 약 7

③ 약 8   ④ 약 9

79 다음 중 프리스트레스의 손실에 대한 설명으로 옳지 않은 것은?

① 콘크리트의 크리프와 건조 수축에 의한 손실은 프리텐션이나 포스트텐션에서 큰 몫을 차지한다.

② 포스트텐션에서는 탄성 손실을 극소화시킬 수 있다.

③ 마찰에 의한 손실은 통상 프리텐션에서 고려한다.

④ 일반적으로 프리텐션이 포스트텐션보다 손실이 크다.

80 다음 중 트래버스 측량에 속하는 방위각법에 대한 설명으로 옳지 않은 것은?

① 진북을 기준으로 어느 측선까지 시계 방향으로 측정하는 방법이다.

② 험준하고 복잡한 지역에서는 적합하지 않다.

③ 각이 독립적으로 관측되므로 오차 발생 시 개별각의 오차는 이후의 측량에 영향이 없다.

④ 각 관측값의 계산과 제도가 편리하고 신속히 관측할 수 있다.

81 80m의 측선을 20m 줄자로 관측하였다. 만약 1회의 관측에 +4mm의 정오차와 ±3mm의 부정오차가 있었다면 이 측선의 거리는?

① 80.006 ± 0.006m

② 80.006 ± 0.016m

③ 80.016 ± 0.006m

④ 80.016 ± 0.016m

82 다음 중 강도설계법에 대한 설명으로 옳지 않은 것은?

① 재료의 탄성 범위를 넘지 않는 한도 내에서 선형 탄성이론을 적용한다.

② 설계기본 개념이 응력 개념 위주가 아니라 강도 개념 위주의 설계법이다.

③ 설계하중은 사용하중에 하중계수를 곱한 극한 하중을 사용하고 있다.

④ 안전을 확보하는 방법으로 구조물 종류에 따라 강도 감소계수를 적용한다.

83 다음 중 평판측량에서 중심맞추기 오차가 6cm까지 허용할 때, 도상축적의 한계는?(단, 도상오차는 0.2mm로 한다)

① $\dfrac{1}{200}$

② $\dfrac{1}{400}$

③ $\dfrac{1}{500}$

④ $\dfrac{1}{600}$

84 다음 중 철근의 겹침이음 등급에서 A급 이음의 조건으로 옳은 것은?

① 배치된 철근량이 이음부 전체 구간에서 해석 결과 요구되는 소요 철근량의 3배 이상이고 소요 겹침이음길이 내 겹침이음된 철근량이 전체 철근량의 1/3 이상인 경우

② 배치된 철근량이 이음부 전체 구간에서 해석 결과 요구되는 소요 철근량의 3배 이상이고 소요 겹침이음길이 내 겹침이음된 철근량이 전체 철근량의 1/2 이하인 경우

③ 배치된 철근량이 이음부 전체 구간에서 해석 결과 요구되는 소요 철근량의 2배 이상이고 소요 겹침이음길이 내 겹침이음된 철근량이 전체 철근량의 1/4 이상인 경우

④ 배치된 철근량이 이음부 전체 구간에서 해석 결과 요구되는 소요 철근량의 2배 이상이고 소요 겹침이음길이 내 겹침이음된 철근량이 전체 철근량의 1/2 이하인 경우

85 캔트(Cant)의 크기가 C인 노선에서 곡선의 반지름을 2배로 증가시킬 때, 새로운 캔트의 크기(C')는?

① $0.5C'$ ② $1C'$

③ $2C'$ ④ $4C'$

86 다음 중 철근콘크리트 구조물의 단점으로 옳지 않은 것은?

① 중량이 비교적 크다.

② 균열이 발생하기 쉽다.

③ 개조, 보강, 해체가 어렵다.

④ 내구성과 내화성이 좋지 않다.

87 수질오염 지표항목 중 COD에 대한 설명으로 옳지 않은 것은?

① COD는 해양오염이나 공장폐수의 오염지표로 사용된다.

② 유기물 농도값은 일반적으로 COD> TOD> TOC> BOD이다.

③ 생물분해 가능한 유기물도 COD로 측정할 수 있다.

④ $NaNO_2$, SO_2^-는 COD값에 영향을 미친다.

88 다음 중 1방향 슬래브의 전단력에 대한 위험단면은 어느 곳인가?(단, d는 유효깊이이다)

① 지점에서 $d/5$인 곳
② 지점에서 $d/4$인 곳
③ 지점에서 $d/2$인 곳
④ 지점에서 d인 곳

89 다음 그림에서와 같이 우력(偶力)이 작용할 때, 각 점의 모멘트에 대한 설명으로 옳은 것은?

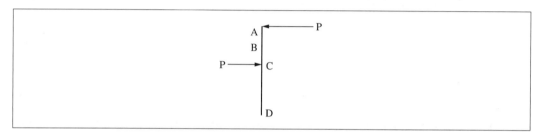

① B점의 모멘트가 제일 작다.
② D점의 모멘트가 제일 크다.
③ A점과 C점은 모멘트의 크기는 같으나 방향이 서로 반대이다.
④ A, B, C, D 모든 점의 모멘트는 같다.

90 점토층의 두께 5m, 간극비가 1.4, 액성 한계가 50%이고, 점토층 위의 유효 상재 압력이 $10t/m^2$에서 $14t/m^2$으로 증가할 때의 침하량은?(단, 압축 지수는 흐트러지지 않은 시료에 대한 Terzaghi & Peck의 경험식을 사용하여 구한다)

① 5cm
② 7cm
③ 11cm
④ 13cm

91 토질 실험 결과 내부 마찰각(ϕ) $=30°$, 점착력 $c=0.5kg_f/cm^2$, 간극 수압이 $8kg_f/cm^2$이고 파괴면에 작용하는 수직 응력이 $30kg_f/cm^2$일 때, 이 흙의 전단 응력은?

① $12.7kg_f/cm^2$
② $13.2kg_f/cm^2$
③ $15.8kg_f/cm^2$
④ $19.5kg_f/cm^2$

92 길이 6m의 철근콘크리트 캔틸레버보의 처짐을 계산하지 않아도 되는 보의 최소두께는 얼마인가?(단, f_{ck} =21MPa, f_y =350MPa이다)

① 612mm

② 653mm

③ 698mm

④ 731mm

93 다음 중 인장을 받는 표준 갈고리의 정착에 대한 기술로 옳지 않은 것은?

① 갈고리는 압축을 받는 구역에서 철근 정착에 유효하다.

② 기본 정착 길이에 수정 계수를 곱하여 정착 길이를 계산하는데 $8d_b$ 이상, 15cm 이상이어야 한다.

③ 경량 콘크리트의 수정 계수는 1.3이다.

④ 정착 길이는 위험 단면으로부터 갈고리 외부 끝까지의 거리로 나타낸다.

94 인장 이형철근을 겹침이음할 때 $\left(\dfrac{배근}{소요 A_s} \right) < 2.0$이고, 겹침이음된 철근량이 전체 철근량의 $\dfrac{1}{2}$ 을 넘는 경우, 겹침이음 길이는?(이때, l_d는 규정에 의해 계산된 이형철근의 정착길이이다)

① $1.0l_d$ 이상

② $1.3l_d$ 이상

③ $1.5l_d$ 이상

④ $1.7l_d$ 이상

95 다음 중 단면의 성질에 대한 설명으로 옳지 않은 것은?

① 단면 2차 모멘트의 값은 항상 0보다 크다.

② 도심축에 관한 단면 1차 모멘트의 값은 항상 0이다.

③ 단면 2차 극모멘트의 값은 항상 극을 원점으로 하는 두 직교 좌표축에 대한 단면 2차 모멘트의 합과 같다.

④ 단면 상승모멘트의 값은 항상 0보다 크다.

96 다음 중 GNSS 상대측위 방법에 대한 설명으로 옳은 것은?

① 수신기 1대만을 사용하여 측위를 실시한다.

② 위성과 수신기 간의 거리는 전파의 파장 개수를 이용하여 계산할 수 있다.

③ 위상차의 계산은 단순차, 이중차, 삼중차와 같은 차분기법으로는 해결하기 어렵다.

④ 전파의 위상차를 관측하는 방식이나 절대측위 방법보다 정밀도가 낮다.

97 다음 중 얕은 기초 아래의 접지압력 분포 및 침하량에 대한 설명으로 옳지 않은 것은?

① 접지압력의 분포는 기초의 강성, 흙의 종류, 형태 및 깊이 등에 따라 다르다.
② 점성토 지반에 강성기초 아래의 접지압 분포는 기초의 모서리 부분이 중앙 부분보다 작다.
③ 사질토 지반에서 강성기초인 경우 중앙부분이 모서리 부분보다 큰 접지압을 나타낸다.
④ 사질토 지반에서 유연성 기초인 경우 침하량은 중심부보다 모서리 부분이 더 크다.

98 축척 1/1,000으로 평판측량을 하여 도상에서 제도의 허용오차가 0.3mm일 때, 중심맞추기 오차는 몇 cm까지 허용 가능한가?

① 5cm
② 10cm
③ 15cm
④ 20cm

99 다음 중 콘크리트 크리프에 대한 설명으로 옳지 않은 것은?

① 고강도 콘크리트일수록 크리프는 감소한다.
② 물 – 시멘트 비가 클수록 크리프가 크게 일어난다.
③ 온도가 높을수록 크리프가 감소한다.
④ 상대습도가 높을수록 크리프가 작게 발생한다.

100 우리나라 시방서 강도 설계편에서 처짐의 검사는 다음 중 어느 하중에 의하도록 되어 있는가?

① 극한 하중
② 설계 하중
③ 사용 하중
④ 상재 하중

4권

부산교통공사 기술직
정답 및 해설

온라인 모의고사 무료쿠폰

쿠폰 번호	NCS	AATQ-00000-0756B	기계직	AOLH-00000-D5CC5
	전기/신호직	AOLG-00000-EEF1E	토목직	AOLI-00000-B9F2A

[쿠폰 사용 안내]

1. 합격시대 홈페이지(www.sdedu.co.kr/pass_sidae_new)에 접속합니다.
2. 홈페이지 상단 '1회 무료 이용권 제공' 배너를 클릭하고, 쿠폰번호를 등록합니다.
3. 내강의실 > 모의고사 > 합격시대 모의고사를 클릭하면 응시 가능합니다.
※ 본 쿠폰은 등록 후 30일간 이용 가능합니다.
※ iOS / macOS 운영체제에서는 서비스되지 않습니다.

무료NCS특강 쿠폰

쿠폰번호 KAX-25383-16256

[쿠폰 사용 안내]

1. SD에듀 홈페이지(www.sdedu.co.kr)에 접속합니다.
2. 상단 카테고리 「이벤트」를 클릭합니다.
3. 「NCS 도서구매 특별혜택 이벤트」를 클릭한 후 쿠폰번호를 입력합니다.
※ 해당 강의는 본 도서를 기반으로 하지 않습니다.

AI면접 1회 무료쿠폰

쿠폰번호 WP23-00000-488D1

[쿠폰 사용 안내]

1. WIN시대로(www.winsidaero.com)에 접속합니다.
2. 회원가입 후 상단 카테고리 「이벤트」를 클릭합니다.
3. 쿠폰번호를 입력 후 [마이페이지]에서 이용권을 사용하여 면접을 실시합니다.
※ 무료쿠폰으로 응시한 면접에는 제한된 리포트가 제공됩니다.
※ 본 쿠폰은 등록 후 7일간 이용 가능합니다.

합격의 공식
SD에듀

도서 관련 최신 정보 및 정오사항이 있는지 우측 QR을 통해 확인해 보세요!

제1회 모의고사 정답 및 해설

제1영역 직업기초능력평가

01	02	03	04	05	06	07	08	09	10
①	③	④	①	③	②	②	①	②	②
11	12	13	14	15	16	17	18	19	20
①	②	④	④	④	④	③	②	②	④
21	22	23	24	25	26	27	28	29	30
③	①	②	①	④	③	③	④	③	
31	32	33	34	35	36	37	38	39	40
④	①	②	③	④	③	④	④	②	①
41	42	43	44	45	46	47	48	49	50
②	③	④	②	③	③	④	②	①	③

01
정답 ①

제시문의 첫 번째 문단에서는 '사회적 자본'이 늘어나면 정치 참여도가 높아진다는 주장을 하였고, 두 번째 문단에서는 '사회적 자본'의 개념을 사이버공동체에 도입하였으나 현실과 잘 맞지 않는다고 하면서 '사회적 자본'의 한계를 서술했다. 그리고 마지막 문단에서는 이 같은 사회적 자본만으로는 정치 참여가 늘어나기 어렵고 이른바 '정치적 자본'의 매개를 통해서만이 가능하다는 주장을 하고 있다. 따라서 ①이 제시문의 주제로 가장 적절하다.

02
정답 ③

회사에서 거래처까지의 거리를 x라고 하면

거래처까지 가는 데 걸린 시간 : $\dfrac{x}{80}$

거래처에서 돌아오는 데 걸리는 시간 : $\dfrac{x}{120}$

$\dfrac{x}{80} + \dfrac{x}{120} \leq 1 \rightarrow \dfrac{5x}{240} \leq 1 \rightarrow 5x \leq 240 \rightarrow x \leq 48$

∴ 48km

03
정답 ④

어느 하나라도 단계의 간격이 2일 이상이면 모든 시설점검 단계가 늦어도 27일에서야 끝나게 되므로 기한을 넘기게 된다. 따라서 3 ~ 4일에 수도권, 6, 9일에 경기도, 11 ~ 13일에 충청도, 16 ~ 17일에 전라도, 19 ~ 20일에 경상도, 23 ~ 24일에 후속조치계획수립을 할 수 있다. 이렇게 24일까지 모든 시설점검을 마치면 25 ~ 26일에 연차를 사용할 수 있다.

04
정답 ①

제주도에 도착하여 짐을 찾고 렌터카를 빌리기까지 시간은 20분이 걸린다. 그리고 다음날 서울행 비행기 출발시각 1시간 전인 15시 30분까지 도착해야 하므로 대여시간은 9일 11시30분부터 10일 15시 20분까지이고, 총 대여시간은 1일 3시간 50분이다. 12시간 이상 사용하므로 24시간 기본요금 65,000원과 나머지 3시간 50분을 사용하므로 35,000원을 추가로 지불한다.
따라서 대여비는 65,000+35,000=100,000원이다.

05
정답 ③

- A렌터카 : $60,000+32,000+1,650\times\dfrac{260}{12.5}$

 $=92,000+34,320=126,320$원

- B렌터카 : $65,000+35,000+1,650\times\dfrac{260}{12}$

 $=100,000+35,750=135,750$원

- C렌터카 : $65,000+35,000+1,350\times\dfrac{260}{16}$

 $=100,000+21,937.5 ≒ 121,938$원

- D렌터카 : $67,000+30,000+1,350\times\dfrac{260}{12}$

 $=97,000+29,250=126,250$원

06
정답 ②

- B병원이 진료를 하지 않을 때 A병원이 진료한다.
  ($\sim$B → A / $\sim$A → B)
- B병원이 진료를 하면 D병원은 진료를 하지 않는다.
  (B → $\sim$D / D → $\sim$B)
- A병원이 진료를 하면 C병원은 진료를 하지 않는다.
  (A → $\sim$C / C → $\sim$A)
- C병원이 진료를 하지 않을 때 E병원이 진료한다.
  ($\sim$C → E / $\sim$E → C)

E병원은 주말에 진료를 하지 않으므로($\sim$E) C병원은 주말에 진료를 하고($\sim$E → C) A병원은 진료를 하지 않고(C → $\sim$A) B병원은 진료를 하고($\sim$A → B) D병원은 진료를 하지 않는다(B → $\sim$D). 따라서 주말에 진료를 하는 병원은 B병원과 C병원 2곳이다.

07
정답 ②

마지막 문단에서 '그리고 병원균이나 곤충, 선충에 기생하는 종들을 사용한 생물 농약은 유해 병원균이나 해충을 직접 공격하기도 한다.'라고 하였으므로 직접 공격하지 못한다고 한 ②가 적절하지 않다.

08
정답 ①

어른의 좌석 수를 x개, 어린이의 좌석 수를 y개라 하면,
$9,000x + 3,000y = 3,300,000 \rightarrow 3x + y = 1,100$
$\rightarrow y = 1,100 - 3x \cdots$ ㉠
550개의 좌석 중 빈 좌석이 1개 이상 있었으므로
$x + y \leq 549 \cdots$ ㉡
㉠을 ㉡에 대입하면, $1,100 - 2x \leq 549 \rightarrow x \geq 275.5$
따라서 뮤지컬을 관람한 어른의 수는 최소 276명이다.

09
정답 ②

가지고 있는 화분의 개수를 n개라고 하자.
화분을 앞문과 뒷문에 각각 한 개씩 배치한다고 하였으므로 배치하는 경우의 수는 $_n\mathrm{P}_2 = 30$이다.
$_n\mathrm{P}_2 = n \times (n-1) = 30 \rightarrow (n+5)(n-6) = 0$
$\therefore n = 6$

10
정답 ②

조직의 구조는 조직 내의 부문 사이에 형성된 관계로 조직목표를 달성하기 위한 조직구성원들의 상호작용을 보여 준다. 조직구조는 의사결정권의 집중정도, 명령계통, 최고경영자의 통제, 규칙과 규제의 정도에 따라 달라지며 구성원들의 업무나 권한이 분명하게 정의된 기계적 조직과 의사결정권이 하부구성원들에게 많이 위임되고 업무가 고정적이지 않은 유기적 조직으로 구분할 수 있다.

11
정답 ①

부산이 네 번째 여행지였을 때 가능한 경우는 다음과 같다.

첫 번째	두 번째	세 번째	네 번째	다섯 번째	여섯 번째
전주	강릉	춘천	부산	안동	대구

따라서 전주는 민호의 첫 번째 여행지이다.

12
정답 ②

제시문은 사회의 변화 속도를 따라가지 못하는 언어의 변화 속도에 대해 문제를 제기하며 구체적 예시와 함께 이를 시정할 것을 촉구하고 있다. 따라서 (나) 사회의 변화 속도를 따라가지 못하고 있는 언어의 실정 → (라) 성별을 구분하는 문법적 요소가 없는 우리말 → (가) 성별을 구분하여 사용하는 단어들의 예시 → (다) 언어의 남녀 차별에 대한 시정노력 촉구의 순서로 연결되어야 한다.

13
정답 ④

민경이가 이동한 시간을 x초, 선화가 이동한 시간을 $(x-180)$초라고 하면
$3x + 2(x-180) = 900 \rightarrow 5x = 1,260 \rightarrow x = 252$
따라서 민경이는 4분 12초 후 선화와 만난다.

14
정답 ④

조건에서 크루즈 이용 시 A석 또는 S석으로 한다고 하였으므로 M크루즈는 제외된다. 나머지 교통편을 이용할 때 비용을 비교하면 아래 표와 같다.

교통편	비용
H항공사 비즈니스 석	$(310,000 + 10,000) \times 2 = 640,000$원
H항공사 퍼스트클래스	$479,000 \times 2 \times 0.9 = 862,200$원
P항공사 퍼스트클래스	$450,000 \times 2 = 900,000$원
N크루즈 S석	$(25,000 + 292,000 + 9,000) \times 2$ $= 652,000$원

따라서 김 대리는 가장 저렴한 교통편(640,000원)인 H항공사의 비즈니스 석으로 선택할 것이다.

15
정답 ④

제시문에서는 인간에게 사회성과 반사회성이 공존하고 있다고 설명하고 있으며, 이 중 반사회성이 없다면 재능을 꽃피울 수 없다고 하였으므로 사회성만으로도 자신의 재능을 키울 수 있다는 주장인 ④가 반론이 될 수 있다. 하지만 반사회성이 재능을 계발한다는 주장을 포함하는 동시에 반사회성을 포함한 다른 어떤 요소가 있어야 한다는 주장인 ②는 제시문에 대한 직접적인 반론은 될 수 없다.

16 정답 ④

④는 자기관리의 절차 중 비전 및 목적을 설정하는 단계에서 필요한 질문이다. ① ~ ③은 일을 수행하고 난 결과를 피드백하기 위한 질문으로 반성 및 피드백의 단계에서 사용된다.

17 정답 ③

S주임은 한 폴더 안에 파일이 많으면 가장 최근에 진행한 업무 파일이 맨 앞에 오게 정리하라고 조언하였다. 따라서 가나다 순이 아닌 날짜 순으로 정렬해야 한다.

18 정답 ②

현상을 유지하고 조직에 순응하려는 경향은 반임파워먼트 환경에서 나타나는 모습이다.

임파워먼트 환경의 특징
- 업무에 있어 도전적이고 흥미를 가지게 된다.
- 학습과 성장의 기회가 될 수 있다.
- 긍정적인 인간관계를 형성할 수 있다.
- 개인들이 조직에 공헌하며 만족하는 느낌을 가질 수 있다.
- 자신의 업무가 존중받고 있음을 느낄 수 있다.

19 정답 ②

먼저 W씨와 첫 번째 친구가 선택한 A, C강의의 수강료는 [(50,000 +80,000)×0.9]×2=234,000원이다. 두 번째 친구의 B강의 수강료는 70,000원이고, 모든 강의를 수강하는 세 번째 친구의 수강료는 (50,000+70,000+80,000)×0.8=160,000원이다. 따라서 결제 총액은 234,000+70,000+160,000=464,000원이다.

20 정답 ④

A씨의 생활을 살펴보면 출퇴근길에 자가용을 사용하고 있다. 그리고 주유비에 대해서 부담을 가지고 있다. 그리고 곧 겨울이 올 것을 대비해 차량 점검을 할 예정이다. 이러한 사항을 고려해 볼 때 A씨는 자동차와 관련된 혜택을 받을 수 있는 카드인 D카드를 선택하는 것이 가장 적절하다고 볼 수 있다.

21 정답 ③

- 확인 단계 : 문제인식, 진단
- 개발 단계 : 탐색, 설계
- 선택 단계 : 승인, 선택

22 정답 ①

자동차의 용도별 구분을 보면 비사업용 자동차에 사용할 수 있는 문자기호는 'ㅏ, ㅓ, ㅗ, ㅜ' 뿐이므로 '겨'가 포함된 ①은 번호판으로 사용할 수 없다.

23 정답 ②

998너 7356은 긴급자동차 차량이다.

오답분석

①, ③, ④는 비사업용 특수자동차 차량이다.

24 정답 ②

제시문에서 쾌락주의자들은 최대의 쾌락을 산출하는 행위를 올바른 것으로 간주하고, 쾌락을 기준으로 가치를 평가하였다. 또한 이들은 장기적인 쾌락을 추구하였으며, 순간적이고 감각적인 쾌락만을 추구하는 삶은 쾌락주의적 삶으로 여기지 않았다. 따라서 ②는 이러한 쾌락주의자들의 주장과 일치하므로 이들의 주장에 대한 반박으로 적절하지 않다.

25 정답 ①

(가) 문단에서는 인류가 바람을 에너지원으로 사용한 지 1만 년이 넘었다고 제시되어 있을 뿐이므로 단지 이를 통해 인류에서 풍력 에너지가 가장 오래된 에너지원인지를 추론할 수 없다.

26 정답 ④

(라) 문단은 비행선 등을 활용하여 고고도풍(High Altitude Wind)을 이용하는 발전기 회사의 사례를 제시하고 있지만, 그 기술의 한계에 대한 내용은 언급하고 있지는 않다. 따라서 ④는 (라) 문단에 대한 주제로 적절하지 않다.

27 정답 ③

(65세 이상 인구)=[고령화지수(%)]×(0 ~ 14세 인구)÷100
=19.7×50,000÷100=9,850명
∴ (65세 이상 인구)=9,850명

28 정답 ③

2020년 고령화지수는 2015년 대비 $\frac{107.1-69.9}{69.9}\times100 = 53\%$ 증가했다.

29
정답 ④

ㄱ. 노인부양비 추이는 5년 단위로 계속 증가하고 있는 것을 확인할 수 있다.

ㄷ. 2015년 대비 2020년의 노인부양비 증가폭은 22.1−15.6=6.5%p이므로 옳은 설명이다.

ㄹ. 5년 단위의 고령화지수 증가폭은 다음과 같다.
- 2005년의 2000년 대비 증가폭 : 27.6−19.7=7.9%p
- 2010년의 2005년 대비 증가폭 : 43.1−27.6=15.5%p
- 2015년의 2010년 대비 증가폭 : 69.9−43.1=26.8%p
- 2020년의 2015년 대비 증가폭 : 107.1−69.9=37.2%p

따라서 5년 단위의 고령화지수 증가폭은 2015년 대비 2020년의 증가폭이 가장 크다.

오답분석

ㄴ. 고령화지수 추이는 계속 증가하고 있지만, 같은 비율로 증가하고 있지는 않다.

30
정답 ③

과업세부도는 세부 과업을 체계적으로 구분한 그래프를 말한다. 과업세부도를 활용함으로써 과제에 필요한 활동이나 과업을 구체적으로 파악할 수 있고, 이에 따라 정확한 예산 배분이 가능하다.

경력개발 단계
- 1단계 : 직무정보 탐색
  - 관심 직무에서 요구하는 능력
  - 고용이나 승진전망, 직무 만족도 등
- 2단계 : 자신과 환경 이해
  - 자신의 능력, 흥미, 적성, 가치관
  - 직무관련 환경의 기회와 장애요인
- 3단계 : 경력목표 설정
  - 장기목표 수립 : 5 ~ 7년
  - 단기목표 수립 : 2 ~ 3년
- 4단계 : 경력개발 전략수립
  - 현재 직무와 성공적 수행
  - 역량 및 인적 네트워크 강화
- 5단계 : 실행 및 평가
  - 실행
  - 경력목표, 전략의 수정

31
정답 ④

직업의 특성
- 계속성 : 직업은 일정 기간 계속 수행되어야 한다.
- 사회성 : 직업을 통하여 사회에 봉사하게 된다.
- 경제성 : 직업을 통하여 일정한 수입을 얻고, 경제발전에 기여하여야 한다.

32
정답 ①

브레인스토밍은 문제의 해결책을 찾기 위해 여러 사람이 자유롭게 아이디어를 제시하는 방법이므로, 어떠한 내용의 아이디어라도 그에 대해 비판을 해서는 안 된다.

33
정답 ②

제품 정보 ㄹ에서 가능한 일련번호는 CR − Z − (040, 080, 150, 151) − P2 − S77이다. 따라서 ②의 일련번호에서 용기 재질의 일련번호가 'P2'가 되어야 한다.

오답분석

① 제품 정보 ㄴ에서 가능한 일련번호는 TB − K − 151 − (P1, P2) − C26이다.

③ 제품 정보 ㄷ에서 가능한 일련번호는 (CR, SX, TB) − Q − (040, 080, 150, 151) − G1 − E85이다.

④ 제품 정보 ㄱ에서 가능한 일련번호는 CR − (K, Q, Z) − 150 − G1 − T78이다.

34
정답 ③

오답분석

①·④ 혹시 있을지 모를 독거노인의 건강상 문제에 대한 소극적인 대처방법이다.

② 자신의 업무에 대한 책임감이 결여된 성급한 대처방법이다.

35
정답 ④

ㄴ. 다수의 풍부한 경제자유구역 성공 사례를 활용하는 것은 강점에 해당되지만, 외국인 근로자를 국내주민과 문화적으로 동화시키려는 시도는 외국인 근로자들의 입주만족도를 저해할 수 있다. 외국인 근로자들의 문화를 존중하는 동시에 외국인 근로자들과 국내주민 간의 문화적 융화를 도모하여야 지역경제 발전을 위한 원활한 사회적 토대를 조성할 수 있다. 따라서 해당 전략은 ST전략으로 부적절하다.

ㄹ. 경제자유구역 인근 대도시와의 연계를 활성화하면 오히려 인근 기성 대도시의 산업이 확장된 교통망을 바탕으로 경제자유구역의 사업을 흡수할 위험이 커진다. 또한 인근 대도시와의 연계 확대는 경제자유구역 내 국내·외 기업 간의 구조 및 운영상 이질감을 해소하는 데에 직접적인 도움이 된다고 보기 어렵다.

오답분석

ㄱ. 경제호황으로 인해 자국을 벗어나 타국으로 진출하려는 해외기업이 증가하는 기회상황에서, 성공적 경험에서 축적된 우리나라의 경제자유구역 조성 노하우로 이들을 유인하여 유치하는 전략은 SO전략으로 적절하다.

ㄷ. 기존에 국내에 입주한 해외기업의 동형화 사례를 활용하여 국내기업과 외국계 기업의 운영상 이질감을 해소하여 생산성을 증대시키는 전략은 WO전략에 해당한다.

제1회 정답 및 해설

36 정답 ③

각 과제의 최종 점수를 구하기 전에, 항목당 최하위 점수가 부여된 과제는 제외하므로, 중요도에서 최하위 점수가 부여된 B, 긴급도에서 최하위 점수가 부여된 D, 적용도에서 최하위 점수가 부여된 E를 제외한다. 나머지 두 과제에 대하여 주어진 조건에 의해 각 과제의 최종 평가 점수를 구해보면 다음과 같다.

- A : $(84 \times 0.3) + (92 \times 0.2) + (96 \times 0.1) = 53.2$
- C : $(95 \times 0.3) + (85 \times 0.2) + (91 \times 0.1) = 54.6$

따라서 C를 가장 먼저 수행해야 한다.

37 정답 ④

통화 내역을 통해 국내통화인지 국제통화인지 구분한다.

- 국내통화 : 4/5(화), 4/6(수), 4/8(금)
  → 10분+30분+30분=70분
- 국제통화 : 4/7(목) → 60분

∴ $(70 \times 15) + (60 \times 40) = 3,450$원

38 정답 ④

갑은 노키즈존의 운영에 대하여 반대, 을은 찬성하는 입장이므로 갑과 을의 주장을 도출할 수 있는 질문으로 ④가 적절하다.

39 정답 ②

조건을 정리하면 다음과 같다.

E	C
B	G
	H
A	

A가 맨 앞에 앉아 있고 H는 A의 대각선 뒤에 있기 때문에 두 번째 줄에 앉아 있다. E는 H와 인접해 있지 않기 때문에 맨 뒷줄에 앉을 수밖에 없다. C는 E와 인접해 있으면서 동시에 맨 뒷자리에 있다고 했으므로 E의 옆자리에 있다. C 앞에 G가 앉아 있다고 했으므로 G는 3번째 줄에 있다. 마지막으로 B가 D와 F보다는 뒤에 앉아 있다고 했으므로 세 번째 줄이자 G 옆에 앉아 있다(D와 F는 첫 번째와 두 번째 줄에 있겠지만 누가 첫 번째 줄인지에 대한 단서는 없다). 즉, G 옆에 있는 사람은 B이다.

40 정답 ①

첫 번째, 두 번째 조건에 의해 갑은 병을 때리고, 무는 때리지 않는 것을 알 수 있다. 또한, 병을 때리므로 네 번째 조건에 의해 정은 때리지 않는 것을 알 수 있다. 그리고 세 번째 조건에 의해 을을 때리는 것을 알 수 있다. 그러므로 을과 병을 때린다.

41 정답 ②

ㄱ. 근로자가 총 90명이고 전체에게 지급된 임금의 총액이 2억 원이므로 근로자당 평균 월 급여액은 $\frac{2억 원}{90명} ≒ 222$만 원이다. 따라서 평균 월 급여액은 230만 원 이하이다.

ㄴ. 월 210만 원 이상 급여를 받는 근로자 수는 26+12+8+4=50명이다. 따라서 총 90명의 절반인 45명보다 많으므로 옳은 설명이다.

오답분석

ㄷ. 월 180만 원 미만의 급여를 받는 근로자 수는 6+4=10명이다. 따라서 전체에서 $\frac{10}{90} ≒ 11\%$의 비율을 차지하고 있으므로 올바르지 않은 설명이다.

ㄹ. '월 240만 원 이상 270만 원 미만'의 구간에서 월 250만 원 이상 받는 근로자의 수는 주어진 자료만으로는 확인할 수 없다. 따라서 올바르지 않은 설명이다.

42 정답 ③

ㄷ. 2020년 2분기 전체 대출금 합계에서 도매 및 소매업 대출금이 차지하는 비중은 $\frac{110,526.2}{865,254.0} \times 100 ≒ 12.8\%$이므로 옳지 않은 설명이다.

ㄹ. 2020년 3분기에 전분기 대비 대출금이 감소한 산업은 광업, 공공행정 등 기타서비스 2개 산업뿐이다. 증가한 산업 수는 이를 제외한 15개 산업이고, 15의 20%는 $15 \times 0.2 = 3$이므로 옳지 않은 설명이다.

오답분석

ㄱ. 2020년 3분기에 전분기 대비 전체 대출금 합계는 증가하였으나, 광업 대출금은 감소하였다. 따라서 2020년 3분기에 전분기 대비 광업이 차지하는 비중이 감소하였음을 알 수 있다.

ㄴ. 2020년 3분기의 2분기 대비 전문, 과학 및 기술 서비스업의 대출금 증가율은 $\frac{12,385.7 - 11,725.2}{11,725.2} \times 100 ≒ 5.6\%$이므로 옳은 설명이다.

43 정답 ④

세 번째 문단에서 '상품에 응용된 과학 기술이 복잡해지고 첨단화되면서 상품 정보에 대한 소비자의 정확한 이해도 기대하기 어려워졌다.'는 내용과 일맥상통한다.

44 정답 ②

A씨의 업무시간은 점심시간 1시간을 제외하면 8시간이다. 주간 업무계획 수립으로 $8 \times \frac{1}{8} = 1$시간을, 프로젝트 회의로 $8 \times \frac{2}{5} = 3$시간 12분을, 거래처 방문으로 $8 \times \frac{1}{3} = 2$시간 40분을 보냈다.

따라서 남은 시간은 8시간−(1시간+3시간 12분+2시간 40분) =1시간 8분이다.

45
정답 ③

- 서울 - 베이징 시차 : 서울 → 이슬라마바드 −4 → 베이징 +3 이므로 −4+3=−1

즉, 서울이 베이징보다 1시간 빠르다.

- 서울 - 영국 시차 : 서울 → 모스크바 −6 → 런던 −3이므로 −6−3=−9

즉, 서울이 영국보다 9시간이 빠르다.

K사원이 경유지인 베이징에서 S대리를 만난 시각은 중국시각으로 오전 10시였으므로 이를 한국시각으로 계산하면 오전 11시가 된다. 한국에서 베이징까지 비행시간이 2시간이므로 적어도 오전 9시에는 비행기를 타야 한다. 이 조건을 만족하지 않는 B항공은 제외된다.
영국 런던에서 열린 학회는 영국시각으로 1월 3일 오후 4시에 시작하므로 이를 한국시각으로 계산하면 1월 4일 오전 1시가 된다. 공항에서 학회장까지 이동시간은 40분이므로 한국시각으로 1월 4일 오전 12시 20분에는 히드라공항에 도착해야 한다. 베이징에서 런던까지 12시간 비행하였으므로 베이징공항에서 적어도 오후 12시 20분에는 출발해야 한다. 이는 베이징시각으로 오전 11시 20분이므로 K사원이 탄 항공기는 C항공이다.

46
정답 ③

첫 번째 문단 마지막 문장인 '그럼에도 불구하고 ~ 과학혁명의 출발점이다.'를 통해 기존의 이론이 설명 못하는 현상이 존재하면 과학혁명이 발생할 수 있음을 알 수 있다.

오답분석

① · ② 첫 번째 문단에 의하면 문제 해결의 성과는 기존 이론에 훨씬 못 미치지만, 기존 이론이 설명하지 못하는 어떤 현상을 새 이론이 설명할 수 있을 때 소수의 과학자들이 새 이론을 선택하며, 이것이 과학혁명의 시작이다.
④ 두 번째 문단 네 번째 줄에서, 과학자들은 이론의 심미적 특성 같은 주관적 판단에 의해 새로 제안된 이론을 선택한다고 하였다.

47
정답 ④

(라)의 앞부분에서는 위기 상황을 제시하고, 뒷부분에서는 인류의 각성을 촉구하는 내용을 다루고 있다. 각성의 당위성을 이끌어내는 내용인 보기가 (라)에 들어가면 앞뒤의 내용을 논리적으로 연결할 수 있다.

48
정답 ②

두 대의 적외선 카메라 중 하나는 수도권본부에 설치하였고, 나머지 하나는 경북본부와 금강본부 중 한 곳에 설치하였으므로 강원본부에는 적외선 카메라를 설치할 수 없다. 또한 강원본부에는 열선감지기를 설치하지 않았으므로 반드시 하나 이상의 기기를 설치해야 한다는 첫 번째 조건에 따라 강원본부에는 화재경보기를 설치하였을 것이다.

오답분석

① · ③ 주어진 조건만으로는 어느 본부에 열선감지기를 설치하는지 정확히 알 수 없다.
④ 화재경보기는 경북본부와 강원본부에 설치하였다.

49
정답 ①

지문에서는 인간의 생각과 말은 깊은 관계를 가지고 있으며, 생각이 말보다 범위가 넓고 큰 것은 맞지만 그것을 말로 표현하지 않으면 그 생각이 다른 사람에게 전달되지 않는다고 주장한다. 즉, 생각은 말을 통해서만 다른 사람에게 전달될 수 있다는 것이다. 따라서 이러한 주장에 대한 반박으로 ①이 가장 적절하다.

50
정답 ③

아프리카 사람들과 이야기할 때 눈을 바라보는 것은 실례이므로 코 끝 정도를 보면서 대화하는 것이 예의이다.

제2영역 전공

|01| 전기일반(전기직 · 신호직)

51	52	53	54	55	56	57	58	59	60
①	③	③	④	④	④	③	①	③	①
61	62	63	64	65	66	67	68	69	70
③	①	①	①	②	③	③	②	④	③
71	72	73	74	75	76	77	78	79	80
③	①	③	④	③	①	②	②	②	①
81	82	83	84	85	86	87	88	89	90
②	③	③	②	④	③	③	③	②	③
91	92	93	94	95	96	97	98	99	100
①	②	③	①	①	④	②	④	①	②

51 정답 ①

콘덴서들을 병렬로 접속했을 때의 합성 정전 용량은 각 콘덴서의 정전 용량의 합과 같다.

$C = C_1 + C_2 + C_3 \cdots$

콘덴서들을 직렬로 접속했을 때의 합성 정전 용량의 역수는 각 콘덴서의 정전 용량의 역수의 합과 같다.

$\frac{1}{C_s} = \frac{1}{C_1} + \frac{1}{C_2} + \frac{1}{C_3} + \cdots$

$C_s = \frac{4 \times 6}{4 + 6} = \frac{24}{10} = 2.4 \mu F$

52 정답 ③

두 전하의 작용하는 정전기력은 쿨롱의 법칙에 의해 $F = k\dfrac{Q_1 Q_2}{r^2}$

에서 쿨롱 상수 k값은 $\dfrac{1}{4\pi\epsilon_0} ≒ 9 \times 10^9$이므로 $F = 9 \times 10^9 \times \dfrac{Q_1 Q_2}{r^2}$이다.

53 정답 ③

[자체 인덕턴스(L)]$= \dfrac{N\Phi}{I}$[H]에 대입하면

$L = \dfrac{300 \times 0.05 Wb}{6} = 2.5 H$이다.

54 정답 ④

• 소선 가닥수 : $N = 3n \times (n+1) + 1$ (n : 층수)
• 연선의 직경 : $D = (2n+1) \times d$ (d : 소선의 직경)

소선 가닥수 $N = 37$, 소선의 직경 $D = 3.2mm$이므로
$37 = 3n \times (n+1) + 1 \rightarrow n = 3$
$D = (2 \times 3 + 1) \times 3.2 = 22.4$

55 정답 ④

$P_L = 3I^2 R = \dfrac{P^2 R}{V^2 \cos^2\theta} = \dfrac{P^2 \rho l}{V^2 \cos^2\theta A}$ [W]에서 $P_L \propto P^2$

$3P_L = (\sqrt{3} P)^2 = (1.732P)^2$

56 정답 ④

부하가 서서히 증가할 때의 극한전력을 정태안정 극한전력이라 한다.

안정도
전력계통에서 주어진 조건하에서 안정하게 운전을 계속할 수 있는 능력

안정도의 종류
• 정태안정도 : 부하를 서서히 증가할 경우 계속해서 송전할 수 있는 능력으로 이때의 최대전력을 정태안정 극한전력이라 한다.
• 과도안정도 : 계통에 갑자기 부하가 증가하여 급격한 교란이 발생해도 정전을 일으키지 않고 계속해서 공급할 수 있는 최댓값
• 동태안정도 : 고성능 AVR에 의해서 계통안정도를 종전의 정태안정도의 한계 이상으로 향상시킬 경우의 안정도
• 동기안정도 : 전력계통에서의 안정도란 주어진 운전조건하에서 계통이 안전하게 운전을 계속할 수 있는가의 능력

57 정답 ③

$P = 9.8\omega\tau$
$= 9.8 \times 2\pi \times n \times \tau$
$= 9.8 \times 2\pi \times \dfrac{N}{60} \times W \times L$ ($\because \tau = WL$, $n = \dfrac{N}{60}$)
$= 9.8 \times 2 \times 3.14 \times \dfrac{1,500}{60} \times 5 \times 0.6 ≒ 4.616 kW$

58 정답 ①

이상적인 정전류의 단자 전압과 출력 전류의 관계 그래프이다.

오답분석
③ 이상적인 정전압원의 그래프이다.

59

정답 ③

전기자 동손은 부하손으로 전기자 권선에 전류가 흐르면서 생기는 동손이다.

오답분석

①·②·④ 무부하로 운전하고 있을 때 생기는 손실이다.

> **동기기 손실의 종류**
> - 고정손(무부하손) : 부하의 변화에 무관한 손실
>   - 철손 → 와류손, 히스테리시스손
>   - 기계손 → 마찰손, 베어링손, 풍손
> - 가변손(부하손) : 부하의 변화에 따라 변하는 손실
>   - 동손
>   - 표유부하손

60

정답 ①

Δ 결선의 $I = \dfrac{\sqrt{3}\,V}{Z}$, Y 결선의 $I = \dfrac{V}{\sqrt{3}\,Z}$

$$\dfrac{Y\ 결선의\ I}{\Delta\ 결선의\ I} = \dfrac{\dfrac{V}{\sqrt{3}\,Z}}{\dfrac{\sqrt{3}\,V}{Z}} = \dfrac{1}{3}$$

61

정답 ③

- 전류계는 부하에 직렬로 연결한다. 전류계는 저항이 매우 작아서 병렬로 연결하면 전기 회로의 대부분의 전류가 저항이 작은 전류계로 흘러 정확한 전류 측정이 어렵기 때문이다.
- 전압계는 부하에 병렬로 연결한다. 전압계는 저항이 매우 커서 직렬로 연결하면 전기 회로 전체 저항이 매우 커져서 전류가 잘 흐르지 않기 때문이다.

62

정답 ①

입력 어드미턴스이므로 1차측 전압에 의한 전류로 해석

- 등가회로 : RLC 직렬회로

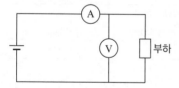

임피던스

$$Z = R + \left(j\omega L + \dfrac{1}{j\omega C}\right),\ s = j\omega\ 대입$$

$$= R + \left(sL + \dfrac{1}{sC}\right) = R + \left(\dfrac{s^2 LC + 1}{sC}\right) = \dfrac{sCR + s^2 LC + 1}{sC}$$

어드미턴스

$$Y = \dfrac{1}{Z} = \dfrac{sC}{s^2 LC + sCR + 1}$$

$$= \dfrac{s(20 \times 10^{-3})}{s^2(10 \times 10^{-3} \times 20 \times 10^{-3}) + s(20 \times 10^{-3} \times 2) + 1}$$

$$= \dfrac{s(2 \times 10^{-2})}{s^2(2 \times 10^{-4}) + s(4 \times 10^{-2}) + 1}$$

$$= \dfrac{200s}{2s^2 + 400s + 10,000},\ 2로\ 약분$$

$$= \dfrac{100s}{s^2 + 200s + 5,000}$$

63

정답 ①

반발 기동형 > 반발 유도형 > 콘덴서 기동형 > 분상 기동형 > 셰이딩 코일형

64

정답 ①

$$E_{d\alpha} = \dfrac{1}{T}\int e\,d\theta = \dfrac{\sqrt{2}\,V}{\pi}\left(\dfrac{1 + \cos\alpha}{2}\right)$$

$$\therefore\ E = \dfrac{\sqrt{2}\,V}{\pi}\left(\dfrac{1 + \cos 60°}{2}\right) = 0.338\text{V}$$

65

정답 ②

KEC 222.1.2(연접 인입선 시설 조건)

- 분기되는 점에서 100m를 초과하지 말 것
- 폭 5m을 초과하는 도로를 횡단하지 말 것
- 옥내를 통과하지 말 것
- 전선의 굵기는 2.6mm 이상 또는 인장강도 2.30kN 이상일 것

66

정답 ③

특고압 가공전선로의 지지물로 사용하는 B종 철주, B종 철근 콘크리트주 또는 철탑의 종류는 다음과 같다.

- 직선형 : 전선로의 3° 이하인 수평각도를 이루는 곳을 포함한 직선 부분에 사용하는 것
- 각도형 : 전선로 중 3°를 초과하는 수평각도를 이루는 곳에 사용하는 것
- 인류형 : 전가섭선을 인류하는 곳에 사용하는 것
- 내장형 : 전선로의 지지물 양쪽의 경간의 차가 큰 곳에 사용하는 것
- 보강형 : 전선로의 직선 부분에 그 보강을 위하여 사용하는 것

67

정답 ③

KEC 333.26(특고압 가공전선과 저·고압 가공전선 등의 접근 또는 교차 시 이격거리)

사용전압의 구분	이격거리
60kV 이하	2m
60kV 초과	• 이격거리＝2＋단수×0.12m • 단수＝$\frac{(전압kV-60kV)}{10kV}$ 단수 계산에서 소수점은 절상

(단수)＝$\frac{345-60}{10}$＝28.5＝29단, N＝단수×0.12m

∴ (이격거리)＝2＋(0.12m×29)＝5.48m

68

정답 ②

$t=0$일 때, 순시값으로의 전압과 전류는 다음과 같다.

• 전압 : $e=100\sin(377t+\frac{\pi}{3})=100\sin(377×0+\frac{\pi}{3})$

$\qquad =100\sin\frac{\pi}{3}=50\sqrt{3}$ V

• 전류 : $I=\frac{V}{R}=\frac{50\sqrt{3}}{10}=5\sqrt{3}$ A

69

정답 ④

부하의 결선 방법에 관계없이 다음과 같이 나타낼 수 있다.

(3상 전력)＝$\sqrt{3}$ ×(선간 전압)×(선전류)×(역률)[W]

70

정답 ③

접지공사를 하는 주된 목적은 감전사고 방지이다. 이외에도 전로의 대지 전압 상승 방지와 보호계전기의 동작 확보, 이상 전압의 억제 등을 목적으로 공사를 한다.

71

정답 ③

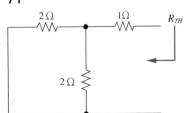

테브난 등가저항 : 전압원 단락, 전류원 개방

$R_{TH}=\left(\frac{2×2}{2+2}\right)+1=1+1=2\Omega$

72

정답 ①

KEC 211.2(전원의 자동차단에 의한 보호대책)
누전차단기를 저압 전로에 사용하는 경우 일반인이 접촉할 우려가 있는 장소(세대 내 분전반 및 이와 유사한 장소)에는 주택용 누전차단기를 시설하여야 한다.

73

정답 ③

KEC 341.11(고압 및 특고압 전로 중의 과전류차단기의 시설)
고압 또는 특고압 전로 중 기계기구 및 전선을 보호하기 위하여 필요한 곳에 시설

구분	견디는 시간	용단시간
포장 퓨즈	1.3배	2배 전류 – 120분
비포장 퓨즈	1.25배	2배 전류 – 2분

74

정답 ④

KEC 234.1(등기구의 시설)
열 영향에 대한 주변의 보호
등기구의 주변에 발광과 대류 에너지의 열 영향은 다음을 고려하여 선정 및 설치
• 램프의 최대 허용 소모전력
• 인접 물질의 내열성
  – 설치 지점
  – 열 영향이 미치는 구역
• 등기구 관련 표시
• 가연성 재료로부터 적절한 간격을 유지하여야 하며, 제작자에 의해 다른 정보가 주어지지 않으면, 스포트라이트나 프로젝터는 모든 방향에서 가연성 재료로부터 다음의 최소 거리를 두고 설치

정격용량	최소거리
100W 이하	0.5m
100W 초과 300W 이하	0.8m
300W 초과 500W 이하	1.0m
500W 초과	1.0m 초과

75

정답 ③

KEC 512.2(제어 및 보호장치 등)
계측장치
• 축전지 출력단자의 전압, 전류, 전력 및 충방전 상태
• 주요 변압기의 전압, 전류 및 전력

76

용량 리액턴스

$$X_c = \frac{1}{\omega C} = \frac{1}{2\pi f C} = \frac{1}{2\pi \times 10 \times 1 \times 10^{-6}}$$

$$= \frac{1}{2\pi \times 10^{-5}} = \frac{10^5}{2\pi} = \frac{5 \times 10^4}{\pi} \Omega = \frac{50}{\pi} k\Omega$$

77

KEC 121.2(전선의 식별)

전선의 색상은 다음 표에 따른다.

상(문자)	색상
L1	갈색
L2	흑색
L3	회색
N	청색
보호도체	녹색 – 노란색

78

KEC 212.4(과부하전류에 대한 보호)

도체와 과부하 보호장치 사이의 협조

• $I_B \le I_n \le I_Z$

• $I_2 \le 1.45 \times I_Z$

 – I_B : 회로의 설계전류

 – I_Z : 케이블의 허용전류

 – I_n : 보호장치의 정격전류

 – I_2 : 보호장치가 규약시간 이내에 유효하게 동작하는 것을 보장하는 전류

79

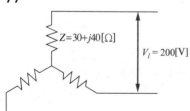

• 상전류

$$I_p = \frac{V_p}{Z_p} = \frac{\frac{200}{\sqrt{3}}}{50} = \frac{200}{50\sqrt{3}} = \frac{4}{\sqrt{3}} A$$

• 무효전력

$$P_r = 3I^2 X = 3 \times \left(\frac{4}{\sqrt{3}}\right)^2 \times 40 = 3 \times \left(\frac{16}{3}\right) \times 40$$

$$= 640 Var$$

80

RL 직렬회로

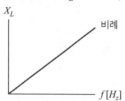

• 임피던스 $Z = R + j\omega L[\Omega]$

• 유도리액턴스 X_L과 주파수 f 관계 : $X_L = \omega L = 2\pi f L[\Omega]$

• 역률 $\cos\theta = \frac{실수}{|Z|}$

• 주파수 f 증가 ⇒ 유도리액턴스 X_L 증가$(X_L \propto f)$

 → 임피던스 Z 증가$(Z \propto \omega L)$

 → 역률 $\cos\theta$ 감소$\left(\cos\theta \propto \frac{1}{Z}\right)$

• 전력 $P = VI\cos\theta[W]$

• 주파수 f 증가 ⇒ 역률 $\cos\theta$ 감소$\left(\cos\theta \propto \frac{1}{Z}\right)$

 → 전력 P 감소

81

전구의 밝기는 소비 전력에 비례한다.

• 100W 전구의 저항 $R_1 = \frac{100^2}{100} = 100\Omega$

• 200W 전구의 저항 $R_2 = \frac{100^2}{200} = 50\Omega$

두 전구를 직렬로 연결하면 흐르는 전류

$$I = \frac{E}{R_1 + R_2} = \frac{100}{150} = \frac{1}{1.5} A$$

• 100W 전구에서 소비되는 전력

$$P_1 = I^2 R_1 = \left(\frac{1}{1.5}\right)^2 \times 100 = \frac{100}{2.25} = 44.4W$$

• 200W 전구에서 소비되는 전력

$$P_2 = I^2 R_2 = \left(\frac{1}{1.5}\right)^2 \times 50 = \frac{50}{2.25} = 22.2W$$

∴ $P_1 > P_2$이므로 100W 전구가 더 밝다.

82
정답 ③

- △결선 임피던스

$$Z = R + jX_L = 90 + j120\,\Omega$$

- △ → Y 변환 : $\dfrac{\triangle}{3}$

$$Z = 30 + j40\,\Omega$$

$$|Z| = \sqrt{(30)^2 + (40)^2} = 50\,\Omega$$

[소비전력(P)]

$$= \sqrt{3}\,V_l I_l \cos\theta = \sqrt{3} \times 200\sqrt{3} \times \left(\frac{V}{|Z|}\right) \times \cos\theta$$

(Y결선에서 상전류)=(선전류)이므로

$$P = \sqrt{3} \times 200\sqrt{3} \times \left(\frac{200}{50}\right) \times 0.6 = 3 \times 200 \times 4 \times 0.6$$

$$= 1,440\text{W}$$

83
정답 ③

KEC 232.51(케이블공사)

케이블 공사에서 전선을 조영재의 아랫면 또는 옆면에 따라 붙이는 경우 지지점 간의 거리는 2m 이하로 한다. 단, 사람이 접촉할 우려가 없는 곳에 수직으로 붙이는 경우는 6m 이하로 한다.

84
정답 ②

KEC 322.5(전로의 중성점의 접지)

접지도체 : 특고압/고압 – 공칭단면적 16mm^2 이상의 연동선
저압 – 공칭단면적 6mm^2 이상의 연동선

85
정답 ④

KEC 142.7(기계기구의 철대 및 외함의 접지)

- 외함에 접지공사를 생략해도 되는 경우
  - 사용전압 직류 300V 또는 교류 대지전압이 150V 이하인 기계기구를 건조한 곳에 시설하는 경우
  - 철대 또는 외함의 주위에 적당한 절연대를 설치하는 경우
  - 정격감도전류가 30mA 이하, 동작시간이 0.03초인 전류동작형의 인체감전 보호용 누전차단기를 시설한 경우

86
정답 ③

정회전 슬립은 $s = \dfrac{N_s - N}{N_s}$ 이며, N_s는 동기속도, N은 회전자속도이다 $\left(s = \dfrac{N_s - N}{N_s} = 1 - \dfrac{N}{N_s} \rightarrow \dfrac{N}{N_s} = 1 - s \right)$.

역회전 슬립은 회전자속도 N에 $-N$을 대입하여 구한다.

즉 $s' = \dfrac{N_s - (-N)}{N_s} = \dfrac{N_s + N}{N_s} = 1 + \dfrac{N}{N_s} = 1 + (1-s) = 2 - s$

이다.

87
정답 ③

(여자 컨덕턴스) $= \dfrac{P_i}{3V_1^2} = \dfrac{1,020}{3\left(\dfrac{3,300}{\sqrt{3}}\right)^2} \fallingdotseq 9.37 \times 10^{-5}\,\Omega$

88
정답 ③

$$P_2 = \frac{10kW}{(1 - 0.048)} = 10.5$$

$P_{c2} = sP_2$ 이므로,

$$\therefore P_{c2} = 0.048 \times 10.5 = 0.5\text{kW}$$

89
정답 ②

$W = \dfrac{1}{2}DE[\text{J/m}^3]$ 에서 $W = \dfrac{1}{2} \times 100 \times 50 = 2,500\text{J/m}^3$

90
정답 ③

전기장의 세기는 전기장 속에 단위 양전하(+1C)를 놓았을 때 단위 양전하에 작용하는 힘으로 정의한다.

91
정답 ①

도체 표면의 전기장은 표면에 수직하게 형성된다.

92
정답 ②

등가회로 – 콘덴서 병렬연결 상태

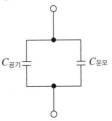

평행판 콘덴서 정전용량

$C = \dfrac{\varepsilon_0 S}{d} = 6\mu\text{F}$, 면적 $S = L$

- $C_{공기} = \dfrac{\varepsilon_0 \varepsilon_s S}{d}$

$S = \dfrac{1}{3}L$, $\varepsilon_s = 1$을 대입하면 $= \dfrac{1}{3}\dfrac{\varepsilon_0 L}{d} = \dfrac{1}{3}C = \dfrac{1}{3} \times 6 = 2\mu\text{F}$

- $C_{운모} = \dfrac{\varepsilon_0 \varepsilon_s S}{d}$

$S = \dfrac{2}{3}L$, $\varepsilon_s = 3$을 대입하면 $= \dfrac{\varepsilon_0 \times 3 \times \dfrac{2}{3}L}{d} = 2\dfrac{\varepsilon_0 L}{d} = 2C$

$= 2 \times 6 = 12\mu\text{F}$

$\therefore C_0 = C_{공기} + C_{운모} = 14\mu\text{F}$

93
정답 ②

$a=2a$, $b=2b$를 대입하면

$$C' = \frac{4\pi\varepsilon_0 \cdot 2a2b}{2b-2a} = \frac{4\pi\varepsilon_0 \cdot 4ab}{2(b-a)} = \frac{4\pi\varepsilon_0 \cdot 2ab}{(b-a)} = 2C$$

94
정답 ①

LA는 Lightning Arrester의 약자로, 전기시설에 침입하는 낙뢰에 의한 이상 전압에 대하여 그 파고값을 감소시켜 기기를 절연 파괴에서 보호하는 장치이다.

오답분석

② PF(Power Fuse) : 전력퓨즈라고 하며, 퓨즈에 일정 이상의 전류가 일정 시간 이상 흐를 때 퓨즈 요소가 줄 열에 의해 용단되어 전기 회로를 개방하는 보호 조치이다.

③ SA(Surge Absorber) : 진공 차단기와 같은 큰 개폐서지로부터 기기를 보호한다.

④ COS(Cut Out Switch) : 고압컷아웃으로 변압기 보호와 개폐를 위한 것이다.

95
정답 ①

Y결선 → △결선으로 변형

• 상전압 $V_p = \dfrac{V_l}{\sqrt{3}} = \dfrac{20}{\sqrt{3}}\,\text{kV}$

• 선전류 $I_l = \sqrt{3}\,I_p = \sqrt{3} \times 6 = 6\sqrt{3}\,\text{A}$

96
정답 ④

[콘덴서 용량(Q)]$= P(\tan\theta_1 - \tan\theta_2)$에서

$$\tan\theta_1 = \frac{\sqrt{1-\cos^2\theta_1}}{\cos\theta_1}, \ \tan\theta_2 = \frac{\sqrt{1-\cos^2\theta_2}}{\cos\theta_2}$$

$$\therefore\ Q = P\left(\frac{\sqrt{1-\cos^2\theta_1}}{\cos\theta_1} - \frac{\sqrt{1-\cos^2\theta_2}}{\cos\theta_2} \right)$$

$$= 300 \times \left(\frac{\sqrt{1-0.9^2}}{0.9} - \frac{\sqrt{1-0.95^2}}{0.95} \right)$$

$$= 46.5\text{kVA}$$

97
정답 ②

KEC 203.4(IT 계통)

• 충전부 전체를 대지로부터 절연시키거나, 한 점을 임피던스를 통해 대지에 접속시킨다. 전기설비의 노출도전부를 단독 또는 일괄적으로 계통의 PE도체에 접속시킨다. 배전계통에서 추가접지가 가능하다.

• 계통은 충분히 높은 임피던스를 통하여 접지할 수 있다. 이 접속은 중성점, 인위적 중성점, 선도체 등에서 할 수 있다. 중성선은 배선할 수도 있고, 배선하지 않을 수도 있다.

98
정답 ④

KEC 362.2(전력보안통신선의 시설 높이와 이격거리)

• 통신선이 도로ㆍ횡단보도교ㆍ철도의 레일 또는 삭도와 교차하는 경우에는 통신선은 단면적 16mm²(지름 4mm)의 절연전선과 동등 이상의 절연 효력이 있는 것, 인장강도 8.01kN 이상의 것 또는 단면적 25mm²(지름 5mm)의 경동선일 것

• 통신선과 삭도 또는 다른 가공약전류 전선 등 사이의 이격거리는 0.8m(통신선이 케이블 또는 광섬유 케이블일 때는 0.4m) 이상으로 할 것

99
정답 ①

KEC 231.4(나전선의 사용 제한)

다음 경우를 제외하고 나전선을 사용하여서는 아니 된다.

• 애자사용배선(전개된 곳)
  − 전기로용 전선로
  − 절연물이 부식하기 쉬운 곳

• 접촉 전선을 사용한 곳

• 라이팅덕트배선 또는 버스덕트배선

100
정답 ②

$$\frac{(\text{자기 용량})}{[\text{부하 용량(2차 출력)}]} = \frac{V_h - V_l}{V_h}$$

| 02 | 기계일반(기계직)

51	52	53	54	55	56	57	58	59	60
③	④	③	③	③	②	④	②	②	③
61	62	63	64	65	66	67	68	69	70
②	①	①	②	④	③	③	③	②	①
71	72	73	74	75	76	77	78	79	80
④	①	①	④	②	④	②	②	②	④
81	82	83	84	85	86	87	88	89	90
③	①	①	①	①	④	①	②	④	②
91	92	93	94	95	96	97	98	99	100
②	④	②	③	①	①	①	④	①	②

51 정답 ③

공동현상(Cavitation) 방지책
• 펌프의 운전속도는 규정속도(3.5m/s) 이하가 되도록 할 것
• 흡입관의 굵기는 유압 펌프 본체의 연결구의 크기와 같은 것을 사용할 것
• 흡입구의 양정은 1m 이하로 할 것
• 기름탱크 내 기름의 점도는 800ct를 넘지 않도록 할 것

52 정답 ④

$$[\text{열효율}(\eta_c)] = \frac{W}{Q_1} = 1 - \frac{T_2}{T_1}$$

$$W = Q_1 \times (1 - \frac{T_2}{T_1}) = 400 \times (1 - \frac{50 + 273.15}{300 + 273.15}) ≒ 174.5kJ$$

53 정답 ③

스테이터는 유체 토크컨버터의 구성요소로서 유체 흐름의 방향을 일정하게 유지시키고, 힘을 전달하는 매질 역할을 한다.

오답분석
① 축압기 : 충격을 흡수하고, 유압 회로 내 맥동을 제거 또는 완화한다.
② 유체 커플링 : 축에 펌프와 수차의 날개차를 직접 연결하여 원동축의 펌프로 일정량의 액체 수차에 송급하여 종동축을 회전시킨다.
④ 토크 컨버터 : 동력전달이나 유체 변속을 유체의 유동으로 실행하는 장치이다.

54 정답 ③

한줄 겹치기이음에서 리벳구멍 사이가 절단된다는 것은 이 구멍 사이의 단면부분들만이 리벳에 작용하는 외력에 견디므로, 응력 계산 시에는 이 구멍 사이의 단면적을 하중에 대항하는 단면적으로 적용해야 한다. 따라서 이 부분의 단면적은 $(p-d)t$로 계산이 가능하다. 위의 단면적 관련 식을 응력 공식에 대입하여 리벳의 이음강도(P)를 구하면 다음과 같다.

$$\sigma_t = \frac{P}{A} = \frac{P}{(p-d)t} \rightarrow P = (p-d)t\,\sigma_t$$

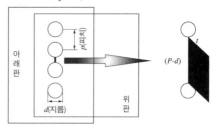

55 정답 ③

선택적 레이저소결법(SLS; Selective Laser Sintering)은 고분자 재료나 금속 분말가루를 한 층씩 도포한 후 여기에 레이저 광선을 쏘아서 소결시킨 후 다시 한 층씩 쌓아 올려서 형상을 만드는 방법으로 미세한 분말가루를 소결시켜 만들기 때문에 다른 신속조형기술법 등보다 강도가 높은 제품의 제작이 가능하다.

56 정답 ②

캠 기구는 불규칙한 모양을 가지고 구동 링크의 역할을 하는 캠이 회전하면서 거의 모든 형태의 종동절의 상·하운동을 발생시킬 수 있는 간단한 운동변환장치로 내연기관의 밸브개폐 기구 등에 사용된다.

57 정답 ④

마그네슘(Mg)은 구리(Cu)보다 열전도율이 낮다.

금속의 열전도율 및 전기전도율
Ag>Cu>Au>Al>Mg>Zn>Ni>Fe>Pb>Sb

58
정답 ②

절삭가공은 바이트와 같은 절삭공구로 공작물을 깎아 내는 작업으로 전성, 연성과는 관련성이 낮다. 따라서 절삭가공에 속하는 구멍 뚫기와 밀링가공, 선삭가공은 연성이나 전성을 이용한 가공법으로 볼 수 없다.

전성과 연성의 특징
- 전성 : 넓게 펴지는 성질로 가단성으로도 불린다. 전성(가단성)이 크면 큰 외력에도 쉽게 부러지지 않아서 단조가공의 난이도를 나타내는 척도로 사용된다.
- 연성 : 탄성한도 이상의 외력이 가해졌을 때 파괴되지 않고 잘 늘어나는 성질을 말한다.

59
정답 ②

$f = f_z \times z \times n$($f$: 테이블의 이송 속도, f_z : 밀링 커터날 1개의 이송, z : 밀링 커터날의 수, n : 밀링 커터의 회전수)
$= 0.1 \times 10 \times 2,000 = 2,000$mm/min

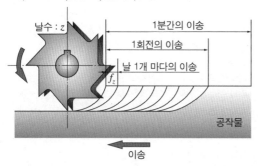

60
정답 ③

이의 간섭에 대한 원인과 대책

원인	• 압력각이 작을 때 • 피니언의 잇수가 극히 적을 때 • 기어와 피니언의 잇수비가 매우 클 때
대책	• 압력각을 크게 한다. • 피니언의 잇수를 최소치수 이상으로 한다. • 기어의 잇수를 한계치수 이하로 한다. • 치형을 수정한다. • 기어의 이 높이를 줄인다.

61
정답 ②

피로한도는 내구한도라고도 하며, 재료가 반복 하중을 받아도 끊어지지 않는 한계에서의 응력 최댓값을 말한다. 따라서 인장 – 압축시험으로 피로한도를 평가한다.

62
정답 ①

공기 정압 베어링은 일반 구름 베어링처럼 볼이나 롤러를 사용하지 않고, 압축공기의 압력만을 이용한다.

63
정답 ①

어닐링(Annealing : 풀림)은 재료 결정 조직 또는 내부응력 제거를 위한 기본 열처리법으로, 충분한 시간을 들여 천천히 냉각시키는 방법이다. 기본 열처리법에는 담금질(퀜칭), 뜨임(템퍼링), 풀림(어닐링), 불림(노멀라이징)이 있다.

표면경화법의 종류

종류		침탄재료
화염경화법		산소 – 아세틸렌불꽃
고주파경화법		고주파 유도전류
질화법		암모니아가스
침탄법	고체침탄법	목탄, 코크스, 골탄
	액체침탄법	KCN(시안화칼륨), NaCN(시안화나트륨)
	가스침탄법	메탄, 에탄, 프로판
금속침투법	세라다이징	Zn
	칼로라이징	Al
	크로마이징	Cr
	실리코나이징	Si
	보로나이징	B(붕소)

64
정답 ②

하향절삭은 커터 날과 공작물의 이송 방향이 같아서 절삭 시 백래시(뒤틈)가 발생하기 때문에 백래시 제거장치가 반드시 필요하다.

65
정답 ④

(가)는 ㄷ에 대한 설명이고 (나)는 ㄱ에 대한 설명이고 (다)는 ㄴ에 대한 설명이다.

금속의 경도시험의 정류
- 쇼어 경도(H_S) : 낙하시킨 추의 반발높이를 이용하는 충격 경도 시험
- 브리넬 경도(H_B) : 구형 누르개를 일정한 시험하중으로 시험편에 압입시켜 시험하며, 이때 생긴 압입 자국의 표면적을 시험편에 가한 하중으로 나눈 값이다.
- 로크웰 경도(H_R) : 원추각이 120°, 끝단 반지름이 0.2mm인 원뿔형 다이아몬드를 누르는 방법(HRC)과 지름이 1.588mm인 강구를 누르는 방법(HRB)의 2가지가 있다.

66 　　　　　　　　　　　　　정답 ③

응력집중이란 단면이 급격히 변화하는 부분에서 힘의 흐름이 심하게 변화할 때 발생하는 현상을 말하며, 이를 완화하려면 단이 진 부분의 곡률반지름을 크게 하거나 단면을 완만하게 변화시킨다. 응력집중계수(k)는 단면부의 평균응력에 대한 최대응력 비율로 구할 수 있으며, 계수값은 재질과 무관하게 노치부의 존재여부나 급격한 단면변화와 같이 재료의 형상변화에 큰 영향을 받는다.

67 　　　　　　　　　　　　　정답 ③

① 심압대 편위량(e)을 구하는 식은 $e = \dfrac{L(D-d)}{2l}$ 이다.

② 복식 공구대는 길이가 짧고 테이퍼 각이 큰 공작물의 절삭에 주로 사용한다.

④ 심압대 편위에 의한 가공은 비교적 길이가 긴 공작물에 주로 사용한다.

68 　　　　　　　　　　　　　정답 ③

크리프(Creep)시험은 고온에서 재료에 일정 크기의 하중을 작용시키면 시간에 따라 변형이 증가하는 현상을 알아보는 것으로 온도에 따른 재료의 특성인 크리프한계를 결정하거나 예측하기 위한 시험법이다.

69 　　　　　　　　　　　　　정답 ②

$$S = \frac{[극한강도(\sigma_u)]}{[허용응력(\sigma_a)]} = \frac{240 \times 10^6}{\dfrac{18 \times 10^3}{0.05 \times 0.012}} = 8$$

따라서 안전율은 8이다.

70 　　　　　　　　　　　　　정답 ①

기어 A와 기어 B가 서로 맞물려 돌아가므로 이 두 기어에 가해지는 동력은 서로 같다.

② 기어 A의 잇수가 기어 B보다 2배 더 많으므로 기어 A가 한 바퀴 회전할 때 기어 B는 2바로 더 회전하기 때문에 기어 B는 A보다 회전각속도가 2배이다.

③ 모듈(m)은 기어의 크기를 나타내는 척도인데 기어가 서로 맞물려 돌아가려면 모듈은 같아야 한다.

④ $PCD(D) = mZ$에서 모듈을 2로 가정하고 $D_A = mZ_A$, $D_B = mZ_B$에 대입하면 $100 = 2 \times Z_A$, $50 = 2 \times Z_B$이므로 $Z_A = 50$, $Z_B = 25$가 된다. 따라서 기어 B의 잇수(Z_B)는 A의 절반이다.

71 　　　　　　　　　　　　　정답 ④

고주파 경화법은 고주파 유도 전류로 강(Steel)의 표면층을 급속 가열한 후 급랭시키는 방법으로 가열 시간이 짧고, 피가열물에 대한 영향을 최소로 억제하며 표면을 경화시키는 표면경화법이다. 고주파수는 소형 제품이나 깊이가 얕은 담금질 층을 얻고자 할 때, 낮은 주파수는 대형 제품이나 깊은 담금질 층을 얻고자 할 때 사용한다.

기본 열처리 4단계

- 담금질(Quenching ; 퀜칭) : 재료를 강하게 만들기 위하여 변태점 이상의 온도인 오스테나이트 영역까지 가열한 후 물이나 기름 같은 냉각제 속에 집어넣어 급랭시킴으로써 강도와 경도가 큰 마텐자이트 조직을 만들기 위한 열처리 조작이다.

- 뜨임(Tempering ; 템퍼링) : 잔류 응력에 의한 불안정한 조직을 A_1 변태점 이하의 온도로 재가열하여 원자들을 안정적인 위치로 이동시킴으로써 잔류응력을 제거하고 인성을 증가시키기 위한 열처리법이다.

- 풀림(Annealing ; 어닐링) : 강 속에 있는 내부 응력을 제거하고 재료를 연하게 만들기 위해 A_1 변태점 이상의 온도로 가열한 후 가열 노나 공기 중에서 서랭함으로써 강의 성질을 개선하기 위한 열처리법이다.

- 불림(Normalizing ; 노멀라이징) : 주조나 소성가공에 의해 거칠고 불균일한 조직을 표준화 조직으로 만드는 열처리법으로 A_3변태점보다 $30 \sim 50℃$ 높게 가열한 후 공랭시킴으로써 만들 수 있다.

72 　　　　　　　　　　　　　정답 ①

사출성형품에 수축 불량이 발생하는 원인은 금속이 응고할 때 부피가 수축되는 현상 때문인데, 이를 방지하기 위해서는 용탕을 추가로 보충해 주거나 급랭을 피해야 한다. 따라서 성형수지의 온도를 낮추는 것은 해결방안이 아니다.

73 　　　　　　　　　　　　　정답 ①

릴리프 밸브는 유압회로에서 회로 내 압력이 소정입력 이상이 되면 그 압력에 의해 밸브가 열려 가스를 외부로 내보내 압력을 일정하게 유지시키는 역할을 하는 밸브로서 안전 밸브의 역할을 한다.

② 교축 밸브 : 통로의 단면적을 변화시켜 유량을 조절하고자 할 때 사용하는 밸브이다.

③ 카운터 밸런스 밸브 : 중력에 의한 낙하방지 및 배압을 유지하는 압력제어 밸브이다.
④ 시퀀스 밸브 : 정해진 순서에 따라 순차적으로 작동시키는 밸브로서 주회로에서 두 개 이상의 분기회로를 가질 때 기계의 조작순서를 조정할 수 있다.

74 정답 ④

재료의 내부나 표면에 어떤 잔류응력이 남았다면 그 재료의 피로수명은 감소한다. 잔류응력은 변형 후 외력을 제거한 상태에서 소재에 남아있는 응력을 뜻하며, 물체 내의 온도구배에 의해 발생가능하고, 추가적인 소성변형에 의해 감소될 수도 있다.

75 정답 ②

[탄성에너지(U)]$=\frac{1}{2}P\delta$식을 응용하면

$U=\frac{1}{2}P\delta=\frac{P}{2}\frac{PL}{AE}=\frac{P^2L}{2AE}=\frac{\sigma^2AL}{2E}$ 가 된다.

$U=\frac{\sigma^2AL}{2E}$ 이 식에서 신장량(L)을 2배로 늘리면, $2L$이 다시 인장 응력값의 제곱(σ^2)과 곱하게 된다. $A\times\sigma^2\times2L$이 되므로 결국 σ^2의 2배라고 생각할 수 있으므로 탄성변형에너지(U)는 4배가 된다.

> **탄성에너지(U) 구하는 식**
> $U=\frac{1}{2}P\delta=\frac{P}{2}\frac{PL}{AE}=\frac{P^2L}{2AE}=\frac{\sigma^2AL}{2E}$

76 정답 ④

구성인선(Built Up Edge)은 재질이 연하고 공구재료와 친화력이 큰 재료를 절삭가공할 때, 칩과 공구의 윗면 사이의 경사면에 발생되는 높은 압력과 마찰열로 인해 칩의 일부가 공구의 날 끝에 달라붙어 마치 절삭날과 같이 공작물을 절삭하는 현상이다. 구성인선을 방지하기 위해서 절삭깊이를 작게 하고, 절삭속도는 빠르게 한다. 또한, 윤활성이 높은 절삭유를 사용하고 마찰계수가 작고 피가 공물과 친화력도 작은 절삭공구를 사용한다.

77 정답 ②

디젤노크의 방지대책은 실린더 외벽의 온도를 높게 한다.

> **디젤노크의 방지대책**
> • 실린더 체적을 크게 한다.
> • 압축비와 세탄가를 높게 한다.
> • 엔진의 회전속도와 착화온도를 낮게 한다.
> • 흡기온도와 실린더 외벽의 온도를 높게 한다.

78 정답 ②

불림처리는 결정립을 조대화시키지 않는다.

> **불림(Normalizing : 노멀라이징)**
> 주조나 소성가공에 의해 거칠고 불균일한 조직을 표준화 조직으로 만드는 열처리법으로 A_3변태점보다 $30\sim50℃$ 높게 가열한 후 공랭시킴으로써 만들 수 있다.

79 정답 ②

• (접선가속도)$=r\times\alpha$(각가속도)$=2\times1,000=2,000\text{m/sec}^2$,
방향 : $\overrightarrow{EA}$
• (법선가속도)$=r\times\omega^2$ (각속도)$=2\times10^2=200\text{m/sec}^2$,
방향 : $\overrightarrow{EO}$

80 정답 ④

[카르노사이클의 열효율 (η)]$=1-\frac{Q_L}{Q_H}$

$0.3=1-\frac{Q_L}{200}$

$Q_L=(1-0.3)\times200=140\text{kJ}$이다.

81 정답 ③

디젤 기관이 가솔린 엔진보다 작동압력(압축 및 연소압력) 및 출력당 중량이 더 크고 제작 단가도 더 비싸다.

가솔린 기관과 디젤 기관의 차이점

구분	가솔린 기관	디젤 기관
점화방식	전기 불꽃 점화	압축 착화
최대압력	$30\sim35\text{kg}_f/\text{cm}^2$	$65\sim70\text{kg}_f/\text{cm}^2$
열효율	작다.	크다.
압축비	$6\sim11:1$	$15\sim22:1$
연소실 형상	간단하다.	복잡하다.
연료공급	기화기 또는 인젝터	분사펌프, 분사노즐
진동 및 소음	작다.	크다.
출력당 중량	작다.	크다.
제작비	저렴하다.	비싸다.

82

정답 ①

수격현상은 관내를 흐르는 유체의 유속이 급히 바뀌면 유체의 운동에너지가 압력에너지로 변하면서 관내압력이 비정상적으로 상승하여 배관이나 펌프에 손상을 주는 현상이다. 송출량과 송출압력이 주기적으로 변하는 현상은 맥동현상이다.

> **맥동현상(서징현상, Surging)**
> 펌프 운전 중 압력계의 눈금이 주기적이며 큰 진폭으로 흔들림과 동시에 토출량도 변하면서 흡입과 토출배관에서 주기적으로 진동과 소음을 동반하는 현상이며 영어로는 서징(Surging)현상이라고 한다.

83

정답 ①

실루민에 대한 설명이다.

오답분석
② 두랄루민 : Al-Cu-Mg-Mn계 합금으로 주로 항공기 재료로 사용된다.
③ Y합금(내열합금) : Al-Cu 4% - Ni 2% - Mg 1.5%, 내연기관의 실린더 및 피스톤에 사용된다.
④ 코비탈륨 : Y합금에 Ti, Cu 0.5%를 첨가한 내열합금이다.

84

정답 ①

2축 응력(서로 직각인 두 수직응력의 합성)에서
$\sigma_n = \sigma_x \cos^2\theta + \sigma_x \sin^2\theta$

법선응력(σ_n)
$= \frac{1}{2}(\sigma_x + \sigma_y) + \frac{1}{2}(\sigma_x - \sigma_y)\cos 2\theta$
$= \frac{1}{2}(132.6 + 45.6) + \frac{1}{2}(132.6 - 45.6) \times \cos(2 \times 60°)$
$= 67.4\text{MPa}$

전단응력(τ)
$= \sigma_x \cos\theta \sin\theta - \sigma_y \cos\theta \sin\theta$
$= (\sigma_x - \sigma_y)\cos\theta \sin\theta$
$= \frac{1}{2}(\sigma_x - \sigma_y)\sin 2\theta$
$= \frac{1}{2}(132.6 - 45.6) \times \sin(2 \times 60°)$
$= 37.7\text{MPa}$

85

정답 ①

오답분석
② 단조가공
③ 인발가공
④ 압연가공

86

정답 ④

코킹(Caulking)은 물이나 가스 저장용 탱크를 리벳팅한 후 기체 밀폐와 물 밀폐를 유지하기 위해 날 끝이 뭉뚝한 정(코킹용 정)을 사용하여 리벳머리 등을 쪼아서 틈새를 없애는 작업이다.

87

정답 ①

액체호닝은 물과 혼합한 연마제를 압축공기를 이용하여 노즐로 고속으로 분사시켜 공작물의 표면을 곱게 다듬는 가공법이다.

오답분석
② 래핑 : 랩(Lap)과 공작물의 다듬질할 면 사이에 랩제를 넣고 압력으로 누르면서 연삭작용으로 표면을 깎아내어 다듬는 가공법이다.
③ 호닝 : 드릴링, 보링, 리밍 등으로 1차 가공한 재료를 더욱 정밀하게 연삭하는 가공법이다.
④ 슈퍼피니싱 : 입도와 결합도가 작은 숫돌을 낮은 압력으로 공작물에 접촉하고 가볍게 누르면서 진동으로 왕복운동하면서 공작물을 회전시켜 제품의 표면을 평평하게 다듬질하는 가공법이다.

88

정답 ②

인성(Toughness)이란 재료의 파괴가 일어나기 전까지의 재료의 에너지 흡수력을 말한다.

89

정답 ④

냉간가공을 하면 결정립의 변형으로 인한 단류선이 형성되고, 전위의 집적으로 인한 가공경화, 가공 시 불균질한 응력을 받아 잔류응력이 발생한다. 풀림효과에 의한 연성, 인성, 연신율도 감소한다.

90

정답 ②

절삭속도(v) 구하는 식은 $v = \frac{\pi dn}{1,000}$ 이며, v는 절삭속도, d는 공작물의 지름, n은 주축 회전수를 나타낸다.
$v = \frac{\pi dn}{1,000} \rightarrow n = \frac{1,000v}{\pi d} = \frac{1,000 \times 196}{3.14 \times 50}$
$\rightarrow n ≒ 1,248\text{rpm} \rightarrow 1,250\text{rpm}$
따라서 회전수는 약 1,250rpm이다.

91

정답 ②

원심 펌프(Centrifugal Pump)에는 벌루트 펌프와 터빈 펌프가 있으며, 임펠러를 회전시켜 원심력을 받은 유체가 낮은 곳에서 높은 곳으로 이동할 수 있게 한다.

92 정답 ④

V벨트는 벨트 풀리와의 마찰이 크므로 접촉각이 작더라도 미끄럼이 생기기 어렵고 속도비를 높일 수 있어 동력 전달에 좋다.

> **V벨트의 특징**
> • 고속운전이 가능하다.
> • 벨트를 쉽게 끼울 수 있다.
> • 미끄럼이 적고 속도비가 크다.
> • 이음매가 없어서 운전이 정숙하다.
> • 접촉 면적이 넓어서 큰 회전력 전달이 가능하다.
> • 조작이 간단하고 비용이 싸다.

93 정답 ②

키의 전달강도가 큰 순서는 '스플라인키>경사키>평키>안장키(새들키)'이다.

94 정답 ③

강의 열처리 조직의 경도는 '페라이트<펄라이트<소르바이트<트루스타이트<마텐자이트' 순서로 높아진다. 참고로 강의 열처리조직 중 철(Fe)에 탄소(C)가 6.67% 함유된 시멘타이트 조직의 경도가 가장 높다.

95 정답 ①

재결정은 특정한 온도에서 이전의 입자들과 다른 변형 없는 새로운 입자가 형성되는 현상이다. 재결정의 특징으로 가공도가 클수록, 가열시간이 길수록, 냉간가공도가 커질수록 재결정온도는 낮아진다. 일반적으로 재결정온도는 약 1시간 안에 95% 이상 재결정이 이루어지는 온도로 정의되며, 금속의 용융온도를 절대온도 T_m 이라 할 때 재결정온도는 대략 $0.3 \sim 0.5\,T_m$ 범위에 있다.

금속의 재결정온도

금속	온도(℃)	금속	온도(℃)
주석(Sn)	상온 이하	은(Ag)	200
납(Pb)	상온 이하	금(Au)	200
카드뮴(Cd)	상온	백금(Pt)	450
아연(Zn)	상온	철(Fe)	450
마그네슘(Mg)	150	니켈(Ni)	600
알루미늄(Al)	150	몰리브덴(Mo)	900
구리(Cu)	200	텅스텐(W)	1,200

96 정답 ①

입도란 숫돌입자 크기를 숫자로 나타낸 것으로 연삭 가공면의 표면 정밀도를 결정하는 주요 요소이다. 입도번호가 클수록 더 고운 입자임을 나타내는 수치이므로 입도번호가 클수록 우수한 표면을 가진 제품을 얻을 수 있다.

97 정답 ④

핀의 종류
• 테이퍼 핀 : 1/50의 테이퍼가 있는 핀으로 구멍에 박아 부품을 고정시키는 데 사용된다.
• 평행 핀 : 테이퍼가 붙어 있지 않은 핀으로 빠질 염려가 없는 곳에 사용된다.
• 조인트 핀 : 2개 부품을 연결할 때 사용되고 조인트 핀을 축으로 회전한다.
• 분할 핀 : 한쪽 끝이 2가닥으로 갈라진 핀으로 축에 끼워진 부품이 빠지는 것을 방지한다.
• 스프링 핀 : 스프링 강대를 원통형으로 성형, 종방향으로 틈새를 부여한 핀으로 외경보다 약간 작은 구멍경에 삽입함으로써 핀의 이탈을 방지한다.

98 정답 ③

나무토막이 일부 잠긴 채 떠 있다는 것은 나무토막에 작용하는 힘이 평형상태임을 나타낸다. 따라서 나무토막에 작용하는 부력과 중력의 크기는 같다.

99 정답 ①

환경경영체제에 관한 국제표준화기구(ISO; International Organization for Standardization)의 통칭으로, 기업 활동 전반에 걸친 환경경영체제를 평가하여 객관적으로 인증하는 시스템을 'ISO 14000'이라 한다.

오답분석

② ISO 9004 : 품질경영시스템이 국제표준화기구(ISO)가 제정한 ISO 9001의 기반으로 성과개선지침을 추가하여 경영에 적용하고 있음을 인증하는 시스템이다.
③ ISO 9001 : 제품 및 서비스에 이르는 전 생산 과정에 걸친 품질보증 체계를 의미한다.
④ ISO 9000 : 각 기업에 맞는 품질시스템을 수립하여 제3의 인증기관으로부터 자사 품질시스템의 적합성과 실행상태를 평가받아, 고객에게 신뢰할 수 있는 제품과 서비스를 공급하는 체제(System)를 갖추어 운영하고 있음을 인증하는 시스템이다.

100 정답 ②

브레이턴 사이클은 고온열원 · 저온열원 · 압축기 및 터빈으로 구성되는 기체의 표준사이클로, 흡입된 공기는 압축기에서 고압으로 압축된 후 연소실로 보내지고, 연소실을 거치면서 고온 · 고압으로 만들어진 가스는 터빈을 회전시킨 후 대기 중으로 배출된다.

오답분석

① 랭킨 사이클(Rankine Cycle)
③ 오토 사이클(Otto Cycle)
④ 사바테 사이클(Sabathé Cycle)

51	52	53	54	55	56	57	58	59	60
④	②	②	③	②	③	①	②	①	①
61	62	63	64	65	66	67	68	69	70
④	②	②	③	②	①	③	③	①	④
71	72	73	74	75	76	77	78	79	80
③	③	②	③	④	①	②	②	②	②
81	82	83	84	85	86	87	88	89	90
②	④	③	②	③	②	②	④	④	②
91	92	93	94	95	96	97	98	99	100
①	④	③	③	③	④	②	①	①	④

51 정답 ④

$$I_p = I_x + I_y$$
$$= \frac{bh^3}{12} + \frac{b^3 h}{12}$$
$$= \frac{bh}{12}(b^2 + h^2)$$

52 정답 ②

3점법에 의해 계산하면 평균유속은 다음과 같다.

$$V_m = \frac{1}{4}(V_{0.2} + 2V_{0.6} + V_{0.8})$$
$$= \frac{1}{4}[0.622 + (2 \times 0.442) + 0.332]$$
$$= 0.4695 \text{m/s}$$

53 정답 ②

강우자료의 일관성을 조사하는 방법은 이중누가우량분석이다.

54 정답 ③

마찰손실계수는 $f = \dfrac{64}{Re} = \dfrac{64}{1,000} = 0.064$이다.

$$V = C\sqrt{RI} = \sqrt{\frac{8g}{f}} \times \sqrt{RI}$$
$$= \sqrt{\frac{8 \times 9.8}{0.064}} \times \sqrt{10 \times \frac{1}{200}} = 7.826 \text{m/s}$$

따라서 평균유속은 약 7.826m/s이다.

55 정답 ②

생물화학적 산소요구량(BOD)은 수중 유기물이 호기성 미생물에 의해 5일간 분해될 때 소비되는 산소량을 PPm(mg/L)으로 표시한다.

56 정답 ③

KDS 57 45 00(상수도 취수시설 설계 기준)
유입속도는 $0.4 \sim 0.8$ m/s를 표준으로 한다.

57 정답 ①

액상화현상

포화된 모래가 비배수(非排水) 상태로 변하여 전단 응력을 받으면, 모래 속의 간극수압이 차례로 높아지면서 최종적으로는 액상 상태가 되는 현상으로, 액상화현상의 요인 중 외적 요인으로는 지진의 강도나 그 지속시간 등을 들 수가 있으며, 내적 요인으로는 모래의 밀도(간극비, 상대밀도 등), 지하수면의 깊이, 모래의 입도분포, 기반암의 지질구조 등이 있다.

58 정답 ②

$$\frac{1}{m} = \frac{f}{H} = \frac{0.15}{6,000} = \frac{1}{40,000} = \frac{\ell}{L}$$
$$\to \ell = \frac{L}{m} = \frac{50}{40,000} = 0.00125$$

따라서 1.25mm이다.

59 정답 ①

수위관측소의 위치는 지천의 합류점, 분류점 등 수위의 변화가 일어나기 쉬운 곳은 적절하지 않다. 따라서 ①은 옳지 않은 설명이다.

60 정답 ①

수준측량의 야장 기입법

- 고차식 : 단지 두 점 사이의 높이를 구할 때 사용하며 전시와 후시만 있다.
- 기고식 : 기계의 높이를 기준으로 지반고를 구하는 방식으로 중간점이 많을 때 편리하다.
- 승강식 : 가장 정밀한 야장 기입법이다.

61 정답 ④

구차(h)를 구하면

$$h = \frac{D^2}{2R} = \frac{7.1^2}{2 \times 6,370} = 0.0039 \text{km}$$이다.

따라서 $h \geq 3.9$m
측표의 최소 높이는 4m이다.

62 정답 ②

마찰속도 $U_* = \sqrt{gRI}$ 이다. 이때, 경심 $R = \dfrac{D}{4} = \dfrac{0.2}{4} = 0.05$이

므로 $U_* = \sqrt{9.8 \times 0.05 \times \dfrac{5}{50}} = \sqrt{0.049} = 0.220$이다.

63 정답 ②

전단력이 0인 곳에 최대 휨 모멘트가 일어난다.

$R_A + R_B = 3 \times 6 = 18t$, $M_A = 18 \times 9 - R_B \times 12 = 0$

$R_A = 13.5t$, $R_B = 4.5t$

B점에서 x인 곳이 전단력 0이라면

$\sum V = 4.5 - 3(6 - x) = 0 \rightarrow x = 4.5m$

따라서 B에서 4.5m만큼 떨어진 곳에서 휨 모멘트가 최대이다.

64 정답 ③

단위유량도 이론에서 사용하는 기본 가정으로는 일정 기저시간과 비례·중첩가정이다.

65 정답 ②

DGPS란 GPS가 갖는 오차를 보정하여 정확도를 높이고자 기준국을 설치하고 여기서 보정신호를 받아 수신기의 위치오차를 보정하는 방식이다. 여기서 보정되는 오차에는 위성의 궤도오차, 위성의 시계오차, 전리층 신호 지연, 대류권 신호지연 등이 있다. 다중경로 오차는 수신기에서 신호의 세기를 비교하여 약한 신호를 제거하여 오차를 보정한다.

66 정답 ①

Dupuit 유량공식은 다음과 같다.

$q = \dfrac{k}{2l}(h_1^2 - h_2^2)$

67 정답 ③

벤츄리 미터는 관수로 내의 유량을 측정하기 위한 장치로, 유량과 유속을 측정하는 기구이다.

68 정답 ③

직사각형 위어(Francis) 공식에서

단 수축을 고려한 월류 수맥 폭(B_0)은 $B_0 = B - 0.1nh$이다.

여기서 양단수축은 $n = 2.0$, 일단수축은 $n = 1.0$, 무 수축은 $n = 0$이므로

$Q = 1.84B_0h^{\frac{3}{2}}$에서 양단수축의 경우

유량은 $Q = 1.84(B - 0.2h)h^{\frac{3}{2}}$ 이다.

69 정답 ①

콘크리트 내 경사인장균열이 발생하게 되면, 인장 측 콘크리트가 힘을 받지 못하게 되므로 부착응력과 철근의 인장응력이 증가하게 된다.

70 정답 ④

리벳으로 연결된 부재에서 리벳이 상·하 두 부분으로 절단되는 원인은 리벳의 전단파괴가 원인이다.

71 정답 ③

오답분석

① 흄관 : 내압력이 낮고, 현장에서 시공성이 좋다.

② PVC관 : 내식성이 크고, 자외선에 약하다.

④ 주철관 : 충격에 약하고, 이형관의 제작이 용이하다.

72 정답 ③

플레이트 보의 경제적인 높이는

$h = 1.1\sqrt{\dfrac{M}{f_a t_w}}$ 식에서 휨 모멘트에 의해 구할 수 있음을 알 수 있다.

73 정답 ②

프리스트레스 도입 후 생기는 손실(시간적 손실)

• 콘크리트의 건조수축에 의한 손실

• 콘크리트의 크리프에 의한 손실

• PS 강재의 릴랙세이션에 의한 손실

74 정답 ③

사질토의 경우 진동 롤러(Vibratory Roller)로, 점성토의 경우 탬핑 롤러(Tamping Roller), 양족 롤러(Sheeps Foot Roller)로 다지는 것이 유리하다.

75 정답 ④

PSC구조물의 해석 개념

• 제1개념 : 응력 개념(균등질보의 개념)

• 제2개념 : 강도 개념(내력 모멘트의 개념)

• 제3개념 : 하중평형 개념(등가하중의 개념)

76 정답 ①

$b_g = A(총높이) + B(총폭) - t(두께)$

$\quad = 150 + 90 - 12 = 228mm$

77 정답 ②

슬럼프 150mm 이하의 된비빔콘크리트에 내부 진동기를 사용하지만, 얇은 벽 내부 진동기의 사용이 곤란한 장소에는 거푸집 진동기를 사용한다.

78　　　　　　　　　　　　　　　정답 ②

유효응력은 불포화토인 경우 $\overline{\sigma}=\gamma_t h$이고, 포화토인 경우
$\overline{\sigma}=(\gamma_{sat}-\gamma_w)h=\gamma_{sub}h$이므로, 유효응력 크기는
불포화토>포화토임을 알 수 있다.

79　　　　　　　　　　　　　　　정답 ②

1) 건조단위중량(γ_d)

$$\gamma_d=\frac{\gamma_t}{1+\dfrac{w}{100}}=\frac{2.0}{1+\dfrac{20}{100}}=1.67g_f/cm^3$$

2) 간극비(e)

$$e=\frac{G_s\cdot\gamma_w}{\gamma_d}-1=\frac{2.70\times1}{1.67}-1=0.62$$

3) 포화도(S)

$$S=\frac{w}{e}\cdot G_s=\frac{20}{0.62}\times2.70=87.10\%$$

80　　　　　　　　　　　　　　　정답 ②

A의 거리는 2km이므로, A→P의 거리비는 $\dfrac{2+3+1}{2}=3$

B의 거리는 3km이므로, B→P의 거리비는 $\dfrac{2+3+1}{3}=2$

C의 거리는 1km이므로, C→P의 거리비는 $\dfrac{2+3+1}{1}=6$

$$124.00+\frac{(3\times0.583)+(2\times0.295)+(6\times0.792)}{3+2+6}$$

$$=124.645m$$

81　　　　　　　　　　　　　　　정답 ②

Terzaghi와 Peck의 경험식에 의해 다음과 같이 구할 수 있다.
$C_c=0.009(w_L-10)=0.009\times(40-10)=0.27$

82　　　　　　　　　　　　　　　정답 ④

초기과잉간극수압의 경우 $u_i=10t/m^2$이며, 현재의 과잉간극수
압은 $u_e=2t/m^2$이다.

$$U=\frac{u_i-u_e}{u_i}\times100=\frac{10-2}{10}\times100=80\%$$

따라서 압밀도(U)는 80%이다.

83　　　　　　　　　　　　　　　정답 ③

1) 형상계수

기초 형상계수	연속	원형	정사각형	직사각형
α	1.0	1.3	1.3	$1+0.3\dfrac{B}{L}$
β	0.5	0.3	0.4	$0.5-0.1\dfrac{B}{L}$

2) 직사각형 기초

$$\alpha=1+0.3\frac{B}{L}=1+0.3\times\frac{4}{5}=1.24$$

$$\beta=0.5-0.1\frac{B}{L}=0.5-0.1\times\frac{4}{5}=0.42$$

84　　　　　　　　　　　　　　　정답 ②

1) 간극비(e)

$$e=\frac{V_v}{V_s}=\frac{V_v}{V-V_v}=\frac{\dfrac{V_v}{V}}{\dfrac{V}{V}-\dfrac{V_v}{V}}=\frac{\dfrac{n}{100}}{1-\dfrac{n}{100}}=\frac{n}{100-n}$$

2) 간극률(n)

$$n=\frac{V_v}{V}\times100=\frac{V_v}{V_s+V_v}\times100=\frac{\dfrac{V_v}{V_s}}{\dfrac{V_s}{V_s}+\dfrac{V_v}{V_s}}\times100$$

$$=\frac{e}{1+e}\times100$$

85　　　　　　　　　　　　　　　정답 ③

• 각 지점의 CBR 평균

$$=\frac{5.3+5.7+7.6+8.7+7.4+8.6+7.2}{7}=7.21$$

• $n=7$이므로 $d_2=2.83$이다.

• 설계 CBR

$$=(\text{각 지점의 CBR 평균})-\left\{\frac{(\text{CBR최대치})-(\text{CBR최소치})}{d_2}\right\}$$

$$=7.21-\left(\frac{8.7-5.3}{2.83}\right)=6$$

여기서 설계 CBR은 절사하여야 한다.

86　　　　　　　　　　　　　　　정답 ②

KDS 61 45 00(펌프장시설 설계기준)
표면부하율은 오수침사지의 경우 $1,800\,m^3/m^2\cdot d$ 정도로 하고,
우수침사지의 경우 $3,600\,m^3/m^2\cdot d$ 정도로 한다.

87

정답 ②

상수도 계통에서 상수의 공급과정은 취수 – 도수 – 정수 – 송수 – 배수 – 급수의 순서이다.

88

정답 ④

도수시설이란 취수원으로부터 정수시설까지 보내는 시설을 의미한다.

89

정답 ④

복부판의 두께가 너무 얇으면 지간 중앙부의 휨모멘트가 증가하여 복부판에는 큰 압축응력이 생기므로 좌굴의 우려가 있다. 따라서 강종에 따라 복부판의 두께를 제한하고 있다.

90

정답 ②

장방형 침사지의 표준 표면부하율은 $200 \sim 500$mm/min이다.

91

정답 ①

우수조정지

• 목적 : 유달시간 증대, 첨두유량 감소, 도시 침수방지
• 설치위치
  – 하수관거의 유하능력이 부족한 곳
  – 방류수로의 유하능력이 부족한 곳
  – 하류지역의 펌프장 능력이 부족한 곳

92

정답 ④

활성탄 처리

1) $\dfrac{X}{M} = K \cdot C^{\frac{1}{n}}$

$\dfrac{75}{5} = K \times (100-75)^{\frac{1}{n}} \rightarrow$ i)

$\dfrac{96.5}{10} = K \times (100-96.5)^{\frac{1}{n}} \rightarrow$ ii)

i)식을 ii)식으로 나누고 양변에 Log를 취하면

$Log(1.55) = \dfrac{1}{n} Log(7.14)$

$0.19n = 0.85$

$\therefore n \fallingdotseq 4.47$

$n=4.47$을 i)식에 대입하면,

$15 = K \times 25^{\frac{1}{4.47}} \rightarrow \therefore K = 7.3$

2) $\dfrac{X}{M} = K \cdot C^{\frac{1}{n}}$ 에서

$\dfrac{99.5}{M} = 7.3 \times (100-99.5)^{\frac{1}{4.47}}$

$\dfrac{99.5}{M} \fallingdotseq 6.251$

$\therefore M \fallingdotseq 15.9\%$

그러므로 활성탄을 수량대비 약 16%로 처리하여야 한다.

93

정답 ③

보통중량골재를 사용하는 경우, [콘크리트의 설계기준 강도(f_{ck})] ≤ 40MPa이면 $E_e = 8,500 \times \sqrt[3]{(f_{ck} + \Delta f)}$ 이고 $\Delta f = 4$MPa 이다.

따라서 $E_e = 8,500 \times \sqrt[3]{(38+4)} \fallingdotseq 29,546$MPa이다.

> **KDS 14 20 10(콘크리트구조 해석과 설계 원칙)**
> 보통중량골재를 사용할 때 콘크리트의 탄성계수는 다음과 같이 계산한다.
> $E_e = 8,500 \times \sqrt[3]{(f_{ck} + \Delta f)}$
> 단,
> $f_{ck} \leq 40$MPa이면 $\Delta f = 4$Mpa
> $f_{ck} \geq 60$MPa이면 $\Delta f = 6$Mpa
> 4MPa $\leq f_{ck} \leq$ 6MPa이면 보간법으로 보정하여 계산한다.

94

정답 ③

오답분석

① 전단철근의 설계기준항복강도는 500MPa를 초과할 수 없다. 다만, 용접 이형철망을 사용할 경우 전단철근의 설계기준 항복강도는 600MPa를 초과할 수 없다.

② 전단강도 V_s 는 $0.2\left(1 - \dfrac{f_{ck}}{250}\right) f_{ck} b_w d$ 이하로 하여야 한다.

④ 부재축에 직각으로 배치된 전단철근의 간격은, 철근콘크리트 부재일 경우는 $d/2$ 이하, 프리스트레스트 콘크리트 부재일 경우는 0.75h 이하이어야 하고, 또 어느 경우이든 600mm 이하로 하여야 한다.

95

정답 ④

$f = \dfrac{P}{\sum al} \quad \therefore f$: 용접부의 인장 응력

$f = \dfrac{0.42}{0.012 \times 0.28} = 125$MPa

96

정답 ②

지지력 검토는 사용하중으로 한다.

$$A = \frac{p_u}{q_a} = \frac{1,300 + 1,700}{300} = 10\text{m}^2$$

$$\therefore B = \frac{10}{4} = 2.5\text{m}$$

97

정답 ②

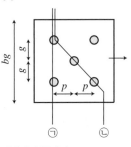

리벳의 순폭결정

㉠ $b_g - 2d = 160 - 2 \times 25 = 110\text{mm}$

㉡ $b_g - d - (n-1)\left(d - \dfrac{p^2}{4g}\right)$

$\quad = 160 - 25 - 2 \times \left(25 - \dfrac{40^2}{4 \times 50}\right) = 101\text{mm} \fallingdotseq 10\text{cm}$

※ n : 파단선상에 있는 리벳구멍의 개수

98

정답 ①

쪼갬인장강도가 주어졌으므로

$$\lambda = \frac{f_{sp}}{0.56\sqrt{f_{ck}}} = \frac{2.17}{0.56\sqrt{24}} \simeq 0.79$$

따라서 경량 콘크리트계수(λ)는 0.79이다.

99

정답 ①

탄성계수에 가장 영향을 많이 주는 요소는 단위 중량(w)과 28일 압축 강도(f_{ck})이다.

100

정답 ④

설계강도(ϕM_n)는 설계단면력(M_u)보다 크거나 같아야 한다.

제2회 모의고사 정답 및 해설

제 1 영역 직업기초능력평가

01	02	03	04	05	06	07	08	09	10
④	②	③	②	③	①	②	②	④	③
11	12	13	14	15	16	17	18	19	20
③	①	③	④	③	③	①	②	④	④
21	22	23	24	25	26	27	28	29	30
①	④	③	④	②	②	③	③	④	③
31	32	33	34	35	36	37	38	39	40
③	③	④	③	③	①	③	③	②	②
41	42	43	44	45	46	47	48	49	50
④	④	③	②	②	②	③	①	④	①

01
정답 ④

조직의 유형

1. 공식성 : 공식화 정도에 따라 공식조직과 비공식조직으로 구분할 수 있다. 공식조직은 조직의 구조·기능·규정 등이 조직화되어 있는 조직을 의미하며, 비공식조직은 개인들의 협동과 상호작용에 따라 형성된 자발적인 집단조직이다.
2. 영리성 : 영리성을 기준으로 영리조직과 비영리조직으로 구분할 수 있다. 영리조직은 기업과 같이 이윤을 목적으로 하는 조직이며, 비영리조직은 정부조직을 비롯하여 공익을 추구하는 병원, 대학, 시민단체, 종교단체 등이 있다.
3. 조직 규모 : 조직 규모를 중심으로 소규모 조직과 대규모 조직으로 구분할 수 있다. 소규모 조직에는 가족 소유의 상점 등이 있고 대규모 조직에는 대기업 등이 있다.

02
정답 ②

마지막 문장의 '표준화된 언어와 방언 둘 다의 가치를 인정'하고, '잘 가려서 사용할 줄 아는 능력을 길러야 한다.'는 내용을 바탕으로 ②와 같은 주제를 이끌어낼 수 있다.

03
정답 ③

B자동차는 외부 손상이 있으므로 제외하고, A, C, D자동차에 대해 조건에 따라 경제적 효율성을 계산해보면 다음과 같다.

- A자동차 : $\left(\dfrac{2,000}{11 \times 500} + \dfrac{10,000}{51,000} \right) \times 100 \fallingdotseq 55.97$
- C자동차 : $\left(\dfrac{900}{7 \times 500} + \dfrac{10,000}{33,000} \right) \times 100 \fallingdotseq 56.02$
- D자동차 : $\left(\dfrac{1,500}{13 \times 500} + \dfrac{10,000}{31,000} \right) \times 100 \fallingdotseq 55.33$

A, C, D자동차 중 외부 손상이 없고 경제적 효율성이 가장 높은 자동차는 C자동차이고, 따라서 S사원이 매입할 자동차는 C자동차이다.

04
정답 ②

(1, 2, 3이 적힌 카드 중 하나 이상을 뽑을 확률)=1−(세 번 모두 4 ~ 10이 적힌 카드를 뽑을 확률)
- 세 번 모두 4 ~ 10이 적힌 카드를 뽑을 확률 :

$$\frac{7}{10} \times \frac{6}{9} \times \frac{5}{8} = \frac{7}{24}$$

∴ 1, 2, 3이 적힌 카드 중 하나 이상을 뽑을 확률 : $1 - \dfrac{7}{24} = \dfrac{17}{24}$

05
정답 ③

50원, 100원, 500원짜리 동전의 개수를 각각 x개, y개, z개라고 하자.
$x+y+z=14 \cdots \bigcirc$
$50x+100y+500z=2,250 \rightarrow x+2y+10z=45 \cdots \bigcirc$
$\bigcirc$과 $\bigcirc$을 연립하면
$y+9z=31 \cdots \bigcirc$
이때 $\bigcirc$의 조건에 의해 $\bigcirc$을 만족하는 경우는 $y=4$, $z=3$이다.
따라서 50원짜리는 7개, 100원짜리는 4개, 500원짜리는 3개가 된다.

06
정답 ①

- ㉠·㉢은 현재 직면하고 있으면서 해결 방법을 찾기 위해 고민하는 발생형 문제에 해당한다.
- ㉡·㉣은 현재 상황은 문제가 아니지만, 상황 개선을 통해 효율을 높일 수 있는 탐색형 문제에 해당한다.
- ㉤·㉥은 새로운 과제나 목표를 설정함에 따라 발생할 수 있는 설정형 문제에 해당한다.

07
정답 ②

두 번째, 다섯 번째 조건과 여덟 번째 조건에 따라 회계직인 D는 미국 서부로 배치된다.

08
정답 ②

주어진 조건에 따르면 가능한 경우는 총 2가지로 다음과 같다.

구분	인도네시아	미국서부	미국남부	칠레	노르웨이
경우 1	B	D	A	C	E
경우 2	C	D	B	A	E

㉠ 경우 2로 B는 미국 남부에 배치된다.
㉣ 경우 1, 2 모두 노르웨이에는 항상 회계직인 E가 배치된다.

오답분석
㉡ 경우 1로 C는 칠레에 배치된다.
㉢ 경우 2일 때, A는 미국 남부에 배치된다.

09
정답 ④

ㄷ. 2층에 위치하고 있다(02).
ㄹ. 우측 벽면에 위치하고 있다(R).

오답분석
ㄱ. Ja는 제이슨홀에 위치한 좌석이다.
ㄴ. 09는 I열에 위치하고 있다.

10
정답 ③

B열에서 관람한 사람, 즉 열에 해당하는 번호가 02인 사람은 1명이며, C열에서 관람하여 열에 해당하는 번호가 03인 사람도 1명이다.

오답분석
① 터넷홀에서 관람한 사람은 3명이다.
② 51 ~ 60행에서 관람한 사람은 2명이다.
④ 우측 벽면에서 관람한 사람의 수는 2명이다.

11
정답 ③

A금속의 무게를 xg, B금속의 무게를 $(200-x)$g이라 하면, A금속과 B금속을 합금한 C금속을 물에 넣은 무게는 다음과 같다.

$\frac{9}{10}x + \frac{7}{8}(200-x) = 178 \rightarrow 36x + 35(200-x) = 178 \times 40$

$\rightarrow 36x - 35x = 7,120 - 7,000 \rightarrow x = 120$

즉, A금속의 무게는 120g이고, B금속의 무게는 80g이다. 따라서 A금속과 B금속의 무게 차이는 $120-80=40$g이다.

12
정답 ①

각 국가의 승용차 보유 대수 비율은 다음과 같다.

• 네덜란드 : $\frac{3,230}{3,585} \times 100 ≒ 90.1\%$

• 독일 : $\frac{17,356}{18,481} \times 100 ≒ 93.9\%$

• 프랑스 : $\frac{15,100}{17,434} \times 100 ≒ 86.6\%$

• 영국 : $\frac{13,948}{15,864} \times 100 ≒ 87.9\%$

• 이탈리아 : $\frac{14,259}{15,400} \times 100 ≒ 92.6\%$

• 캐나다 : $\frac{7,823}{10,029} \times 100 ≒ 78.0\%$

• 호주 : $\frac{4,506}{5,577} \times 100 ≒ 80.8\%$

• 미국 : $\frac{104,898}{129,943} \times 100 ≒ 80.7\%$

따라서 유럽 국가는 미국, 캐나다, 호주보다 승용차가 차지하는 비율이 높다.

오답분석
② 트럭 · 버스가 차지하는 비율은 100%에서 승용차 보유 대수 비율을 뺀 것과 같다. 즉, 승용차 보유 대수 비율이 낮은 국가가 트럭 · 버스 보유 대수 비율이 가장 높다. 따라서 트럭 · 버스 보유 대수 비율이 가장 높은 국가는 캐나다이다.
③ 승용차 보유 대수 비율이 가장 낮은 국가는 캐나다이고, 90%를 넘지 않는 78%이다.
④ 프랑스의 승용차와 트럭 · 버스의 비율은 15,100 : 2,334 ≒ 6.5 : 1로 3 : 1이 아니다.

13
정답 ③

비품은 회사 업무상에 사용되는 물품을 의미하는데, 대체로 기업에서는 사전에 품목을 정해 놓고 필요한 자에게 보급한다. 만약 품목에 해당하지 않는 비품이 필요할 경우에는 그 사용 용도가 명확하고 업무에 필요한 것인지를 먼저 판단한 후, 예산을 고려하여 구매하는 것이 적절한 처리 과정이다. ③과 같이 단순히 품목에 없다는 이유로 제외하는 것은 적절하지 않다.

14
정답 ④

제시된 시장 조사 결과 보고서를 보면 소비자의 건강에 대한 관심 증대로 기능을 중시하며, 취급 점포를 체계적으로 관리해야 하고 상품의 가격을 조절해야 할 필요성이 나타나고 있다. 그러므로 '고급화 전략을 추진한다.'와 '전속적 또는 선택적 유통 전략을 도입한다.'는 마케팅 전략을 구사하는 것이 적절하다.

15

정답 ③

다음은 R대리가 각 교통편 종류를 택할 시 왕복 교통비용이다.

- 일반버스 : 24,000원×2=48,000원
- 우등버스 : 32,000원×2×0.99=63,360원
- 무궁화호 : 28,000원×2×0.85=47,600원
- 새마을호 : 36,000원×2×0.8=57,600원
- KTX : 58,000원

따라서 무궁화호가 47,600원으로 가장 저렴하다.

16

정답 ③

모스크바를 기준으로 인천과의 시차는 +6시간이다.

모스크바 현지 시각을 기준으로 4일 오전 11시는 인천 현지 시각으로 4일 11+6=17시이고 비행시간이 8시간이므로 출발시각은 4일 17−8=9시이다.

따라서 R부장은 늦어도 4일 오전 9시에 출발하는 비행기를 예약해야 한다.

17

정답 ①

A등급 선수 한 명에게 지급될 금액을 x원이라고 하자.

이때, B등급 선수 한 명에게 지급될 금액은 $\frac{1}{2}x$원, C등급 선수 한 명에게 지급될 금액은 $\frac{1}{2}x \times \frac{2}{3} = \frac{1}{3}x$원이다.

$5x + 10 \times \frac{1}{2}x + 15 \times \frac{1}{3}x = 45,000,000 \rightarrow 15x = 45,000,000$

$\therefore x = 3,000,000$

18

정답 ②

제시문은 촉매 개발의 필요성과 촉매 설계 방법의 구체적 과정을 설명하고 있다. 회귀 경로는 잘못을 발견했을 경우에 원래의 위치로 복귀해 다른 방법을 시도함으로써 새로운 길을 찾는 것이다. ②에서 설문지의 질문이 잘못됨을 발견하고 다시 설문지 작성 과정으로 돌아와 질문을 수정하였으므로 제시문과 가장 가까운 사례로 볼 수 있다.

19

정답 ④

ㄴ. 2022년 11월 건설업의 상용 근로일수는 20.7일로, 광업의 상용 근로일수의 80%인 21.9×0.8≒17.5일 이상이다.

ㄹ. 월 근로시간이 가장 많은 산업은 2022년 11월(179.1시간)과 12월(178.9시간) 모두 부동산 및 임대업으로 동일하다.

오답분석

ㄱ. 2022년 10월부터 12월까지 전체 월 근로시간은 163.3시간, 164.2시간, 163.9시간으로, 2022년 11월에는 전월 대비 증가하였지만, 2022년 12월에는 전월 대비 감소하였으므로 옳지 않은 설명이다.

ㄷ. 2022년 10월에 임시 일용근로일수가 가장 많은 산업은 금융 및 보험업으로 19.3이며, 보험업의 12월 임시 일용근로일수는 19.2일로 10월 대비 0.1일 감소하였으므로 옳지 않은 설명이다.

20

정답 ④

제시문에 따르면 '밝은 별이 반드시 어두운 별보다 가까이 있는 것은 아니다.'라고 했으므로 적절하지 않다.

오답분석

① 별의 거리는 밝기의 절대등급과 겉보기등급의 비교를 통해 확정된다고 하였으므로 절대등급과 겉보기등급은 다를 수 있다.

② 보통 별의 밝기는 거리의 제곱에 반비례해서 어두워진다고 하였으므로 별은 항상 같은 밝기를 가지고 있지 않다.

③ 삼각 측량법은 공전 궤도 반경을 알고 있기 때문에 거리를 측정할 수 있다고 했다.

21

정답 ①

(가) 문단에서 피타고라스학파가 '근본적인 것'으로 '수(數)'를 선택했음을 알 수 있다. 이후 전개될 내용으로는 피타고라스학파가 왜 '수(數)'를 가장 '근본적인 것'으로 생각했는지의 이유가 전개되어야 한다. 따라서 수(數)의 중요성과 수가 왜 근본적인지에 대한 내용의 〈보기〉는 (가) 문단의 뒤에 전개되어야 한다.

22

정답 ④

제시문은 가격을 결정하는 요인과 이를 통해 일반적으로 할 수 있는 예상을 언급한다. 하지만 현실적인 여러 요인으로 인해 '거품 현상'이 나타나기도 하며 '거품 현상'이란 구체적으로 무엇인지를 설명하는 글이다. 따라서 (가) 수요와 공급에 의해 결정되는 가격 → (마) 상품의 가격에 대한 일반적인 예상 → (다) 현실적인 가격 결정 요인 → (나) 이로 인해 예상치 못하게 나타나는 '거품 현상' → (라) '거품 현상'에 대한 구체적인 설명 순서로 연결되어야 한다.

23

정답 ③

'또한'이라는 접속사를 보면 외래문화나 전통문화의 양자택일에 대한 내용이 앞에 있고, ⓒ 다음의 내용이 '전통문화는 계승과 변화가 다 필요하고 외래문화의 수용과 토착화를 동시에 요구하고 있기 때문이다.'이기 때문에 보기는 ⓒ에 들어가는 것이 적절하다.

24
정답 ②

- 커피머신을 구매할 경우
  : $2,000,000 \times (1-0.6) + 15,000 \times 3 \times 10 = 1,250,000$원
- 커피머신을 대여할 경우
  : $80,000 \times 10 + 10,000 \times 3 \times 10 + 160,000 \times 0.5$
    $= 1,180,000$원

∴ 대여하는 것이 7만 원 더 저렴하다.

25
정답 ③

ㄷ. 간결성 : 꼭 필요한 내용만 간략히 쓰고, 문장의 서술을 나열하지 않고, 항목을 구분하여 쓴다.

ㄹ. 정확성 : 중심내용이 빠지지 않도록 하고, 문장 부호와 용어를 정확히 하고, 모호한 표현이나 과장된 표현은 피한다.

오답분석

ㄱ. 용이성 : 어려운 한자나 전문용어, 은어나 비어는 가급적 쓰지 않는다.

ㄴ. 경제성 : 서직은 통일 하고, 문자는 부호화 하며, 용지의 지질·규격을 표준화한다.

26
정답 ②

(하루 1인당 고용비)=(1인당 수당)+(산재보험료)+(고용보험료)
$=50,000 + 50,000 \times 0.504\% + 50,000 \times 1.3\%$
$=50,000 + 252 + 650 = 50,902$원

(하루에 고용할 수 있는 인원 수)
$=\{(본예산)+(예비비)\} \div (하루 1인당 고용비)$
$=600,000/50,902 ≒ 11.8$

따라서 하루 동안 고용할 수 있는 최대 인원은 11명이다.

27
정답 ③

ⓒ WO전략은 약점을 보완하여 기회를 포착하는 전략이다. 원전 운영 기술력은 강점에 해당되므로 적절하지 않다.

ⓒ ST전략은 강점을 살려 위협을 회피하는 전략이다. 위협 회피와 관련하여 정부의 탈원전 정책 기조를 고려하지 않았으므로 적절하지 않다.

오답분석

ⓒ SO전략은 강점을 살려 기회를 포착하는 전략으로, 강점인 기술력을 활용해 해외 시장에서 우위를 점하려는 ⓒ은 적절한 SO전략으로 볼 수 있다.

ⓒ WT전략은 약점을 보완하여 위협을 회피하는 전략이다. 안전 우려를 고려하여 안전점검을 강화하고, 정부의 탈원전 정책 기조에 협조하는 ⓒ은 적절한 WT전략으로 볼 수 있다.

28
정답 ③

제시문의 내용에 따르면 공교육에서는 학생들의 실력 차이를 모두 고려할 수가 없다. 따라서 '한꺼번에' 등으로 수정하는 것이 적절하다.

29
정답 ④

①~④의 가격은 모두 가용예산인 500만 원이고, 각각의 성과 지수를 구하면 다음과 같다.
① 자원 A 1단위+자원 B 1단위=2.5+2.3=4.8
② 자원 A 1단위+자원 C 2단위=2.5+1.0=3.5
③ 자원 B 1단위+자원 C 3단위=2.3+1.5=3.8
④ 자원 B 2단위+자원 C 1단위=4.6+0.5=5.1
따라서 ④의 성과 지수가 5.1로 가장 높으므로 가장 높은 성과를 기대할 수 있는 투입 자원이다.

30
정답 ③

㉠은 생리적 욕구가 자기개발을 방해하는 장애요인으로 작용한 것으로, 생리적 욕구는 인간의 생명 자체를 유지시켜 주는 기본적인 욕구로서 음식물, 수면, 성생활 등 본능적 생리현상에 따른 욕구를 말한다.

31
정답 ③

티베트의 문화를 존중하고 대접을 받는 손님의 입장에서 볼 때, 차를 마실 때 다 비우지 말고 입에 살짝 대는 것이 가장 적절한 행동이다.

오답분석

① 주인이 권하는 차를 거절하면 실례가 되므로 적절하지 않다.
② 대접받는 손님의 입장에서 자리를 피하는 것은 적절하지 않다.
④ 힘들다는 자신의 감정이 드러날 수 있으므로 적절하지 않다. 정답

32
정답 ③

관리자가 오늘에 초점을 맞춘다면, 리더는 내일에 초점을 맞춘다.

리더와 관리자의 특징

리더	관리자
• 새로운 상황 창조자	• 상황에 수동적
• 혁신지향적	• 유지지향적
• 내일에 초점을 맞춘다.	• 오늘에 초점을 맞춘다.
• 사람의 마음에 불을 지핀다.	• 사람을 관리한다.
• 사람을 중시	• 체제나 기구를 중시
• 정신적	• 기계적
• 계산된 리스크를 취한다.	• 리스크를 회피한다.
• '무엇을 할까?'를 생각한다.	• '어떻게 할까?'를 생각한다.

33
정답 ④

빈칸의 수치는 다음과 같다.

(ㄱ) : $4,588-766-692-1,009-644-611=866$

(ㄴ) : $241-36-31-49-25-27=73$

(ㄷ) : $33+24+51+31+32+31=202$

(ㄹ) : $145-21-28-17-30-20=29$

따라서 빈칸에 들어갈 수치가 바르게 연결된 것은 ④이다.

34
정답 ③

ㄴ. 2020년 고덕 차량기지의 안전체험 건수 대비 인원수는 $\frac{633}{33}$ ≒19.2로, 도봉 차량기지의 안전체험 건수 대비 인원수인 $\frac{432}{24}=18$ 보다 크다.

ㄷ. 2019년부터 2021년까지 고덕 차량기지의 안전체험 건수와 인원수의 증감추이는 동일하게 감소추이를 보이고 있다.

오답분석

ㄱ. 2022년에 방화 차량기지 견학 안전체험 건수는 2021년과 동일한 29건이므로 전년 대비 동일하다. 따라서 옳지 않은 설명이다.

ㄹ. 2022년 신내 차량기지의 안전체험 인원수는 385명이다. 2018년 신내 차량기지의 안전체험 인원수 692명의 약 55%로, 인원수는 50% 미만 감소했다.

35
정답 ③

매월 각 프로젝트에 필요한 인원은 다음과 같다.

• 2월 : A・B프로젝트 $46+42=88$ 명

• 3∼4월 : B・C프로젝트 $42+24=66$ 명

• 5월 : B・D프로젝트 $42+50=92$ 명

• 6월 : D프로젝트 50명

• 7월 : D・E프로젝트 $50+15=65$ 명

• 8∼9월 : E프로젝트 15명

5월에 가장 많은 92명이 필요하므로 모든 프로젝트를 완료하기 위해서는 최소 92명이 필요하다.

36
정답 ①

프로젝트별 총 인건비를 계산하면 다음과 같다.

• A프로젝트 : $46×130=5,980$ 만 원

• B프로젝트 : $42×550=23,100$ 만 원

• C프로젝트 : $24×290=6,960$ 만 원

• D프로젝트 : $50×430=21,500$ 만 원

• E프로젝트 : $15×400=6,000$ 만 원

따라서 A∼E프로젝트를 인건비가 가장 적게 드는 것부터 나열한 순서는 'A−E−C−D−B' 순서이다.

37
정답 ③

E프로젝트를 제외한 총 인건비와 진행비를 합한 각 프로젝트에 들어가는 비용은 다음과 같다.

프로젝트	총 인건비	진행비	프로젝트 총 비용
A	5,980만 원	20,000만 원	25,980만 원
B	23,100만 원	3,000만 원	26,100만 원
C	6,960만 원	15,000만 원	21,960만 원
D	21,500만 원	2,800만 원	24,300만 원

따라서 비용이 가장 적게 드는 것은 C프로젝트이다.

38
정답 ③

• $143,000×0.85=121,550$ 원

• $165,000×0.85=140,250$ 원

• $164,000×0.7=114,800$ 원

• $154,000×0.8=123,200$ 원

따라서 가장 비용이 저렴한 경우는 ③이다.

39
정답 ②

(가) 작업은 A−B−C−D 순서로 접시 탑이 쌓인다.

(나) 작업에서 철수는 D접시를 사용한다.

(다) 작업은 A−B−C−E−F 순서로 접시 탑이 쌓인다.

(라) 작업에서 철수는 C, E, F접시를 사용한다.

따라서 B접시가 접시 탑의 맨 위에 있게 된다.

40
정답 ②

제시문은 제4차 산업혁명으로 인한 노동 수요 감소로 인해 나타날 수 있는 문제점으로 대공황에 대한 위험을 설명하면서도, 긍정적인 시각으로 노동 수요 감소를 통해 인간적인 삶 향유가 이루어질 수 있다고 말한다. 따라서 제4차 산업혁명의 밝은 미래와 어두운 미래를 나타내는 ②가 제목으로 적절하다.

41
정답 ④

직업생활에서의 목표를 단지 높은 지위에 올라가는 것이라고 생각하는 것은 잘못된 직업관으로, 입사 동기들보다 빠른 승진을 목표로 삼은 D는 잘못된 직업관을 가지고 있는 것이다.

바람직한 직업관

• 소명의식과 천직의식을 가져야 한다.

• 봉사정신과 협동정신이 있어야 한다.

• 책임의식과 전문의식이 있어야 한다.

• 공평무사한 자세가 필요하다.

42 정답 ④

조건에 따르면 매주 일요일에 일괄구매한 B, C부품은 그 다음 주의 A제품 생산에 사용하며, 1개의 A제품 생산 시 B부품 2개와 C부품 4개가 사용된다.

1주차 시작 전에 A제품의 재고는 없고, 1주차에는 A제품의 주문량도 없으므로, B부품 50개와 C부품 100개의 재고량이 있으므로, A제품 25개($\because \frac{50}{2}=25$, $\frac{100}{4}=25$)를 만들어 재고로 남긴다.

2주차에는 A제품 175개($\because \frac{450}{2}=225$, $\frac{700}{4}=175$이므로 175개만 가능)를 생산하여, 1주차의 재고량 25개와 함께 총 175+25=200개의 제품을 주문량에 맞춰 모두 판매한다. 이때 B부품은 450−(175×2)=100개가 재고로 남는다.

3주차에는 A제품 550개($\because \frac{1,100}{2}=550$, $\frac{2,400}{4}=600$이므로 550개만 가능)를 생산할 수 있으며, 주문량에 따라 제품을 판매하면 550−500=50개의 재고가 남는다. 이때 C부품은 2,400−(550×4)=200개가 재고로 남는다.

따라서 3주차 토요일 판매완료 후의 재고량은 A제품 50개, B부품 0개, C부품 200개이다.

43 정답 ③

자동차 부품 생산조건에 따라 반자동라인과 자동라인의 시간당 부품 생산량을 구해보면 다음과 같다.

• 반자동라인 : 4시간에 300개의 부품을 생산하므로, 8시간에 300×2=600개의 부품을 생산한다. 하지만 8시간마다 2시간씩 생산을 중단하므로, 8+2=10시간에 600개의 부품을 생산하는 것과 같다. 따라서 시간당 부품 생산량은 $\frac{600}{10}=60$개/h이다.

이때 반자동라인에서 생산된 부품의 20%는 불량이므로, 시간당 정상 부품 생산량은 60개/h×(1−0.2)=48개/h이다.

• 자동라인 : 3시간에 400개의 부품을 생산하므로, 9시간에 400×3=1,200개의 부품을 생산한다. 하지만 9시간마다 3시간씩 생산을 중단하므로, 9+3=12시간에 1,200개의 부품을 생산하는 것과 같다. 따라서 시간당 부품 생산량은 $\frac{1,200}{12}=100$개/h이다. 이때 자동라인에서 생산된 부품의 10%는 불량이므로, 시간당 정상 제품 생산량은 100×(1−0.1)=90개/h이다.

따라서 반자동라인과 자동라인에서 시간당 생산하는 정상 제품의 생산량은 48+90=138개/h이므로, 34,500개를 생산하는 데 걸리는 시간은 $\frac{34,500}{138}=250$시간이 소요되었다.

44 정답 ②

각 장소들의 대여료와 식사비용 등은 다음과 같다.

• G빌딩 다목적홀 : (250,000×5)+90,000=1,340,000원
• O빌딩 세미나홀 : (120,000×5)+(50×6,000)=900,000원
• I공연장 : (100,000×5)+(50×8,000)+50,000=950,000원
• P호텔 연회홀 : 300,000×5=1,500,000원

따라서 선정기준에 부합하면서 가장 가격이 저렴한 O빌딩 세미나홀을 예약하는 것이 가장 적절하다.

45 정답 ②

주어진 조건에 의하면 C·D지원자는 재료손질 역할을 원하지 않고, A지원자는 세팅 및 정리 역할을 원한다. A지원자가 세팅 및 정리 역할을 하면 A지원자가 받을 수 있는 가장 높은 점수로 90+9=99점을 받을 수 있고, C·D지원자는 요리보조, 요리 두 역할을 나눠하면 된다. 그리고 B지원자는 어떤 역할이든지 자신 있으므로 재료손질을 담당하면 된다. 마지막으로 C·D지원자가 요리보조와 요리 역할을 나눠가질 때, D지원자는 기존 성적이 97점이므로 요리를 선택할 경우 97+7=104점으로 100점이 넘으므로 요리 역할을 선택할 수 없다. 따라서 A지원자는 세팅 및 정리, B지원자는 재료손질, D지원자는 요리보조, C지원자는 요리 역할을 담당하면 모든 지원자들의 의견을 수렴하면서 지원자 모두 최종점수가 100점을 넘지 않는다.

46 정답 ②

주어진 조건을 다음의 다섯 가지 경우로 정리할 수 있다.

구분	1층	2층	3층	4층	5층	6층
경우 1	C	D	A	F	E	B
경우 2	F	D	A	C	E	B
경우 3	F	D	A	E	C	B
경우 4	D	F	A	E	B	C
경우 5	D	F	A	C	B	E

따라서 B는 항상 F보다 높은 층에 산다.

47 정답 ③

제시문은 오브제의 정의와 변화과정에 대한 글이다. 네 번째 문단의 빈칸 앞에서는 예술가의 선택에 의해 기성품 그 본연의 모습으로 예술작품이 되는 오브제를, 빈칸 이후에는 나아가 진정성과 상징성이 제거된 팝아트에서의 오브제 기법에 대하여 서술하고 있다. 즉, 빈칸에는 예술가의 선택에 의해 기성품 본연의 모습으로 오브제가 되는 ③의 사례가 오는 것이 가장 적절하다.

48 정답 ①

조직체계의 구성요소

1. 조직목표 : 조직이 달성하려는 장래의 상태로 조직이 존재하는 정당성과 합법성을 제공한다. 조직목표에는 전체 조직의 성과, 자원, 시장, 인력개발, 혁신과 변화, 생산성에 대한 목표가 포함된다.
2. 조직구조 : 조직 내의 부문 사이에 형성된 관계로 조직목표를 달성하기 위한 조직구성원들의 상호작용을 보여준다. 조직구조는 의사결정권의 집중정도, 명령계통, 최고경영자의 통제, 규칙과 규제의 정도에 따라 달라지며, 구성원들의 업무나 권한이 분명하게 정의된 기계적 조직과 의사 결정권이 하부구성원들에게 많이 위임되고 업무가 고정적이지 않은 유기적 조직으로 구분될 수 있다.
3. 조직문화 : 조직이 지속되게 되면 조직구성원들 간 생활양식이나 가치를 공유하게 되는 것이다. 조직문화는 조직구성원들의 사고와 행동에 영향을 미치며 일체감과 정체성을 부여하고 조직이 안정적으로 유지되게 한다.
4. 규칙 및 규정 : 조직의 목표나 전략에 따라 수립되어 조직구성원들의 활동범위를 제약하고 일관성을 부여하는 기능을 한다. 예를 들어, 인사규정, 총무규정, 회계규정 등이 있다.

49 정답 ④

생산이 증가한 2018년, 2021년, 2022년에는 수출과 내수도 모두 증가했으므로 옳지 않은 설명이다.

오답분석

① 수출이 가장 큰 폭으로 증가한 2020년에는 생산도 가장 큰 폭으로 증가한 것을 확인할 수 있다.
② 내수가 가장 큰 폭으로 증가한 2020년에는 생산과 수출은 모두 감소했으므로 옳은 설명이다.
③ 수출이 증가한 2018년, 2021년, 2022년에는 내수와 생산도 증가했으므로 옳은 설명이다.

50 정답 ①

②는 첫 번째 문단, ③은 세 번째 문단과 네 번째 문단, ④는 여섯 번째 문단에서 확인할 수 있다.

제**2**영역 전공

| 01 | 전기일반(전기직 · 신호직)

51	52	53	54	55	56	57	58	59	60
②	①	②	②	②	③	③	③	②	③
61	62	63	64	65	66	67	68	69	70
①	①	①	①	①	②	①	②	②	①
71	72	73	74	75	76	77	78	79	80
④	④	④	③	①	④	③	④	④	②
81	82	83	84	85	86	87	88	89	90
②	②	①	②	②	①	③	③	①	②
91	92	93	94	95	96	97	98	99	100
①	②	①	①	②	②	②	①	②	①

51 정답 ②

정전용량 $Q = CV$ 에서 $C_1 = \dfrac{Q}{V_1}$, $C_2 = \dfrac{Q}{V_2}$

$\therefore \dfrac{C_1}{C_2} = \dfrac{\frac{Q}{V_1}}{\frac{Q}{V_2}}$, $V_1 = V_2$ 이므로 $\dfrac{C_1}{C_2} = \dfrac{V_2}{V_1} = 1$

52 정답 ①

[전력량(W) $= Pt$ [Wh]]

• $W_{220\text{V}} = Pt = 55 \times \left(2 \times \dfrac{1}{2} \times 10\right) = 550\text{Wh}$
• $W_{110\text{V}} = Pt = 55 \times (1 \times 1 \times 10) = 550\text{Wh}$

따라서 전력량의 비는 1 : 1로 같다.

53 정답 ②

상호인덕턴스 $M = k\sqrt{L_1 L_2}$

$\therefore$ 결합계수 $k = \dfrac{M}{\sqrt{L_1 L_2}} = \dfrac{10}{\sqrt{20 \times 80}} = \dfrac{10}{\sqrt{1,600}} = 0.25$

54 정답 ②

ACSR은 강선과 경알루미늄연선의 합성연선으로 명칭은 강심알루미늄연선이다.

전선의 종류 및 용도
• 연동선 : 옥내배선 및 지중전선로 사용
  – IV : 600V 비닐절연전선
  – HIV : 내열용 비닐절연전선
  – FL : 1000V 형광방전등용전선
  – GV : 접지용 비닐절연전선

- 경동선 : 인입선 및 저압 가공전선로
  - DV : 인입용 비닐절연전선
  - OW : 옥외용 비닐절연전선
- 합성연선
  - ACSR : 강심알루미늄연선

55

전압을 n배로 승압 시

항목	관계
송전전력	$P \propto V^2$
전압강하	$e \propto \dfrac{1}{V}$
단면적 A	
총중량 W	
전력손실 P_l	$[A, \ W, \ P_l, \ \epsilon] \propto \dfrac{1}{V^2}$
전압강하율 ϵ	

56

정답 ③

고조파 제거와 서지흡수기는 관계가 없다.

고조파 제거방법
- △결선하여 3고조파 제거
- 직렬리엑터를 설치하여 제5고조파의 제거
- 1차측 필터 설치
- 고조파 전용변압기 사용
- 무효전력 보상장치 설치

57

정답 ③

$N = K($기계정수$) \times \dfrac{E}{\Phi}, \ E = V - I_a R_a,$

$N = K \times \dfrac{V - R_a I_a}{\Phi}$

식에서 N을 $\dfrac{1}{2}$로 하려면 Φ는 2가 되어야 한다.

58

정답 ③

$i = \dfrac{V}{R}\left(1 - e^{-\frac{R}{L}t}\right) = \dfrac{100}{10}\left(1 - e^{-\frac{10}{0.1} \times 0.01}\right) = 10(1 - e^{-1})$

$\fallingdotseq 6.32A(\because e \fallingdotseq 2.718)$

59

정답 ②

컨덕턴스 $G = \dfrac{1}{R}, \ V = IR$이므로,

$V = I \times \dfrac{1}{G}[V]$

$\therefore \ V = 6 \times \dfrac{1}{0.5} = 12V$

60

정답 ③

동기 발전기의 단락비를 크게 한 것은 안정도를 높이기 위한 대책이다. 단락비가 큰 동기 발전기는 동기 임피던스·전압변동률·전기자 반작용·효율이 작고, 출력·선로의 충전 용량·계자기자력·단락전류·공극이 크다. 또한 안정도가 좋으며, 중량은 무겁고 가격이 비싸다.

61

정답 ①

전속밀도 D는 $\dfrac{Q}{A}$이다. 즉, 유전율 ε과 전속밀도 D는 아무런 관계가 없다.

62

정답 ①

전기회로에서 전류와 자기회로에서 자속의 흐름은 항상 폐회로를 형성한다.

63

정답 ①

전동기의 정격 전류의 합계가 50A를 초과하는 경우 그 정격 전류 합계의 1.1배인 것을 사용한다.

64

정답 ①

$s = \dfrac{N_s - N}{N_s}, \ N_s = \dfrac{120f}{p} = \dfrac{120 \times 60}{6} = 1,200$

$\therefore \ s = \dfrac{1,200 - 1,152}{1,200} = 0.04$

따라서 $E_{2s} = sE_2 = 0.04 \times 200 = 8V$이다.

65

정답 ①

RLC 직렬회로
- 직렬공진이므로 L 또는 C 양단에 가장 큰 전압이 걸리게 된다.
- 전류가 최대가 되므로 임피던스는 최소가 된다.
- 직렬공진이므로 저항 R만의 회로가 되어 동위상이다.
- L에 걸리는 전압과 C에 걸리는 전압의 위상은 180°이다.

66 정답 ②

일정한 운동 에너지를 가지고 등속 원운동을 한다.

67 정답 ②

중첩의 정리(Principle of Superposition)는 2개 이상의 기전력을 포함한 회로망의 정리 해석에 적용된다.

68 정답 ④

주어진 회로는 단상 전파 정류 회로 이므로, $E_d = 0.9E = 9$이다.

따라서 $I_d = \dfrac{E_d}{R} = \dfrac{9}{5,000} = 1.8\text{mA}$이다.

69 정답 ②

유효전력 $P = I^2 R[\text{W}]$

오답분석

① 저항 R만의 회로 : 허수부 0(역률 1)
③ RLC 회로에서 L 제거 시 : C 전류(진상)
④ 역률 개선 : C 추가(진상용 콘덴서)

70 정답 ①

기동토크가 클수록 좋은 전동기로 다음은 단상 유도 전동기의 기동방법 중 기동토크가 큰 순서이다.

반발 기동형 > 반발 유도형 > 콘덴서 기동형 > 분상 기동형 > 셰이딩 코일형

71 정답 ④

등전위면과 전기력선은 항상 수직이다.

오답분석

① 도체 표면은 등전위면이다.
② 도체 표면에만 존재하고 도체 내부에는 존재하지 않는다.
③ 전기력선은 등전위면 간격이 좁을수록 세기가 커진다.

전기력선의 성질
- 도체 표면에 존재(도체 내부에는 없다)
- $(+) \rightarrow (-)$ 이동
- 등전위면과 수직으로 발산
- 전하가 없는 곳에는 전기력선이 없음(발생, 소멸이 없다)
- 전기력선 자신만으로 폐곡선을 이루지 않음
- 전위가 높은 곳에서 낮은 곳으로 이동
- 전기력선은 서로 교차하지 않음
- 전기력선 접선방향 = 그 점의 전계의 방향
- $Q[\text{C}]$에서 $\dfrac{Q}{\varepsilon_0}$ 개의 전기력선이 나옴
- 전기력선의 밀도는 전기장의 세기에 비례(전기력선의 세기는 등전위면 간격이 좁을수록 커진다.)

72 정답 ④

전자기파는 전기장과 자기장의 변화가 상호 작용하면서 진행한다.

73 정답 ①

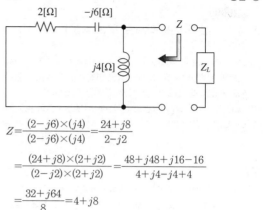

$$Z = \frac{(2-j6) \times (j4)}{(2-j6) \times (j4)} = \frac{24+j8}{2-j2}$$

$$= \frac{(24+j8) \times (2+j2)}{(2-j2) \times (2+j2)} = \frac{48+j48+j16-16}{4+j4-j4+4}$$

$$= \frac{32+j64}{8} = 4+j8$$

$$\therefore |Z| = \sqrt{(4)^2 + (8)^2} = \sqrt{80} = 4\sqrt{5}$$

74 정답 ③

동기 조상기를 운전할 때 부족여자로 운전하면 동기속도가 되려는 동기 전동기의 특성으로 인해 증자작용이 필요한 리액터처럼 작용한다. 과여자로 운전하면 콘덴서로 작용한다.

75 정답 ①

일정한 크기와 방향의 정상전류가 흐르는 도선 주위의 자기장 세기를 구할 수 있는 법칙은 비오 – 사바르의 법칙이다.

오답분석

② 렌츠의 법칙 : 1834년에 독일의 물리학자 하인리치 렌츠(H. F. E. Lenz)가 발견하였으며, 유도기전력과 유도전류는 자기장의 변화를 상쇄하려는 방향으로 발생한다는 전자기 법칙이다.
③ 키르히호프의 법칙 : 독일의 물리학자 G. R. 키르히호프(Gustav R. Kirchhoff)가 발견한 법칙으로 전류에 관한 법칙과 열복사에 관한 법칙 두 가지가 있다. 전류에 관한 법칙은 옴의 법칙을 확장한 것으로 전기회로에서 전류를 구할 때 사용된다. 열복사에 관한 법칙은 일정한 온도에서 같은 파장의 복사(전자기파)에 대한 물체의 흡수율과 방출률의 비는 물체의 성질에 관계없이 일정하다는 것을 보여준다.
④ 옴의 법칙 : 1826년 독일의 물리학자 옴(G. S. Ohm)이 발견한 내용으로 전류의 세기는 두 점 사이의 전위차에 비례하고, 전기저항에 반비례한다는 법칙이다.

76

정답 ④

동기 전동기를 무부하 운전하고 그 계자전류를 조정하면 역률이 0에 가까운 전기자전류의 크기를 바꿀 수 있는데, 이것을 이용해서 회로로부터 얻는 진상 또는 지상 무효전력을 조정하여 역률 조정에 사용되는 것은 동기 조상기이다.

오답분석

① 댐퍼 : 진동 에너지를 흡수하는 장치로 제진기, 흡진기라고도 한다.
② 동기이탈 : 동기 속도에서 이탈하는 과정으로, 회전자의 고유 진동과 전원 또는 부하의 주기적인 변화로 인한 강제 진동이 일치하였을 때, 난조가 발생하여 동기를 이탈한다.
③ 제동권선 : 동기기 자극편의 전기자에 상대하는 면의 슬롯 안에 설치한 권선이다.

77

정답 ③

다이오드는 전류를 한쪽 방향으로만 흐르게 하는 역할을 한다. 이를 이용하여 교류를 직류로 바꾸는 작용을 다이오드의 정류작용이라고 한다.

오답분석

① 증폭작용 : 전류 또는 전압의 진폭을 증가시키는 작용
② 발진작용 : 직류에너지를 교류에너지로 변환시키는 작용
④ 변조작용 : 주파수가 높은 일정 진폭의 반송파를 주파수가 낮은 신호파로 변화시키는 작용

78

정답 ④

교류는 직류와 달리 전압과 전류의 곱이 반드시 전력이 되지는 않는다. 위상차를 이용한 역률까지 곱해야 전력을 얻을 수 있는 것이다. 여기서 역률은 $\cos\theta$를 의미한다. 즉 교류의 전류는 $P=VI$가 아니고 $P=VI\cos\theta$이다.

79

정답 ④

전류가 전압보다 90° 앞서는 콘덴서회로에 해당되는 용량성회로이다.

80

정답 ②

자속이 변하면 철심에는 교번 단락 전류가 통과함으로써 와류손이 발생하게 되는데, 이것을 방지하기 위하여 철심을 상호 절연한 규소 강판을 성층하여 사용한다.

81

정답 ②

데이터 전송 제어의 종류

• 입출력 제어 : 입출력 기기들에 대한 직접적인 제어
• 회선 제어 : DCE – 전송 회선 간의 제어 절차 규정
• 동기 제어 : 송수신 단말 간의 데이터 전송 순서 및 타이밍 규정
• 에러 제어 : 오류의 검출 및 수정

82

정답 ④

보상 권선은 자극편에 슬롯을 만들어 여기에 전기자 권선과 같은 권선을 하고 전기자 전류와 반대 방향으로 전류를 통하여 전기자의 기자력을 없애도록 한 것이다.

83

정답 ①

KEC 142.3.1(접지도체)

• 큰 고장전류가 접지도체를 통하여 흐르지 않을 경우 접지도체의 최소 단면적
  – 구리 : 6mm^2 이상
  – 철제 : 50mm^2 이상
• 접지도체에 피뢰시스템이 접속되는 경우
  – 구리 : 16mm^2 이상
  – 철 : 50mm^2 이상

84

정답 ②

$$P=9.8\omega\tau=9.8\times2\pi\times\frac{N}{60}\times W\times L$$
$$(\because \tau=\text{WL}=10\times0.4=4\text{kg}\cdot\text{m})$$
$$=6.56\text{kW}$$

85

정답 ②

전류를 흐르게 하는 원동력을 기전력이라 하며 단위는 V이다.
$$E=\frac{W}{Q}[\text{V}](\text{Q : 전기량, W : 일의 양})$$

86

정답 ①

전류가 전압의 위상보다 −60° 차이가 나므로 전류는 전압보다 60° 뒤진다.

87

정답 ③

병렬 운전 조건은 기전력의 크기, 위상, 주파수, 파형, 상회전 방향(3상)이 같아야 한다.

88

정답 ③

KEC 241.16.3(전기부식방지 회로의 전압 등)

• 전기부식방지 회로(전기부식방지용 전원장치로부터 양극 및 피방식체까지의 전로)의 사용전압은 직류 60V 이하일 것
• 양극은 지중에 매설하거나 수중에서 쉽게 접촉할 우려가 없는 곳에 시설할 것
• 지중에 매설하는 양극(양극의 주위에 도전 물질을 채우는 경우 포함)의 매설 깊이는 0.75m 이상일 것

- 수중에 시설하는 양극과 그 주위 1m 이내의 거리에 있는 임의점과의 사이의 전위차는 10V를 넘지 아니할 것
- 지표 또는 수중에서 1m간격의 임의의 2점간의 전위차가 5V를 넘지 아니할 것

89 정답 ①

$v' = N\dfrac{\Delta\Phi}{\Delta t}$ 이므로 쇄교 자속수의 변화에 비례하고, 시간에 반비례한다.

90 정답 ②

회전 변류기의 직류측 전압 조정은 리액턴스 조정, 동기 승압기 사용, 전압 조정 변압기, 유도 전압 조정기 등이 있다.

91 정답 ①

리액턴스 전압이 불꽃 발생의 원인이 되므로 리액턴스 전압을 감소시키기 위한 방법에는 정류주기 증가, 인덕턴스 감소, 보극 설치가 있다. 또한, 브러시 접촉 저항 확대를 위해 접촉 저항이 큰 탄소 브러시 사용하는 것이 불꽃 없는 정류를 얻는 데 유효한 방법이다.

92 정답 ②

기전력의 위상이 다르게 되면, 병렬 운전되고 있는 발전기 중 한 대의 출력이 변하게 되어 회전자 속도에 변화가 발생하고 이로 인해 유효 순환 전류가 발생한다.

93 정답 ①

변압기 권수비

$$a = \sqrt{\dfrac{R_1}{R_2}} = \sqrt{\dfrac{3}{300}} = \sqrt{\dfrac{1}{100}} = \dfrac{1}{10}$$

[권선비 (a)] $= \dfrac{N_1}{N_2}$, $\dfrac{1}{10} = \dfrac{N_1}{N_2}$

즉 $N_1 = 1$, $N_2 = 10$이 된다.

$$a = \sqrt{\dfrac{X_s}{X_L}}$$

$\dfrac{1}{10} = \sqrt{\dfrac{X_s}{400}}$, 양변을 제곱하면

$$\dfrac{1}{100} = \dfrac{X_s}{400}$$

$$X_s = \dfrac{400}{100} = 4\,\Omega$$

∴ 최대전력 전달조건에서 내부임피던스와 외부(부하)임피던스는 켤레 복소수이므로 $X_s = -4\,\Omega$

∴ $z = R + jX$일 때 실수, 허수끼리만 계산 가능

94 정답 ①

단권변압기 $a = \dfrac{N_{1차}}{N_{2차}} = \sqrt{\dfrac{Z_{1차}}{Z_{2차}}}$ 는 $Z_{1차} = Z_{in}$, $Z_{2차} = Z_L$

$\dfrac{N_{1차}}{N_{2차}} = \sqrt{\dfrac{Z_{in}}{Z_L}}$ 의 양변을 제곱하면

$$\left(\dfrac{N_{1차}}{N_{2차}}\right)^2 = \dfrac{Z_{in}}{Z_L}$$

$N_{1차} = N_1 + N_2$, $N_{2차} = N_2$를 대입하면

$$\left(\dfrac{N_1 + N_2}{N_2}\right)^2 = \dfrac{Z_{in}}{Z_L}$$

$$\therefore\ Z_{in} = Z_L\left(\dfrac{N_1 + N_2}{N_2}\right)^2$$

95 정답 ②

- 진동 상태 : $R^2 < \dfrac{4L}{C}$
- 비진동 상태 : $R^2 > \dfrac{4L}{C}$
- 임계 상태 : $R^2 = \dfrac{4L}{C}$

$R^2 = 100^2 = 10,000$, $\dfrac{4L}{C} = \dfrac{4 \times 0.1 \times 10^{-3}}{0.1 \times 10^{-6}} = 4,000$

따라서, $R^2 > \dfrac{4L}{C}$ 이므로 비진동 상태이다.

96 정답 ②

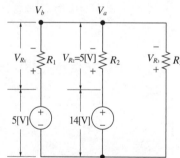

- $V_{R2} = 5$V이므로 $V_a = 14 - 5 = 9$V
- $V_a = V_b$이므로 $5 - V_{R1} = V_b$에서 $V_b = V_a = 9$V 대입
  $5 - V_{R1} = 9$
  ∴ $V_{R1} = -4$V

97 정답 ②

$P = 1.2 \times 2\sqrt{3} \fallingdotseq 4.16$kVA

98
정답 ①

저압 가공전선을 횡단보도교 위에 시설하는 경우 노면상에서 3m 이상 이격해야 한다.

가공 전선의 높이

구분	저압	고압	특고압 (35kV 이하)
도로	6m	6m	6m
철도	6.5m	6.5m	6.5m
횡단보도교	3m	3.5m	4m

99
정답 ②

접속 부분은 접속관 기타의 기구를 사용하되 케이블 상호 간, 코드와 케이블, 코드 상호 간은 코드 접속기를 사용한다.

100
정답 ①

전기가 통하고 있는 전선의 경우 피복을 벗길 때 사용하는 것은 전선 피박기이다.

| 02 | 기계일반(기계직)

51	52	53	54	55	56	57	58	59	60
②	②	③	①	①	②	②	③	②	①
61	62	63	64	65	66	67	68	69	70
③	④	①	①	①	②	③	③	②	④
71	72	73	74	75	76	77	78	79	80
②	④	④	④	②	③	①	④	②	①
81	82	83	84	85	86	87	88	89	90
④	②	③	④	③	③	②	③	④	④
91	92	93	94	95	96	97	98	99	100
①	②	④	④	③	④	①	③	④	③

51
정답 ②

크리프(Creep) 현상은 금속을 고온에서 오랜 시간 외력을 가하면 시간의 경과에 따라 서서히 변형이 증가하는 현상을 말한다.

오답분석

① 전성 : 얇은 판으로 넓게 펼 수 있는 성질
③ 연성 : 가느다란 선으로 늘어나는 성질
④ 피로 : 재료의 파괴력보다 적은 힘으로 오랜 시간 반복 작용하면 파괴되는 현상

52
정답 ②

니켈(Ni)은 강자성체로서 자성을 띠는 금속원소로 아름다운 광택과 내식성이 우수한 바철금속이다.

53
정답 ③

가공도가 커 거친가공에 적합한 것은 열간가공의 특징이다.

> **냉간가공의 특징**
> • 가공면이 아름답다(치수 정밀도가 높다).
> • 기계적 성질이 개선된다.
> • 가공방향으로 섬유조직이 되어 방향에 따라 강도가 달라진다.
> • 인장강도, 항복점, 탄성한계, 경도가 증가한다.
> • 연신율(신장률), 단면수축률, 인성 등은 감소한다.

54
정답 ①

스터드볼트는 양쪽 끝이 모두 수나사로 되어 있는 볼트로, 한쪽 끝은 암나사가 난 부분에 반영구적인 박음 작업을 하고, 반대쪽 끝은 너트를 끼워 고정시킨다.

오답분석

② 관통볼트 : 구멍에 볼트를 넣고 반대쪽에 너트로 죄는 일반적인 형태의 볼트이다.

③ 아이볼트 : 나사의 머리 부분을 고리 형태로 만들고 고리에 로프나 체인, 훅 등을 걸어 무거운 물건을 들어 올릴 때 사용하는 볼트이다.

④ 나비볼트 : 볼트를 쉽게 조일 수 있도록 머리 부분을 날개 모양으로 만든 볼트이다.

55
정답 ①

드릴링 머신은 절삭물을 고정시키고 절삭공구를 회전하면서 상 · 하 이송하여 가공하는 공작기계이다.

공작기계의 절삭가공 방법

종류	공구	공작물
선반	축 방향 및 축에 직각 (단면 방향) 이송	회전
밀링	회전	고정 후 이송
보링	직선 이송	회전
	회전 및 직선 이송	고정
드릴링 머신	회전하면서 상 · 하 이송	고정
셰이퍼, 슬로터	전 · 후 왕복운동	상하 및 좌우 이송
플레이너	공작물의 운동 방향과 직각 방향으로 이송	수평 왕복운동
연삭기 및 래핑	회전	회전, 또는 고정 후 이송
호닝	회전 후 상하운동	고정
호빙	회전 후 상하운동	고정 후 이송

56
정답 ②

발생열을 흡수하여 열전도율이 좋아야 한다.

> **윤활유의 구비조건**
> • 온도에 따른 점도 변화가 적을 것
> • 적당한 점도가 있고 유막이 강할 것
> • 인화점이 높을 것
> • 변질되지 않으며 불순물이 잘 혼합되지 않을 것
> • 발생열을 흡수하여 열전도율이 좋을 것
> • 내열, 내압성이면서 가격이 저렴할 것
> • 중성이며 베어링이나 메탈을 부식시키지 않을 것

57
정답 ②

센터리스 연삭은 가늘고 긴 원통형의 공작물을 센터나 척으로 고정하지 않고 바깥지름이나 안지름을 연삭하는 가공방법이다. 연삭숫돌바퀴, 조정숫돌바퀴, 받침날의 3요소가 공작물의 위치를 유지한 상태에서 연삭숫돌바퀴로 공작물을 연삭한다.

오답분석

① 크리프드 연삭(Creep Feed Grinding) : 기존 평면연삭법에 비해 절삭 깊이를 크게 하고 1회에서 수번의 테이블이송으로 연삭다듬질을 하는 방법으로, 숫돌형상의 변화가 적고 연삭능률이 높아서 성형연삭에 주로 응용된다.

③ 원통 연삭(Cylindrical Grinding) : 숫돌바퀴의 회전운동과 주축대와 심압대 사이인 양 센터에 고정된 공작물의 회전 · 이송운동으로 원통의 내면과 외면, 측면 등을 연삭하는 가장 일반적인 연삭가공법이다.

④ 전해 연삭(Electrolytic Grinding) : 전해작용에 의한 금속의 용해작용과 일반 연삭가공을 병행하는 가공법으로 연삭숫돌이 음극의 역할을 한다. 전해액으로는 질산나트륨을, 연삭숫돌은 주로 다이아몬드나 알루미늄산화물입자를 메탈본드로 결합시킨 것을 사용하는데, 가공액으로 전해액을 하며 전기가 통하는 숫돌을 쓰기 때문에 숫돌과 공작물 사이에는 전기가 통한다.

58
정답 ③

연성파괴는 취성파괴처럼 갑작스럽게 재료가 끊어지는 것이 아니라 소성변형을 수반하면서 서서히 끊어지므로 균열도 매우 천천히 진행된다.

> **연성(Ductile)파괴**
> • 균열이 천천히 진행된다.
> • 취성파괴에 비해 덜 위험하다.
> • 컵 – 원뿔 모양의 파괴형상이 나온다.
> • 파괴 전 어느 정도의 네킹이 일어난다.
> • 취성파괴보다 큰 변형에너지가 필요하다.
> • 균열 주위에 소성변형이 상당히 일어난 후에 갑작스럽게 파괴된다.
> • 파단되는 순간은 파단조각이 많지 않을 정도로 큰 변형이 순식간에 일어난다.

59
정답 ②

표면의 가공정밀도는 '래핑 가공 – 슈퍼피니싱 – 호닝 가공 – 일반 연삭 가공' 순서로 우수하다.

60
정답 ①

아이어닝(Ironing)은 딥드로잉된 컵 두께를 균일하게 감소시키는 프레스 가공법이다. 제품용기의 길이를 보다 길게 만들 수 있지만 지나친 가공은 제품을 파단시킨다.

오답분석

② 코이닝(Coining) : 펀치와 다이 표면에 새겨진 모양을 판재에 각인하는 프레스 가공법으로 압인가공으로도 불린다.

③ 랜싱(Lancing) : 판재의 일부분만 남기고 절단하는 프레스 가공법이다.

④ 허빙(Hubbing) : 특정 형상으로 경화시킨 펀치로 판재의 표면을 압입하여 공동부를 만드는 프레스 가공법이다.

61
정답 ③

유동형 칩은 바이트 경사면에 따라 흐르듯이 연속적으로 발생하는 칩으로, 절삭 저항의 크기가 변하지 않고, 진동을 동반하지 않아 양호한 치수 정도를 얻을 수 있다.

오답분석

① 열단형 칩(Tear Type Chip)에 대한 설명이다.

② 유동형 칩은 절삭 저항의 크기가 변하지 않고, 진동을 동반하지 않는다.

④ 전단형 칩(Shear Type Chip)에 대한 설명이다.

62
정답 ④

청동은 구리(Cu)와 주석(Sn)의 합금이다.

63
정답 ①

나사의 자립조건

나사를 풀기 위해 필요한 힘 $P' = Q\tan(p - \alpha)$에서

- P'가 0보다 크면, $p - \alpha > 0$이므로 나사를 풀 때 힘이 든다. 따라서 나사는 풀리지 않는다.
- P'가 0이면, $p - \alpha = 0$이므로 나사가 풀리다가 정지한다. 따라서 나사는 풀리지 않는다.
- P'가 0보다 작으면, $p - \alpha < 0$이므로 나사를 풀 때 힘이 안 든다. 따라서 나사는 스스로 풀린다.

64
정답 ①

서브머지드 아크용접(Submerged Arc Welding)

용접 부위에 미세한 입상의 플럭스를 도포한 뒤 용접선과 나란히 설치된 레일 위를 주행대차가 지나가면서 와이어를 용접부로 공급시키면 플럭스 내부에서 아크가 발생하면서 용접하는 자동용접법이다. 용접봉인 와이어의 공급과 이송이 자동이며 용접부를 플럭스가 덮고 있어 열과 연기가 적다.

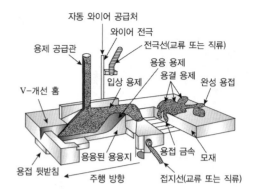

65
정답 ①

릴리프 밸브는 유압회로에서 회로 내 압력이 일정치 올라가면 그 압력에 의해 밸브가 열려 압력을 내려줘 일정하게 만들어주는 안전밸브의 역할을 한다.

66
정답 ②

담금질(Quenching : 퀜칭)은 재료를 변태점 온도 이상으로 가열한 후 급랭시켜 마텐자이트 조직을 얻기 위한 열처리법이다.

기본 열처리 4단계

- 담금질(Quenching : 퀜칭) : 재료를 강하게 만들기 위하여 변태점 이상의 온도인 오스테나이트 영역까지 가열한 후 물이나 기름 같은 냉각제 속에 집어넣어 급랭시킴으로써 강도와 경도가 큰 마텐자이트 조직을 만들기 위한 열처리조작이다.
- 뜨임(Tempering : 템퍼링) : 잔류응력에 의한 불안정한 조직을 A_1 변태점 이하의 온도로 재가열하여 원자들을 좀 더 안정적인 위치로 이동시킴으로써 잔류응력을 제거하고 인성을 증가시키기 위한 열처리법이다.
- 풀림(Annealing : 어닐링) : 강 속에 있는 내부응력을 제거하고 재료를 연하게 만들기 위해 A_1 변태점 이상의 온도로 가열한 후 가열 노나 공기 중에서 서랭함으로써 강의 성질을 개선하기 위한 열처리법이다.
- 불림(Normalizing : 노멀라이징) : 주조나 소성가공에 의해 거칠고 불균일한 조직을 표준화 조직으로 만드는 열처리법으로 A_3 변태점보다 $30 \sim 50°C$ 높게 가열한 후 공랭시킴으로써 만들 수 있다.

67
정답 ③

만네스만 가공은 속이 찬 빌릿이나 봉재에 1,200℃의 열을 가한 후 2개의 롤러에 재료를 물려 넣으면 재료 내부에 인장력이 중심 부분에 구멍을 만드는데, 이 구멍에 심봉으로 원하는 크기의 강관을 제조하는 가공법이다.

오답분석

① 프레스 가공 : 프레스기계를 이용하여 펀치나 다이로 판재에 인장이나 압축, 전단, 굽힘응력을 가해서 원하는 형상의 제품을 만드는 가공법이다.

② 전조 가공 : 재료와 공구(롤)를 양쪽에 함께 회전시켜 재료 내부나 외부에 각인하는 특수압연법이다.

④ 드로잉 가공 : 편평한 철판을 금형 위에 올려놓고 펀치로 눌러 다이의 내부로 철판이 들어가게 함으로써 이음매 없는 중공의 용기를 만드는 가공법이다.

68
정답 ③

구멍은 150.04mm 이하 150mm 이상이고, 축은 150.03mm 이하 149.92mm 이상이다. 축의 최소 치수가 구멍이 최대 치수보다 작고, 축의 최대 치수가 구멍의 최소 치수보다 클 때 중간 끼워맞춤에 속한다.

69
정답 ②

비소모성 텅스텐봉을 전극으로 사용하고 별도의 용가재를 사용하는 용접법은 TIG(Tungsten Inert Gas Arc Welding)용접이다. MIG용접은 소모성 전극봉을 사용한다.

용극식과 비용극식 아크용접법

용극식 용접법 (소모성 전극)	용가재인 와이어자체가 전극이 되어 모재와의 사이에서 아크를 발생시키면서 용접 부위를 채워나가는 용접방법으로, 이때 전극의 역할을 하는 와이어는 소모된다. 예 서브머지드 아크용접(SAW), MIG용접, CO_2 용접, 피복금속 아크용접(SMAW)
비용극식 용접법 (비소모성 전극)	전극봉을 사용하여 아크를 발생시키고 이 아크열로 용가재인 용접봉을 녹이면서 용접하는 방법으로, 이때 전극은 소모되지 않고 용가재인 와이어(피복 금속 아크용접의 경우 피복 용접봉)는 소모된다. 예 TIG용접

70
정답 ④

(단위 체적 당 탄성에너지)=(최대 탄성 에너지)이므로,

$$u = \frac{U}{V} = \frac{\sigma^2}{2E} = \frac{E \times \epsilon^2}{2}$$

$$u_1 = \frac{\sigma^2}{2E} \rightarrow u_2 = \frac{(4\sigma)^2}{2E} = \frac{16\sigma^2}{2E}$$

따라서 $u_2 = 16u_1$ 이므로 16배가 된다.

71
정답 ②

연삭가공은 정밀한 입자가공이며, 치수정밀도는 정확한 편이다. 연삭입자는 불규칙한 형상, 평균적으로 큰 음의 경사각을 가졌으며, 경도가 크고 취성이 있는 공작물 가공에 적합하다.

72
정답 ②

가운데가 빈 중공축이 정하중으로 굽힘모멘트(σ_a) 만 받는 경우

$$M = \sigma_a \times Z$$

$$M = \sigma_a \times \frac{\pi d_2^3 (1 - x^4)}{32}$$

이 식을 바깥지름(d_2) 로 정리하면

$$\frac{32M}{\pi(1 - x^4)\sigma_a} = d_2^3$$

$$\sqrt[3]{\frac{32M}{\pi(1 - x^4)\sigma_a}} = d_2$$

단면계수(Z)

중실축 단면계수	중공축 단면계수
$\dfrac{\pi d_2^3}{32}$	$\dfrac{\pi d_2^3 (1 - x^4)}{32}$ $x(내외경비) = \dfrac{d_1}{d_2}$

73
정답 ④

베인 펌프의 작동유는 점도 제한이 있다. 동점도는 약 35cSt(Centi Stokes)이다.

베인 펌프의 특징
- 압력 저하량이 적다.
- 펌프 중량에 비해 형상치수가 작다.
- 송출(토출)압력의 맥동이 적고 소음이 작다.
- 작동유의 점도에 제한이 있다.
- 호환성이 좋고 보수가 용이하다.
- 다른 펌프에 비해 부품수가 많다.

74
정답 ④

질화법은 제품을 질화처리한 후 열처리가 필요 없으나, 침탄법은 침탄 후에도 추가 열처리가 필요하다.

침탄법과 질화법의 특징

특성	침탄법	질화법
경도	질화법보다 낮다.	침탄법보다 높다.
수정여부	침탄 후 수정 가능하다.	불가능하다.
처리시간	짧다.	길다.
열처리	침탄 후 열처리가 필요하다.	질화 후 열처리가 불필요하다.
변형	변형이 크다.	변형이 작다.
취성	질화층보다 여리지 않다.	질화층이 여리다.
경화층	질화법에 비해 깊다.	침탄법에 비해 얕다.
가열온도	질화법보다 높다.	낮다.

75
정답 ②

스테인리스강은 일반 강재료에 Cr(크롬)을 12% 이상 합금하여 부식이 잘 일어나지 않는다. 스테인리스강에 탄소량이 많아지면 부식이 잘 일어나게 되므로 내식성은 저하된다.

구분	종류	주요성분	자성
Cr계	페라이트계 스테인리스강	Fe+Cr(12% 이상)	자성체
	마텐자이트계 스테인리스강	Fe+Cr(13%)	자성체
Cr+Ni계	오스테나이트계 스테인리스강	Fe+Cr(18%)+Ni(8%)	비자성체
	석출경화계 스테인리스강	Fe+Cr+Ni	비자성체

76
정답 ③

보일-샤를의 법칙에 의하여, $\dfrac{P_1 V_1}{T_1} = \dfrac{P_2 V_2}{T_2} = C$,

$V_1 = V_2 = V$

$\dfrac{50 \times V}{(25+273.15)} = \dfrac{(50 \times 1.5) \times V}{T_2}$

$\therefore\ T_2 = 447.2\text{K} = 174.1\,^{\circ}\text{C}$

77
정답 ①

공기 스프링은 작동유체인 공기의 특성으로 2축이나 3축을 동시에 제어하기 힘들다.

78
정답 ④

전해가공(ECM; Electro Chemical Machining)

공작물을 양극에, 공구를 음극에 연결하면 도체 성질의 가공액에 의한 전기화학적 작용으로 공작물이 전기 분해되어 원하는 부분을 제거하는 가공법으로 가공된 공작물에는 열 손상이 발생되지 않는다.

79
정답 ②

클러치 설계 시 유의사항은 균형상태가 양호해야 하고, 관성력이 작고 과열되지 않고, 마찰열에 대한 내열성도 좋아야 한다. 그리고 단속을 원활히 할 수 있도록 한다.

80
정답 ①

$e^{\mu\theta}$(벨트 장력비)$= \dfrac{T_t\,(\text{긴장장력})}{T_s\,(\text{이완장력})}$이다.

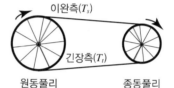

81
정답 ④

인성(Toughness)은 파괴되기(파괴강도) 전까지 재료가 에너지를 흡수할 수 있는 능력이다.

오답분석

① 재료에 응력이 증가하게 되면 탄성영역을 지나 항복점까지 도달하면 재료는 파괴된다.
② 탄력(Resilience)은 탄성범위 내에서 에너지를 흡수하거나 방출할 수 있는 재료의 능력이다.
③ 연성(Ductility)은 탄성한계보다 큰 외력이 가해졌을 때 파괴되지 않고 잘 늘어나는 성질이다.

82
정답 ②

와이어 컷 방전가공용 전극재료는 열전도가 좋은 구리, 황동, 흑연을 사용하여 성형성이 쉽지만 스파크방전에 의해 전극이 소모되므로 재사용은 불가능하다. 사용되는 가공액은 일반적으로 수용성 절삭유를 물에 희석하여 사용하고, 와이어는 파단력이 약 0.5로 하며 복잡하고 미세한 형상가공에 쓰인다.

83
정답 ③

일렉트로 슬래그용접(Electro Slag Welding)은 용융관 슬래그와 용융 금속이 용접부에서 흘러나오지 않게 둘러싸고, 주로 용융 슬래그의 저항 열로 용접봉과 모재를 용융시켜 용접하는 방법이다.

오답분석

고상용접은 모재를 용융시키지 않고 기계적으로 접합면에 열과 압력을 동시에 가하여 원자와 원자를 밀착시켜 접합시키는 용접법이다. 종류에는 확산용접, 초음파용접, 마찰용접, 폭발용접이 있다.

84
정답 ④

펠턴 수차는 낙차가 크고 유량(수량)이 적은 곳에 사용한다.

85
정답 ③

파스칼의 원리

밀폐된 용기 속에 있는 액체에 가한 압력은 그 액체가 접하는 모든 방향으로 같은 크기의 압력을 전달한다. 이는 유압 잭의 원리로도 사용된다.

86
정답 ③

청화법은 침탄법보다도 더 얇은 경화층을 얻고자 할 때 사용하는 방법으로 청화칼리나 청산소다와 같은 화학물질이 사용되며, 처리방법에는 간편뿌리기법과 침적법이 있는데 침탄과 질화가 동시에 발생한다는 특징이 있다.

87
정답 ②

조직의 결정격자 및 특징

기호	조직명	결정격자 및 특징
α	페라이트 (α-ferite)	BCC (탄소 0.025%)
γ	오스테나이트 (austenite)	FCC (탄소 2.11%)
δ	페라이트 (δ-ferite)	BCC
Fe_3C	시멘타이트 (Cementite)	금속간 화합물 (탄소 6.68%)
$\alpha+Fe_3C$	펄라이트 (Pearlite)	$\alpha+Fe_3C$의 혼합 조직 (탄소 0.8%)
$\gamma+Fe_3C$	레데부라이트 (Ledeburite)	$\gamma+Fe_3C$의 혼합 조직 (탄소 4.3%)

88
정답 ③

드럼브레이크는 바퀴와 함께 회전하는 브레이크드럼의 안쪽에 마찰재인 초승달 모양의 브레이크패드(슈)를 밀착시켜 제동시키는 장치이다.

오답분석

① 블록브레이크 : 마찰브레이크에 속하며 브레이크드럼에 브레이크블록을 밀어 넣어 제동시키는 장치이다.
② 밴드브레이크 : 마찰브레이크의 일종으로 브레이크드럼의 바깥 둘레에 강철 밴드를 감아 밴드와 브레이크드럼 사이에 마찰력으로 제동력을 얻는 장치이다.
④ 원판브레이크(디스크브레이크) : 압축식 브레이크의 일종으로, 바퀴와 함께 회전하는 디스크에 패드를 압착시켜 제동력을 얻어 회전을 멈추는 장치이다.

89
정답 ④

스트레이트 에지(Straight Edge)는 평면도를 측정하는 기기이다.

오답분석

① 마이크로미터가 버니어 캘리퍼스보다 측정할 때 더 정밀하다.
② 사인 바(Sine Bar)는 삼각법을 이용하여 공작물의 각도를 측정한다.
③ 다이얼 게이지(Dial Gage)는 변화 변위를 톱니바퀴로 정밀하게 측정하는 비교측정기이다.

90
정답 ④

테르밋용접은 알루미늄분말과 산화철을 혼합하여 산화철이 환원되어 생긴 철이 테르밋제를 만든 후 약 2,800℃의 열이 발생되면서 용접용 강이 만들어지게 되는데 이 강을 용접부에 주입하면서 용접하는 용접법이다.

오답분석

① 플러그용접 : 위아래로 겹쳐진 판을 접합할 때 사용하는 용접법으로 위에 놓인 판의 한쪽에 구멍을 뚫고 그 구멍 안의 바닥부터 용접하여 용가재로 구멍을 채워 다른쪽 부재와 용접하는 용접법이다.
② 스터드용접 : 점용접의 일종으로 봉재나 볼트와 같은 스터드(막대)를 판이나 프레임과 같은 구조재에 직접 심는 능률적인 용접법이다.
③ TIG용접 : Tungsten(텅스텐)재질의 전극봉으로 아크를 발생시킨 후 모재와 같은 성분의 용가재를 녹여가며 용접하는 특수용접법이다.

91

성적계수(COP; Coefficient Of Performance)

$\dfrac{(저온체에서\ 흡수한\ 열량)}{(공급열량)} = \dfrac{Q_2}{Q_1 - Q_2}$ 이므로

$2 = \dfrac{5}{Q_1 - 5}$

$2(Q_1 - 5) = 5$

$2Q_1 = 15$

$Q_1 = 7.5\text{kJ/s} = 7.5\text{kW}$

92

정답 ②

라이저(압탕구)는 응고 중 수축으로 인해 용탕의 부족분을 보충하기 위한 용탕 추가 저장소이다.

오답분석

① 게이트(주입구) : 탕도에서 용탕이 주형 안으로 들어가는 부분이다.

③ 탕구 : 주입컵을 통과한 용탕이 수직으로 자유 낙하하여 흐르는 첫 번째 통로이다.

④ 탕도(Runner) : 용탕이 탕구로부터 주형입구인 주입구까지 용탕을 보내는 수평부분이다.

93

정답 ④

압접은 접합하는 재료에 녹기 직전까지 가열 후 압력을 가하여 접합하는 용접법으로 종류에는 마찰용접, 점용접, 심용접이 있다.

용접법의 분류

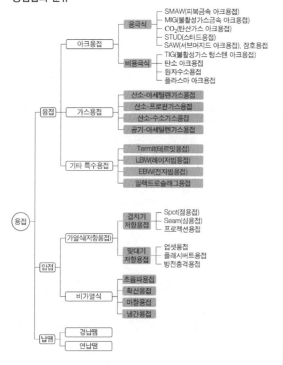

94

정답 ④

오답분석

① 인베스트먼트 주조법 : 제품과 동일한 형상의 모형을 왁스(양초)나 파라핀(합성수지)으로 만든 후 그 주변을 슬러리 상태의 내화 재료로 도포한 다음 가열하면 주형은 경화되면서 왁스로 만들어진 내부 모형이 용융되어 밖으로 빼내어짐으로써 주형이 완성되는 주조법이다. 다른 말로는 로스트 왁스법, 치수 정밀도가 좋아서 정밀 주조법으로도 불린다.

② 분말야금법 : 분말과 야금의 합성어로 금속분말을 압축 성형하여 가열하면 입자 사이에 확산이 일어나는데 이때 분말이 서로 응착하는 소결현상이 일어나면서 원하는 형상으로 성형시키는 제조기술이다.

③ 금속사출성형 : 사출 실린더 안에 지름이 약 $10\mu m$의 금속분말을 넣고 사출기로 성형하여 제품을 만드는 제조 기술이다.

95

정답 ③

웜 기어(웜과 웜휠기어로 구성)는 회전운동하는 운동축을 $90°$로 회전시켜서 다시 회전운동을 시키는 기어장치로 역회전을 방지할 수 있다.

> **웜과 웜휠기어의 특징**
> - 부하용량이 크다.
> - 잇면의 미끄럼이 크다.
> - 역회전을 방지할 수 있다.
> - 감속비를 크게 할 수 있다.
> - 운전 중 진동과 소음이 거의 없다.
> - 진입각이 작으면 효율이 떨어진다.
> - 웜에 축방향의 하중이 발생된다.

96

정답 ④

- 아이조드식 충격시험법 : 시험편을 세로방향으로 고정시키는 방법으로 한쪽 끝을 고정시킨 상태에서 노치부가 있는 면을 진자형의 무거운 추로 타격하여 시험편이 파단되는데, 해머가 올라가 높이에 따른 충격값을 구하는 시험법이다.

- 샤르피식 충격시험법 : 가로방향으로 양단의 끝부분을 단순 지지해 놓은 시편을 회전하는 해머로 노치부를 타격하여 연성 파괴인지 취성파괴인지 판정하는 시험법이다.

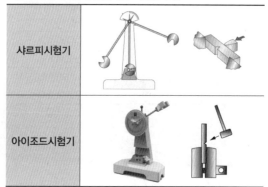

샤르피시험기	
아이조드시험기	

97

정답 ①

키에 작용하는 전단응력을 구하는 식은 다음과 같다.

$$\tau = \frac{F}{A} = \frac{W}{A} = \frac{\text{작용힘}}{\text{전단단면적}} = \frac{F}{\text{키의 폭}(b) \times \text{키의 길이}(l)}$$

$$\rightarrow \tau = \frac{F}{\text{키의 폭}(b) \times \text{키의 길이}(l)} = \frac{1\text{N}}{0.01\text{m} \times 0.1\text{m}}$$

$$\rightarrow \tau = \frac{1\text{N}}{0.001\text{m}} = 1,000\text{N/m}^2$$

따라서 키에 작용하는 전단응력은 $1,000\text{N/m}^2$ 이다.

98

정답 ③

양극산화법은 알루미늄 제조에 주로 사용되며 다양한 색상의 유기염료를 사용하여 소재 표면에 안정되고 오래가는 착색피막을 형성하는 표면처리법이다.

오답분석

① 침탄법 : 순철에 0.2% 이하의 C(탄소)가 합금된 저탄소강을 목탄과 같은 침탄제 속에 완전히 파묻은 상태로 약 900~950℃로 가열하여 재료의 표면에 C를 침입시켜 고탄소강으로 만든 후 급랭시킴으로써 표면을 경화시키는 열처리법이다. 기어나 피스톤핀을 표면경화할 때 주로 사용된다.
② 화학증착법 : CVD(Chemical Vapor Deposition)법으로 기체 상태의 혼합물을 가열된 기판의 표면 위에서 화학반응을 시킴으로써 그 생성물이 기판의 표면에 증착되도록 만드는 기술이다.
④ 고주파경화법 : 고주파유도전류로 강(Steel)의 표면층을 급속 가열한 후 급랭시키는 방법으로 가열시간이 짧고 피가열물에 대한 영향을 최소로 억제하며 표면을 경화시키는 표면경화법이다. 고주파는 소형제품이나 깊이가 얕은 담금질층을 얻고자 할 때, 저주파는 대형제품이나 깊은 담금질층을 얻고자 할 때 사용한다.

99

정답 ④

4행정 사이클기관이 2행정 사이클기관보다 행정길이가 더 길기 때문에 체적효율이 더 높다. 2행정 사이클기관은 매회전마다 폭발하여 동일배기량일 경우 출력이 크고, 회전력이 균일하다. 또한, 마력당 기관중량이 가벼우며 밸브기구가 필요 없어 구조가 간단하다.

4행정 가솔린기관과 2행정 가솔린기관

구분	4행정 사이클	2행정 사이클
구조	복잡하다.	간단하다.
제작단가	고가이다.	저가이다.
밸브기구	필요하다.	필요 없다.
유효행정	길다.	짧다.
열효율	높다.	낮다.
연료소비율	2행정보다 적다.	4행정보다 많다.
체적효율	높다.	낮다.
회전력	불균일하다.	균일하다.
마력당 기관중량	무겁다.	가볍다.
동력발생	크랭크축 2회전당 1회	크랭크축 1회전당 1회
윤활유 소비	적다.	많다.
동일배기량 시 출력	작다.	크다.

100

정답 ③

전항력 300kg 중에서 항력은 70%이므로 $D = 300 \times 0.7 = 210\text{kg}$

$$[\text{항력}(D)] = C_D \frac{\rho A V^2}{2}$$

$$210 = C_D \frac{\left(\frac{1.25}{9.81}\right) \times 4.8 \times \left(\frac{100}{3.6}\right)^2}{2}$$

$$\therefore C_D = 0.89$$

51	52	53	54	55	56	57	58	59	60
③	②	①	①	①	④	④	①	④	④
61	62	63	64	65	66	67	68	69	70
②	③	④	④	①	③	②	②	④	②
71	72	73	74	75	76	77	78	79	80
②	④	②	②	②	③	④	③	①	②
81	82	83	84	85	86	87	88	89	90
②	③	④	①	①	③	③	②	②	③
91	92	93	94	95	96	97	98	99	100
②	①	①	④	③	④	④	③	④	③

51
정답 ③

유관이란 옆면이 유선으로 둘러싸인 관을 말한다.

52
정답 ②

면적의 정밀도 $\left(\dfrac{dA}{A}\right)$와 거리정밀도 $\left(\dfrac{dl}{l}\right)$의 관계는 $\dfrac{dA}{A}=2\left(\dfrac{dl}{l}\right)$ 이다.

따라서 $dl = 0.2 \times 600 = 120\text{mm} = 0.12\text{m}$이므로,

$\dfrac{dA}{A} = 2\left(\dfrac{0.12}{10}\right) \times 100 = 2.4\%$이다.

53
정답 ①

전단탄성계수 공식은 $G = \dfrac{E}{2(1+\nu)}$ 이다.

따라서 $\nu = \dfrac{E}{2G} - 1 = \dfrac{230,000}{2(60,000)} - 1 \fallingdotseq 0.917$이다.

54
정답 ①

슬러지 용량 지표(SVI)는 폭기조 혼합액 1L를 30분간 침전시킨 후 1g의 MLSS가 슬러지로 형성시 차지하는 부피를 말하며, SVI $=$ SV $\times 10^4$/MLSS의 식으로 계산할 수 있다. 적정 SVI는 50 ∼ 150이며, SVI ≥ 200의 경우 슬러지 팽화를 의심할 수 있다.

55
정답 ①

베인 전단시험(Vane Shear Test)은 깊이 10m 미만의 연약한 점토지반의 점착력을 측정하는 시험으로 회전저항모멘트(kg_f · cm)를 측정하여 비배수 점착력을 측정한다.

56
정답 ④

원형단면 핵의 지름 $e = \dfrac{d}{4} = \dfrac{40}{4} = 10$cm이다.

57
정답 ④

볼트의 전단강도 $\rho = v_a(2A) = 100 \times \dfrac{\pi \times 20^2}{4} \times 2 = 62,832\text{N}$

$\fallingdotseq 62.8$kN($\because$ 복적단 고장력 볼트는 2)

$\therefore\ n = \dfrac{P}{\rho} = \dfrac{400}{62.8} = 6.4 = 7$개

58
정답 ①

수평각 관측법은 트랜싯, 데오돌라잇, 토털스테이션 등으로 수평축을 기준하여 교각법, 편각법, 방위각법 등으로 관측한다.

오답분석

② 편각법 : 각 측선이 그 앞 측선의 연장과 이루는 각을 관측하는 방법

③ 방위각법 : 각 측선이 일정한 기준선(진북, 자오선) 방향과 이루는 각을 우회로 관측하는 방법

④ 처짐각법 : 구조해석법 중 하나로 관측법에 속하지 않는다.

59
정답 ④

[레이놀즈수(Re)] $= \dfrac{VD}{v}$ 에서 $D = 2\text{m} = 200\text{cm}$이므로

$Re = \dfrac{50 \times 200}{0.0101} \fallingdotseq 990,000$이다.

60
정답 ④

교량은 통과 차량에 의해 반복 하중을 계속 받기 때문에 피로 강도가 커야 한다.

61
정답 ②

표준길이보다 길면 면적은 커지고, 짧으면 적어진다. 따라서 A_0 $= A\left(1 \pm \dfrac{e}{s}\right)^2 = 62,500\left(1 + \dfrac{0.003}{30}\right)^2 \fallingdotseq 62,512.5\text{m}^2$ 이다.

62
정답 ③

아치에서는 휨이나 전단이 거의 없고 압축응력이 더 우세하다.

> **아치(Archi)**
> • 굽힘 응력을 적게 하기 위해 하중이 작용하는 방향을 볼록 곡선으로 만든 구조
> • 아치를 구성하는 부재에는 압축응력이 주로 발생
> • 보에 비하여 휨응력이나 전단응력이 거의 없고 압축응력이 우세하다.
> • 수평반력이 생겨 아치의 정점에 작용하는 모멘트를 줄여준다.

63
정답 ④

KDS 14 20 10(콘크리트구조 해석과 설계 원칙)

설계기준항복강도 f_y는 600MPa을 초과하여 적용할 수 없다.

64
정답 ④

뒷부벽을 T형보로, 앞부벽을 직사각형보로 보고, 전면벽과 저판을 연속 슬래브로 보아 설계한다.

65
정답 ①

점토지반에서의 최대접지압은 기초 모서리 부분에서 발생한다.

66
정답 ③

콘크리트 지압력의 강도감소계수는 $\phi = 0.65$이다.

KDS 14 20 10(콘크리트 구조 해석과 설계 원칙)

종류		강도감소계수 (ϕ)
인장지배단면		0.85
압축지배단면	나선철근으로 보강된 철근콘크리트 부재	0.70
	그 외 철근콘크리트 부재	0.65
전단력과 비틀림 모멘트		0.75
포스트텐션 정착부 콘크리트의 지압력		0.85
스트럿 타이 모델 콘크리트의 지압력		0.75
그 외 콘크리트의 지압력		0.65
무근콘크리트의 휨 모멘트, 압축력, 전단력, 지압력		0.55

67
정답 ②

Terzaghi와 Peck의 경험식에 의해 다음과 같이 구할 수 있다.

$C_c = 0.009 \times (w_L - 10) = 0.009 \times (40-10) = 0.27$

68
정답 ②

AB의 방위각은 $(-0° \, 0.6' \, 17'') + 263° \, 38' \, 26'' = 263° \, 32' \, 09''$이므로 AB의 역방위각은 $263° \, 32' \, 09'' - 180° = 83° \, 32' \, 09''$이다.

69
정답 ④

현장치기 콘크리트로서, 흙에 접하거나 옥외의 공기에 직접 노출되는 콘크리트의 최소 피복 두께는 D16 이하의 철근의 경우 40mm이다.

70
정답 ②

$$\frac{1}{m} = \frac{f}{H-h} = \frac{0.153}{3,000-600} = \frac{1}{15,686}$$

따라서 사진축척은 $\frac{1}{15,686}$이다.

71
정답 ②

연속한 기둥 중심선을 기준으로 기둥의 어긋남은 그 방향 경간의 10% 이하여야 한다.

72
정답 ④

오존처리에서 오존살균은 염소살균에 비해 잔류성이 약하다.

73
정답 ②

우연오차는 부정오차, 상차, 상쇄오차라고도 하며, 크기와 방향(부호)이 불규칙하게 발생하고, 오차의 발생 원인이 불분명하며 소거방법 또한 불분명하다.

74
정답 ②

BOD농도(C_m)

$$\frac{(C_1 \times Q_1) + (C_2 \times Q_2)}{Q_1 + Q_2}$$

$$= \frac{(2 \times 100,000) + (1,000 \times 100)}{100,000 + 1,000} \coloneqq 2.97\text{mg/L}$$

75
정답 ②

사진측량의 특수 3점은 주점, 연직점, 등각점이며, 사진의 경사각이 0°인 경우 특수 3점은 일치한다.

76
정답 ③

삼각망 중에서 정확도가 가장 높은 것은 조건식의 수가 가장 많은 사변형망이다.

77
정답 ④

벽체 최소 전단 철근 배치 예외 사항
- 슬래브와 기초판(또는 확대기초)
- 콘크리트 장선 구조
- 전체깊이가 250mm 이하인 보
- I형보와 T형보에서 그 깊이가 플랜지 두께의 2.5배와 복부폭 1/2 중 큰값 이하인 보
- 교대 벽체 및 날개벽, 옹벽의 벽체, 암거 등과 같이 휨이 주거동인 판 부재

78 정답 ③

세장비 (λ)
단주가 되느냐, 장주가 되느냐는 세장비에 의해 판단한다.

79 정답 ①

강도설계로 전단과 휨만을 받는 부재를 설계할 때 공칭전단강도는
$V_c = \dfrac{1}{6}\sqrt{f_{ck}} \cdot b_w \cdot d$ 이다.

80 정답 ②

합력 $3P - P = 2P$
$2Px - PL = 0$
$\therefore x = \dfrac{1}{2}L$

81 정답 ②

강재와 시스 사이의 마찰은 프리텐션 방식에서는 나타나지 않으므로 포스트텐션 방식에서 크게 나타나는 손실로 볼 수 있다.

82 정답 ③

$t_{90} = \dfrac{TH^2}{C_v}$ 에서 압밀 요소 시간(t)은 배수길이 H^2에 비례한다.

따라서 $\dfrac{t_1}{t_2} = \dfrac{H_1{}^2}{H_2{}^2}$ 에서 $t_2 = \left(\dfrac{H_2}{H_1}\right)^2 \times t_1 = \left(\dfrac{200}{2}\right)^2 \times \dfrac{1}{24}$

$\fallingdotseq 417$일이다.

83 정답 ④

$\lambda = \dfrac{f_{sp}}{0.56\sqrt{f_{ck}}} = \dfrac{2.4}{0.56\sqrt{24}} \fallingdotseq 0.87 \le 1.0$

84 정답 ①

지성선은 능선, 계곡선, 경사변환선 및 최대 경사선 등으로 구성된 지표면이 다수의 평면으로 이루어졌다고 생각할 때, 평면과 평면의 접선이며, 지세선이라고도 한다.

85 정답 ①

표준 갈고리를 갖는 인장 이형철근의 정착길이
$l_{hb} = \dfrac{0.24\beta d_b f_y}{\lambda\sqrt{f_{ck}}}$

• 도막되지 않은 철근 $\beta = 1.0$
• 보통 중량 콘크리트 $\lambda = 1.0$

$\therefore l_{hb} = \dfrac{0.24 \times 1 \times 34.9 \times 400}{1 \times \sqrt{28}} \fallingdotseq 633.17\text{mm}$

86 정답 ③

$e = \dfrac{n}{1-n} = \dfrac{0.35}{1-0.35} \fallingdotseq 0.54$

$\therefore i_{cr} = \dfrac{G_{s-1}}{1+e} = \dfrac{2.66-1}{1+0.54} \fallingdotseq 1.08$

87 정답 ③

절편법의 종류
Fellenius 방법, Bishop 간편법, Janbu 간편법, Spencer 방법

88 정답 ②

$\tan\theta = \dfrac{\alpha}{g} = \dfrac{b-h}{\dfrac{l}{2}}$ 에서 $\alpha = g\tan\theta = 9.8\tan 30° \fallingdotseq 5.7\text{m/s}^2$

89 정답 ②

지형 공간 정보 체계 자료 정리
자료입력 - 부호화 - 자료정비 - 조작처리 - 출력

90 정답 ③

트래버스 측량에서 폐합오차 조정방법 중 컴퍼스 법칙은 각 관측 정밀도와 거리 관측의 정밀도가 동일할 때 실시하며, 트랜싯 법칙은 각 관측 정밀도가 거리 관측의 정밀도보다 더 높을 때 실시한다.

91 정답 ②

• $\phi = 0.65 + 0.20\left(\dfrac{1}{\dfrac{c}{d_t}} - \dfrac{5}{3}\right)$

• $c = 200\text{mm}, \ d_t = 500\text{mm}$

$\therefore \phi = 0.65 + 0.20\left(\dfrac{1}{\dfrac{200}{500}} - \dfrac{5}{3}\right) \fallingdotseq 0.817$

92
정답 ①

KDS 14 20 20(콘크리트구조 휨 및 압축 설계 기준)
등가직사각형 응력분포 변수 값은 다음과 같다.

f_{ck}(MPa)	≤ 40	50	60
ε_{cu}	0.0033	0.0032	0.0031
η	1.00	0.97	0.95
β_1	0.80	0.80	0.76
f_{ck}(MPa)	70	80	90
ε_{cu}	0.003	0.0029	0.0028
η	0.91	0.87	0.84
β_1	0.74	0.72	0.70

93
정답 ①

$$\sigma = \frac{\sigma_1 + \sigma_3}{2} + \frac{\sigma_1 - \sigma_3}{2}\cos 2\theta$$
$$= \frac{10+4}{2} + \frac{10-4}{2}\cos(2\times 45°) = 7\text{t/m}^2$$

94
정답 ④

$$\frac{(\text{수동 토압 계수})}{(\text{주동 토압 계수})} = \frac{(1+\sin\phi)^2}{(1-\sin\phi)^2} = \frac{(1-\sin40°)^2}{(1-\sin40°)^2} \fallingdotseq 21.1$$

95
정답 ③

말뚝의 부마찰력은 상대변위 속도가 빠를수록 크다.

96
정답 ③

오답분석

① 측량 구역이 상대적으로 협소하여 지구의 곡률을 고려하지 않아도 되는 측량은 평면측량이다.
② 측량 순서에 따라 평면기준점 측량과 고저기준점 측량으로 구분한다.
④ 측량법에서는 기본측량, 공공측량, 일반측량으로 분류한다.

97
정답 ④

$P = 1,000\cos45° + 1,000\cos45° \fallingdotseq 1,414\text{N}$

98
정답 ③

우리나라의 경우는 UTM 좌표에서 51, 52 종대 및 ST 횡대에 속한다.

99
정답 ④

$$U = 1 - \frac{2}{10} = 0.80 \rightarrow 80\%$$

100
정답 ③

$$Z_c = \frac{2c}{\gamma_t}\tan\left(45° + \frac{\phi}{2}\right) = \frac{2\times 1.5}{1.7}\tan\left(45° + \frac{30°}{2}\right) \fallingdotseq 3.1\text{m}$$

제3회 모의고사 정답 및 해설

제1영역 직업기초능력평가

01	02	03	04	05	06	07	08	09	10
③	③	①	①	③	④	④	④	②	④
11	12	13	14	15	16	17	18	19	20
③	④	④	④	②	①	①	④	②	③
21	22	23	24	25	26	27	28	29	30
②	③	①	②	④	②	②	③	④	③
31	32	33	34	35	36	37	38	39	40
④	②	③	④	④	④	②	④	②	④
41	42	43	44	45	46	47	48	49	50
②	④	③	②	①	①	④	①	③	①

01
정답 ③

오답분석

① 제시문은 부모 사망 시 장애인 자녀가 직면한 상속의 어려움에 대해 언급하고 있지만, 구체적으로 유산 상속 과정을 다루고 있지는 않다.

③ 제시문은 부모 사망 시 장애인 자녀가 직면한 상속의 어려움과 생활 안정 방안에 대해 다루고 있으므로 '사회적 문제'는 전체로 보기에는 적절하지 않다.

④ 제시문은 부모 사망 시 장애인 자녀가 받는 보험 혜택과 증여세 혜택보다는, 수령하는 보험금에 있어서의 세금 혜택과 보험금을 어떻게 수령하여야 장애인 자녀의 생활 안정에 유리한지, 또 상속세 및 증여세법에 의해 받는 세금혜택이 무엇인지에 대해 다루고 있으므로 글의 내용 전체를 담고 있지 않아 적절하지 않다.

02
정답 ③

원가구조 분석은 비용을 낮추는 것뿐만 아니라 상품의 완성도를 높이는 것도 고민해야 하므로 비용을 낮추는 것만 핵심으로 보는 것은 옳지 않다.

오답분석

① 어떤 상품을 어떻게 만들고 어떻게 팔 것인지 고민을 해야 한다.

② 시장 분석을 통해 소비자를 선정하고 이들을 분석하여, 이들이 미래에 어떤 상품에 관심을 가지게 될 것인지 판단해야 한다.

④ 판매 가격은 마냥 높이면 판매가 되지 않으므로 적정한 가격을 책정하는 것이 중요하다.

03
정답 ①

여성 가입고객 중 예금에 가입한 인원은 35명, 적금에 가입한 인원은 30명이고, 여성 전체 고객은 50명이다. 따라서 여성 가입고객 중 예·적금 모두 가입한 인원은 $(35+30)-50=15$명이다. 또한 남성 전체 고객 50명 중 예·적금 모두 가입한 인원은 20%라고 했으므로 $50 \times 0.2=10$명이 된다. 따라서 전체 가입고객 100명 중 예·적금 모두 가입한 고객은 $15+10=25$명이므로, 비중은 $\frac{25}{100} \times 100=25\%$이다.

04
정답 ①

글쓴이는 우리의 전통음악인 정악에 대해 설명하면서 정악을 우리의 음악으로 받아들이지 않는 혹자의 의견을 예상하고 있으며, 이에 대해 종묘제례악과 풍류음악을 근거로 들어 정악은 우리의 전통음악임을 주장하고 있다.

05
정답 ③

제시문은 총무부에서 주문서 메일을 보낼 때 꼼꼼히 확인하지 않아서 수정 전의 파일이 첨부되어 발송되었기 때문에 발생한 일이다.

06
정답 ④

500mL 물과 2L 음료수의 개수를 각각 x개, y개라 하면, $x+y=330$이고, 이때 2L 음료수는 5명당 1개가 지급되므로 $y=\frac{1}{5}x$이다.

$\frac{6}{5}x=330 \rightarrow 6x=1,650 \rightarrow x=275$

500mL 물은 1인당 1개 지급하므로 직원의 인원수와 같다. 따라서 야유회에 참가한 직원은 275명이다.

07

정답 ④

각 팀은 3명씩 구성된다. 부장과 과장이 같은 팀일 경우, 나머지 4명 중 팀원으로 남자 대리를 뽑을 확률은 25%이다. 부장과 과장이 다른 팀일 때 팀을 나누는 전체 경우의 수는 $_4C_2 \times _2C_2 \times \frac{1}{2!} \times 2 = 6$가지이고, 그중 부장과 남자 대리가 같은 팀인 경우는 3가지이다. 따라서 확률은 $0.3 \times 0.25 + 0.7 \times 0.5 = 0.425$, 즉 42.5%이다.

08

정답 ④

500g의 설탕물에 녹아있는 설탕의 양을 xg이라고 하자.

3%의 설탕물 200g에 들어있는 설탕의 양은 $\frac{3}{100} \times 200 = 6$g이다.

$$\frac{x+6}{500+200} \times 100 = 7 \rightarrow x+6=49$$

따라서 500g의 설탕에 녹아있는 설탕의 양은 43g이다.

09

정답 ②

대화를 통해 부하직원인 A씨 스스로 업무성과가 떨어지고 있고, 업무방법이 잘못되었음을 인식시켜서 이를 해결할 방법을 스스로 생각하도록 해야 한다. 이후 B팀장이 조언하며 A씨를 독려한다면, B팀장은 A씨의 자존감과 자기결정권을 침해하지 않으면서, A씨 스스로 책임감을 느끼고 문제를 해결할 가능성이 높아지게 된다.

오답분석
① 징계를 통해 억지로 조언을 듣도록 하는 것은 자존감과 자기결정권을 중시하는 A씨에게 적절하지 않다.
③ 칭찬은 A씨로 하여금 자신의 잘못을 인식하지 못하도록 할 수 있어 적절하지 않다.
④ 자존감과 자기결정권을 중시하는 A씨에게 강한 질책은 효과적이지 못하다.

10

정답 ④

제시된 표는 '장소'(운동장)와 해당 장소에서 '운동'이라는 목적을 수행하는 데 있어 필요한 '기구'들을 의미하는 단어들의 관계를 나타내므로 이와 유사한 관계의 단어를 나타내는 표는 '주방'이라는 장소에서 '요리'라는 목적을 수행하는 데 필요한 기구들을 나타낸 ④이다.

기구1		기구2
	장소	
기구3		기구4

오답분석
① '학교'의 다양한 세부 공간
② '병원'에서 근무하는 다양한 직업군
③ '정리'의 단어에 대한 유의어

11

정답 ③

따라서 B와 인접하여 앉아 있는 사람은 D, F이다.

12

정답 ④

윤리적 규범이란 ㉠ 공동생활과 ㉡ 협력의 필요를 기반으로 ㉢ 공동 협력의 룰을 반복하여 형성되는 것이다.

13

정답 ④

오답분석
① 지문에서 언급되지 않은 내용이다.
② '무질서 상태'가 '체계가 없는' 상태라고 할 수 없다. 그것이 '혼란스러운 상태'를 의미하는지도 지문을 통해서는 알 수 없다.
③ 현실주의자들이 숙명론, 결정론적이라고 비판당하는 것이다.

14

정답 ②

A부서의 수리 요청 내역별 수리요금은 다음과 같다.
• RAM 8GB 교체
 - 수량 : 15개(∵ 교체 12개, 추가설치 3개)
 - 개당 교체·설치비용 : $8,000 + 96,000 = 104,000$원
 ∴ A부서의 RAM 8GB 교체비용
  : $104,000 \times 15 = 1,560,000$원
• SSD 250GB 추가 설치
 - 수량 : 5개
 - 개당 설치비용 : $9,000 + 110,000 = 119,000$원
 ∴ A부서의 SSD 250GB 추가 설치비용
  : $119,000 \times 5 = 595,000$원
• 프로그램 설치
 - 수량 : 3D그래픽 프로그램 10개, 문서작성 프로그램 10개
 - 문서작성 프로그램 개당 설치비용 : 6,000원
 - 3D그래픽 프로그램 개당 설치비용 : $6,000 + 1,000 = 7,000$원
 ∴ A부서의 프로그램 설치비용
  : $(6,000 \times 10) + (7,000 \times 10) = 130,000$원

15　정답 ④

- HDD 1TB 교체
  - 수량 : 4개
  - 개당 교체비용 : $8,000+50,000=58,000$원
  - 개당 백업비용 : $100,000$원
  - ∴ B부서의 HDD 1TB 교체비용
    : $(100,000+58,000)\times4=632,000$원
- HDD 포맷·배드섹터 수리
  - 수량 : 15개
  - 개당 수리비용 : $10,000$원
  - ∴ B부서의 HDD 포맷·배드섹터 수리비용
    : $10,000\times15=150,000$원
- 바이러스 치료 및 백신 설치
  - 수량 : 6개
  - 개당 치료·설치비용 : $10,000$원
  - ∴ B부서의 바이러스 치료 및 백신 설치비용
    : $10,000\times6=60,000$원

따라서 B부서에 청구되어야 할 수리비용은 $632,000+150,000+60,000=842,000$원이다.

16　정답 ①

- 진단 시간 : 2시간
- 데이터 복구 소요 시간 : $\dfrac{270}{7.5}=36$시간

즉, 데이터를 복구하는 데 걸리는 총시간은 $2+36=38$시간$=1$일 14시간이다. 2일 차에 데이터 복구가 완료되고 다음날 직접 배송하므로 Y사원이 U과장에게 안내할 기간은 3일이다.

17　정답 ①

ㄱ. 면적 비율이 큰 순서로 순위를 매길 때, 공장용지면적 비율의 순위는 소기업, 대기업, 중기업 순서로 2021년부터 2022년 상반기까지 모두 동일하다.

ㄴ. 2022년 상반기 제조시설 면적은 소기업이 전체의 53.3%으로 26.3%인 중기업의 2배인 52.6% 이상이므로 옳은 설명이다.

오답분석

ㄷ. 제시된 자료는 실제 면적이 아닌 면적 비율을 나타내고 있으므로 2021년 하반기에 소기업들이 보유한 제조시설면적과 부대시설면적은 비교할 수 없다.

ㄹ. 대기업이 차지하는 공장용지면적 비율은 계속 감소하지만, 소기업의 부대시설면적 비율은 2022년 상반기에 증가 후 2022년 하반기에 감소했다.

18　정답 ④

제시된 자료는 등록현황 비율만 나타내는 것으로, 등록완료된 실제 공장의 수는 비교할 수 없다.

오답분석

① 휴업 중인 공장 중소기업의 비율은 2017년 상반기부터 계속 증가하였으므로 옳은 설명이다.

② 부분등록된 공장 중 대기업과 중기업의 비율의 격차는 2018년 상반기에 $8.8-3.4=5.4$%로, $8.7-3.5=5.2$%인 2017년 상반기 대비 증가하였다.

③ 2019년 상반기에 부분 등록된 기업 중 대기업의 비율은 2.8%로, 중기업 비율의 30%인 $8.6\times0.3=2.58$%보다 크다.

19　정답 ②

초고령화 사회는 실버산업(기업)의 외부환경 요소로 볼 수 있으므로, 기회 요인으로 보는 것이 적절하다.

오답분석

① 제품의 우수한 품질은 기업의 내부 환경 요소로 볼 수 있으므로, 강점 요인으로 적절하다.

③ 기업의 비효율적인 업무 프로세스는 기업의 내부 환경 요소로 볼 수 있으므로, 약점 요인으로 보는 것이 적절하다.

④ 살균제 달걀 논란은 빵집(기업)을 기준으로 외부환경 요소로 볼 수 있으므로, 위협 요인으로 보는 것이 적절하다.

20　정답 ③

2020년 대비 2022년 항공 화물 수송량 변동비율은 $\dfrac{3,209-3,327}{3,327}\times100\fallingdotseq-3.55$%이다. 따라서 4% 미만으로 감소하였다.

오답분석

① 2018년부터 2022년 항공 여객 수송량의 평균은 $(35,341+33,514+40,061+42,649+47,703)\div5\fallingdotseq39,853$천 명이다.

② 주어진 표에서 분담률을 비교하면, 여객 수송은 항공이 절대적인 비중을 차지하고, 화물 수송은 해운이 절대적인 비중을 차지한다.

④ 2019년 대비 2022년 해운 여객 수송량 변동비율은 $\dfrac{2,881-2,089}{2,089}\times100\fallingdotseq37.91$%이므로, 37% 이상 증가하였다.

21　정답 ②

오답분석

① 생선의 머리는 왼쪽을 향하게 한다.

③ 포크와 나이프는 보통 3개씩 나오며 바깥쪽부터 안쪽으로 사용하면 된다.

④ 식사가 끝날 경우 포크는 안쪽, 나이프를 바깥으로 해 접시 오른쪽에 나란히 둔다. 식사 도중엔 중앙에 八자 형태(미국식)나 X자 형태(영국식)로 둔다.

22

정답 ③

단락별로 중심이 되는 단어와 문장을 파악하면서 배열하고, 접속어를 파악한다. 따라서 '(C) 인권에 관한 화제 도입 및 인권보호의 범위 → (B) 사생활 참해와 인권 보호 → (A) (B)에 대한 예시 → (D) 결론' 순서로 연결되어야 한다.

23

정답 ①

제시된 조건을 표로 나타내면 다음과 같다.

구분	경우 1	경우 2	경우 3	경우 4
6층	F	F	E	D
5층	A	A	A	A
4층	D	E	F	F
3층	B	B	B	B
2층	E	D	D	E
1층	C	C	C	C

오답분석

②·④ D는 6층, 4층, 2층에 있을 수 있다.
③ F는 6층, 4층에 있을 수 있다.

24

정답 ②

유동인구가 가장 많은 마트 앞에는 설치가능 일자가 일치하지 않아 설치할 수 없고, 나머지 장소는 설치가 가능하다. 유동인구가 많은 순서대로 살펴보면 공사본부, 주유소, 우체국 순서이지만 주유소는 우체국과 유동인구가 20명 이상 차이가 나지 않으므로 게시기간이 긴 우체국(2일)에 설치한다. 따라서 공사본부와 우체국에 설치한다.

25

정답 ④

구분	주민센터	공사본부	우체국	주유소	마트
설치 비용	200만 원	300만 원	250만 원	200만 원	300만 원
하루 게시 비용	10만 원	8만 원	12만 원	12만 원	7만 원
게시 기간	16일	21일	10일	9일	24일
합계 비용 (만 원)	200+ (10×16) =360	300+ (8×21) =468	250+ (12×10) =370	200+ (12×9) =308	300+ (7×24) =468

따라서 주유소에 설치하는 것이 308만 원으로 가장 저렴하다.

26

정답 ②

빈칸 뒤에서 민화는 필력보다 소재와 그것에 담긴 뜻이 더 중요한 그림이었다고 설명하고 있으므로, 민화는 작품의 기법보다 작품의 의미를 중시했음을 알 수 있다. 따라서 빈칸에 들어갈 문장은 ②가 가장 적절하다.

27

정답 ②

제시문의 중심 내용을 정리해 보면 '사회 방언은 지역 방언만큼의 주목을 받지는 못하였다.', '사회 계층 간의 방언차는 사회에 따라서는 상당히 현격한 차이를 보여 일찍부터 논의의 대상이 되었다.', '사회 계층 간의 방언 분화는 최근 사회 언어학의 대두에 따라 점차 큰 관심의 대상이 되어 가고 있다.'로 요약할 수 있다. 이 내용을 토대로 주제를 찾는다면 ②가 전체 내용의 핵심이라는 것을 알 수 있다.

28

정답 ③

다섯 번째 문단에서 음파는 속도가 느린 층 쪽으로 굴절해서 그 층에 머무르려 하고 그곳에서 만들어진 소리는 수천km 떨어진 곳에서도 들린다고 하였다. 따라서 수영장 물 밖에 있을 때보다 수영장에서 잠수해 있을 때 물 밖의 소리가 더 잘 들릴 것이라는 설명은 적절하지 않다.

오답분석

① 음속은 수온과 수압 중 상대적으로 더 많은 영향을 끼치는 요소에 의해 결정되는데, 수온이 일정한 구역에서는 수압의 영향을 받게 될 것이고, 수압은 수심이 깊어질수록 높아지므로 수온이 일정한 구역에서는 수심이 증가할수록 음속도 증가할 것이다.
② 음속이 최소가 되는 층을 이용해 인도양에서 음파를 일으켜 대서양을 돌아 태평양으로 퍼져나 가게 한 후 온난화 등의 기후 변화를 관찰하는 데 이용할 수 있다.
④ 음파는 상대적으로 속도가 느린 층 쪽으로 굴절하는데 이런 굴절 때문에 해수면에서 음파를 보냈을 때 음파가 거의 도달하지 못하는 구역을 '음영대'라고 한다. 이러한 음영대를 이용해서 잠수함이 음파탐지기로부터 회피하여 숨을 장소로 이동할 수 있다.

29

정답 ④

음속은 수온과 수압이 높을수록 증가하며 수온과 수압 중에서 상대적으로 더 많은 영향을 끼치는 요소에 의하여 결정된다. 수온이 급격하게 낮아지다가 수온의 변화가 거의 없는 심층에서는 수심이 깊어 수압의 영향을 더 많이 받으므로 음속이 증가하는 것이다.

30 정답 ③

전기차의 경우 전기의 가격은 약 10 ~ 30원/km이며, 수소차의 경우 수소의 가격은 약 72.8원/km이다. 따라서 전기보다 비싼 수소 가격을 약점(Weakness) 요인으로 볼 수 있다.

31 정답 ④

초과근무 계획표를 다음과 같이 직원들을 요일별로 초과근무 일정을 정리하면 목요일 초과근무자가 5명임을 알 수 있다.

월	화	수	목	금	토	일
김혜정 정해리 정지원	이지호 이승기 최명진	김재건 신혜선	박주환 신혜선 정지원 김우석 이상엽	김혜정 김유미 차지수	이설희 임유진 김유미	임유진 한예리 이상엽

또한 목요일 초과근무자 중 단 1명만 초과근무 일정을 바꿔야 한다면 목요일 6시간과 일요일 3시간 일정으로 6+(3×1.5)=10.5시간을 근무하는 이상엽 직원의 일정을 바꿔야한다. 따라서 목요일에 초과근무 예정인 이상엽 직원의 요일과 시간을 수정해야 한다.

32 정답 ②

조직 갈등의 순기능
• 새로운 사고를 할 수 있음
• 다른 업무에 대한 이해를 증진시켜 줌
• 조직의 침체를 예방함
• 긍정적인 결과를 내기도 함

33 정답 ③

주어진 조건을 정리하면 다음과 같다.

구분	노래	기타 연주	마술	춤	마임
인사팀	○(4명)				
영업팀		○(1명)			
홍보팀			○(2명)		
디자인팀				○(6명)	
기획팀					○(7명)

따라서 홍보팀에서는 총 2명이 참가하며, 참가 종목은 마술이다.

34 정답 ④

세 번째 문단에서 물의 비열은 변하는 것이 아니라 고유한 특성이라는 정보를 확인할 수 있다.

35 정답 ④

• B품목 금액 : 1,000×6=6,000원
• D품목 금액 : 4,000×2=8,000원
• E품목 금액 : 500×8=4,000원
• 소계 : 3,500원÷0.1=35,000원
즉, C품목의 금액은 35,000-(5,000+6,000+8,000+4,000)=12,000원이고 C품목의 수량은 12,000÷1,500=8개이다.

36 정답 ④

ㄴ. 민간의 자율주행기술 R&D를 지원하여 기술적 안정성을 높이는 전략은 위협을 최소화하는 내용은 포함하지 않고 약점만 보완하는 내용이므로 ST전략이라 할 수 없다.
ㄹ. 국내기업의 자율주행기술 투자가 부족한 약점을 국가기관의 주도로 극복하려는 내용은, 약점을 최소화하고 위협을 회피하려는 WT전략의 내용으로 적합하지 않다.

오답분석

ㄱ. 높은 수준의 자율주행기술을 가진 외국 기업과의 기술이전협약 기회를 통해 국내외에서 우수한 평가를 받는 국내 자동차 기업이 국내 자율주행자동차 산업의 강점을 강화하는 전략은 SO전략에 해당한다.
ㄷ. 국가가 지속적으로 자율주행차 R&D를 지원하는 법안이 본회의를 통과한 기회를 토대로 기술개발을 지원하여 국내 자율주행자동차 산업의 약점인 기술적 안전성을 확보하려는 전략은 WO전략에 해당한다.

37 정답 ②

지문에서 설명하는 것은 변혁적 리더이고 정보 독점은 '지식이 권력의 힘'이라고 믿는 독재자 리더의 특징이다.

변혁적 리더의 특징
• 카리스마 : 변혁적 리더는 조직에 명확한 비전을 제시하고, 집단 구성원들에게 그 비전을 쉽게 전달할 수 있다.
• 자기 확신 : 변혁적 리더는 뛰어난 사업수완 그리고 어떠한 의사결정이 조직에 긍정적으로 영향을 미치는지 예견할 수 있는 능력을 지니고 있다.
• 존경심과 충성심 유도 : 변혁적 리더는 구성원 개개인에게 시간을 할애하여 그들 스스로가 중요한 존재임을 깨닫게 하고, 존경심과 충성심을 불어넣는다.
• 풍부한 칭찬 : 변혁적 리더는 구성원이나 팀이 직무를 완벽히 수행했을 때 칭찬을 아끼지 않는다.
• 감화(感化) : 변혁적 리더는 사범이 되어 구성원들이 도저히 해낼 수 없다고 생각하는 일들을 구성원들로 하여금 할 수 있도록 자극을 주고 도움을 주는 일을 수행한다.

38
정답 ④

세 지역 모두 핵가족 가구 비중이 더 높으므로, 핵가족 수가 더 많다는 것을 유추할 수 있다.

오답분석
① 핵가족 가구의 비중이 가장 높은 곳은 71%인 B지역이다.
② 1인 가구는 기타 가구의 일부이므로, 1인 가구만의 비중은 알 수 없다.
③ 확대가족 가구의 비중이 가장 높은 곳은 C지역이지만 이 수치는 어디까지나 비중이므로 가구 수는 알 수 없다.

39
정답 ②

전체 일의 양을 1이라고 하면 A, B가 각각 1시간 동안 일할 수 있는 일의 양은 각각 $\frac{1}{2}$, $\frac{1}{3}$이다.

A 혼자 일하는 시간을 x시간, B 혼자 일하는 시간을 y시간이라고 하자.

$x+y=\frac{9}{4}$ … ㉠

$\frac{1}{2}x+\frac{1}{3}y=1$ … ㉡

㉠과 ㉡을 연립하면

$x=\frac{3}{2}$, $y=\frac{3}{4}$

따라서 A 혼자 일한 시간은 1시간 30분이다.

40
정답 ④

골다공증 진료율이 높은 연령대는 남성은 70대$\left(\frac{20,780}{53,741}\times100≒38.7\%\right)$, 60대$\left(\frac{12,504}{53,741}\times100≒23.3\%\right)$, 80대 이상$\left(\frac{8,611}{53,741}\times100≒16.0\%\right)$ 순서이며, 여성은 60대$\left(\frac{282,049}{802,234}\times100≒35.2\%\right)$, 70대$\left(\frac{254,939}{802,234}\times100≒31.8\%\right)$, 50대$\left(\frac{147,352}{802,234}\times100≒18.4\%\right)$ 순서이다.

따라서 골다공증 진료율이 높은 순서는 남성과 여성이 다르다.

오답분석
① 골다공증 발병이 진료로 이어진다면 여성의 진료인원이 남성보다 많으므로 여성의 발병률이 남성의 발병률보다 높은 것을 추론할 수 있다.
② 전체 진료인원 중 80대 이상이 차지하는 비율은
$\frac{100,581}{855,975}\times100≒11.8\%$이다.
③ 전체 진료인원 중 40대 이하가 차지하는 비율은
$\frac{44+181+1,666+6,548+21,654}{855,975}\times100≒3.5\%$이다.

41
정답 ②

금화는 총 13개 있고 각 상자에 들어 있는 금화의 개수는 다르며, 금화의 개수는 A<B<C라고 하였으므로 이를 표로 나타내면 다음과 같다.

경우	A상자	B상자	C상자
(1)		2	10
(2)	1	3	9
(3)		4	8
(4)		5	7
(5)		3	8
(6)	2	4	7
(7)		5	6
(8)	3	4	6

갑이 A상자를 열어본 후 B와 C에 각각 몇 개가 들어 있는지 알 수 없다고 하였으므로, (8)은 제외한다. 을이 상자 C를 열어본 후 A와 B에 각각 몇 개가 들어 있는지 알 수 없다고 하였으므로, (1), (2), (7)이 제외된다. 이는 C상자에 10개, 9개, 6개 중 하나가 들어 있는 경우 조건에 따라 A상자와 B상자 금화의 개수를 계산할 수 있기 때문이다. 두 사람의 말을 듣고 병이 B상자를 열어본 후 A상자와 C상자에 각각 몇 개가 들어 있는지 알 수 없다고 하였으므로 (4)와 (5)가 제외된다. 따라서 성립할 수 있는 경우는 (3)과 (6)이고, 이 두 경우에 B상자에 들어 있는 금화의 개수는 4개이다.

42
정답 ④

• A씨가 인천공항에 도착한 현지 날짜 및 시각

$$
\begin{array}{ll}
\text{독일시각} & \text{11월 2일 19시 30분} \\
\text{소요시간} + & \text{12시간 20분} \\
\text{시차} + & \text{8시간} \\
\hline
= & \text{11월 3일 15시 50분}
\end{array}
$$

인천공항에 도착한 시각은 한국시각으로 11월 3일 15시 50분이고, A씨는 3시간 40분 뒤에 일본으로 가는 비행기를 타야 한다. 비행 출발 시각 1시간 전에는 공항에 도착해야 하므로, 참여 가능한 환승투어 코스는 소요 시간이 두 시간 이내인 엔터테인먼트, 인천시티, 해안관광이며, A씨의 인천공항 도착시각과 환승투어 코스가 바르게 짝지어진 것은 ④이다.

43
정답 ③

乙과 戊의 진술이 모순되므로 둘 중 한 명은 참, 다른 한 명은 거짓이다. 여기서 乙의 진술이 참일 경우 甲의 진술도 거짓이 되어 두 명이 거짓을 진술한 것이 되므로 문제의 조건에 위배된다. 따라서 乙의 진술이 거짓, 戊의 진술이 참이다. 따라서 A강좌는 乙이, B, C강좌는 甲과 丁이, D강좌는 戊가 담당하고 丙은 강좌를 담당하지 않는다.

44 정답 ②

X산지와 Y산지의 배추의 재배원가에 대하여 각 유통 과정에 따른 판매가격을 계산하면 다음과 같다.

구분	X산지	Y산지
재배원가	1,000원	1,500원
산지 → 경매인	$1,000원 \times (1+0.2)$ $=1,200원$	$1,500원 \times (1+0.1)$ $=1,650원$
경매인 → 도매상인	$1,200원 \times (1+0.25)$ $=1,500원$	$1,650원 \times (1+0.1)$ $=1,815원$
도매상인 → 마트	$1,500원 \times (1+0.3)$ $=1,950원$	$1,815원 \times (1+0.1)$ $=1,996.5 ≒ 1,997원$

따라서 X산지에서 재배한 배추를 구매하는 것이 좋으며, 최종적으로 A마트에서 얻는 수익은 3,000원−1,950원=1,050원이다.

45 정답 ①

(라)의 '이러한 기술 발전'은 (나)의 내용에 해당하고, (가)의 '그러한 위험'은 (다)의 내용에 해당한다. 내용상 기술 혁신에 대해 먼저 설명하고 그 위험성에 대해 나와야 하므로, 가장 알맞은 순서는 (나) − (라) − (다) − (가)이다.

46 정답 ①

2020년 휴대폰 / 스마트폰 성인 사용자 수는 $0.128 \times 47 ≒ 6$명으로, 2021년 태블릿 PC 성인 사용자 수인 $0.027 \times 112 ≒ 3$명보다 많으므로 옳은 설명이다.

오답분석

② 개인용 정보 단말기(PDA) 학생 사용자 수는 2021년 $1,304 \times 0.023 ≒ 30$명, 2022년 $1,473 \times 0.002 ≒ 3$명으로 전년 대비 감소하였다.

③ • 2021년 컴퓨터 성인 사용자 수 : $112 \times 0.67 ≒ 75$명
   • 2021년 컴퓨터 학생 사용자 수 : $1,304 \times 0.432 ≒ 563$명
   따라서 2019년 컴퓨터 성인 사용자 수는 학생 사용자 수의 $563 \times 0.2 ≒ 113 > 75$이므로 20% 미만이다.

④ 2021 ~ 2022년 동안 전년 대비 성인 사용자 비율이 지속적으로 증가한 전자책 이용 매체는 휴대폰 / 스마트폰, 태블릿 PC 2가지 매체인 것을 확인할 수 있다.

47 정답 ④

ㄴ. 2022년 11월 운수업과 숙박 및 요식업의 카드 승인액 합은 $159+1,031=1,190$억 원으로, 도매 및 소매업의 카드 승인액의 $3,261 \times 0.4=1,304.4$억 원보다 작으므로 옳은 설명이다.

ㄹ. 2022년 9월 보건업 및 사회복지 서비스업 카드 승인액 대비 협회 및 단체, 수리 및 기타 개인 서비스업의 카드 승인액의 비율은 $\frac{155}{337} \times 100 ≒ 46.0\%$이므로 35% 이상이다.

오답분석

ㄱ. 교육 서비스업의 2021년 1월 카드 승인액의 전월 대비 감소율은 $\frac{145-122}{145} \times 100 ≒ 15.9\%$이므로 옳지 않은 설명이다.

ㄷ. 해당기간 동안 사업시설관리 및 사업지원 서비스업의 카드 승인액의 전월 대비 증감추이는 '증가 − 감소 − 증가 − 증가'이고, 예술, 스포츠 및 여가관련 서비스업의 카드 승인액의 전월 대비 증감추이는 '증가 − 감소 − 감소 − 감소'이므로 옳지 않은 설명이다.

48 정답 ①

주어진 글의 중심 내용은 '학문을 함에 있어 진리의 탐구만이 그 목적이 되어야 한다.'는 것이다.

49 정답 ③

모스크바에서의 체류시간을 구하기 위해서는 모스크바에 도착하는 시각과 모스크바에서 런던으로 출발하는 시각을 알아야 한다. 우선 각국의 시차를 알아보면, 러시아는 한국보다 6시간이 느리고(GMT +9−3), 영국보다는 3시간이 빠르다(GMT+0−3). 이를 참고하여 모스크바의 도착 및 출발시각을 구하면 다음과 같다.

• 모스크바 도착시간 : 7/14 09:00(대한민국 기준)+09:30(비행시간)−06:00(시차)=7/14 12:30(러시아 기준)
• 모스크바 출발시간(런던행) : 7/14 18:30(영국 기준)−04:00(비행시간)+03:00(시차)=7/14 17:30(러시아 기준)

∴ 모스크바에서는 총 5시간(12:30 ~ 17:30)을 체류한다.

50 정답 ①

제시문은 'K-POP'을 사례로 제시하며 오늘날의 문화 현상의 원인을 설명하고 있으며, 첫째 문단에서 기존의 문화 확산론의 한계를 이야기한 후 둘째 문단에서 체험코드 이론을 제시하고 있다.

제2영역 전공

|01| 전기일반(전기직 · 신호직)

51	52	53	54	55	56	57	58	59	60
③	①	①	①	④	①	③	③	④	②
61	62	63	64	65	66	67	68	69	70
③	①	①	①	①	④	④	②	④	③
71	72	73	74	75	76	77	78	79	80
④	③	③	②	③	④	④	④	②	③
81	82	83	84	85	86	87	88	89	90
④	④	④	③	①	①	④	④	③	④
91	92	93	94	95	96	97	98	99	100
④	①	④	②	④	③	①	②	②	①

51

정답 ③

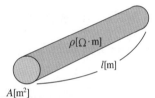

$\rho[\Omega \cdot m]$

$l[m]$

$A[m^2]$

전선의 고유저항 $R = \rho \dfrac{l}{A}[\Omega]$일 때

ㄱ. 전기저항 $R[\Omega] \propto$ 고유저항 $\rho[\Omega \cdot m]$

ㄷ. 전기저항 $R[\Omega] \propto$ 길이 $l[m]$

ㄹ. 도체의 길이를 n배 늘리고, 단면적을 $\dfrac{1}{n}$ 배 감소 시, 전기저항 $R[\Omega]$은 n^2배로 증가한다.

52

정답 ①

두 도선 사이의 간격이 $r[m]$인 경우 두 도선 사이에 작용하는 힘, $F = 2 \times 10^{-7} \times \dfrac{I^2}{r}[N/m]$인데, 간격이 $2r$로 되었으므로 $F = 2 \times 10^{-7} \times \dfrac{I^2}{2r} = \dfrac{1}{2}F$ 가 된다. 따라서 원래 작용하던 힘의 반으로 줄게 된다.

53

정답 ①

인덕턴스 $LI = N\phi$

$L = \dfrac{N\phi}{I} = \dfrac{600 \times 10^{-3}}{3} = 200 \times 10^{-3} H = 200 mH$

54

정답 ①

충전용량 $Q = \omega CV^2$에서 전압을 2배하면 충전용량은 4배가 된다.

55

정답 ④

$AT_d = \dfrac{I_a Z}{2ap} \times \dfrac{2\alpha}{180}$ 이고

$p = 4$, $Z = 500$, $a = 2$, $I_a = 200$, $\alpha = 20$이므로,

[감자 기자력 (AT_d)] $= \dfrac{200 \times 500}{2 \times 2 \times 4} \times \dfrac{2 \times 20}{180} ≒ 1,388 AT$

56

정답 ①

전력계통을 연계할 경우 사고 시 타 계통으로 파급 확대가 우려된다.

> **전력계통 연계의 장 · 단점**
> • 장점
>   – 전력의 융통으로 설비용량이 절감된다.
>   – 건설비 및 운전 경비 절감으로 경제 급전이 용이하다.
>   – 계통 전체로서의 신뢰도가 증가한다.
>   – 부하 변동의 영향이 작아 안정된 주파수 유지가 가능하다.
> • 단점
>   – 연계설비를 신설해야 한다.
>   – 사고 시 타 계통으로 파급 확대가 우려된다.
>   – 병렬회로수가 많아져 단락전류가 증대하고 통신선의 전자 유도장해가 커진다.

57

정답 ③

유도장해 종류별 발생원인

유도장해	원인
전자유도장해	영상전류, 상호인덕턴스
정전유도장해	영상전압, 상호정전용량

58

정답 ③

선간 단락 고장 발생 시 영상분은 나타나지 않고, 정상분과 역상분만 나타나므로 정상 임피던스도와 역상 임피던스도가 필요하다.

> **고장의 종류별 대칭분**
> • 1선지락 고장 : 정상분, 역상분, 영상분
> • 선간단락 고장 : 정상분 역상분
> • 3산단락 고장 : 정상분

59

정답 ④

$V = I_f(R_f + R)$에서 $R_f = \dfrac{V}{I_f} - R = \dfrac{100}{2} - 10 = 40\Omega$ 이다.

60

정답 ②

이격거리는 전력선과 통신선 사이의 거리로, 멀리하는 것이 유도장해를 감소시킨다.

> **유도장해 방지대책**
> - 전력선 : 소호리액터 접지를 설치, 고속도 지락보호계전방식 사용
> - 통신선 : 피뢰기 설치, 배류 코일 설치, 짧은 병행거리
> - 전력선과 통신선의 이격거리를 길게 한다.

61

정답 ③

가공지선은 직격뢰 차폐의 역할, 통신선에 대한 전자유도장해 경감(유도차폐역할)을 한다.

오답분석

① 피뢰기 : 이상전압의 파고값 저감시키기 위해 에너지 방전시키며, 방전 후 도전로를 차단하여 선로의 절연 회복시킨다.
② 매설지선 : 역섬락 방지, 철탑 접지저항을 저감시킨다.
④ 서지흡수기 : 낙뢰로 인한 고압으로부터 보호, 이상전압 진행의 충격을 완화시킨다.

62

정답 ①

- 단락보호용 계전기 : 과전류 계전기, 부족전압 계전기, 단락방향 계전기, 과전압 계전기 등
- 지락보호용 계전기 : 지락 계전기, 선택지락 계전기, 방향지락 계전기 등
- 발전기 및 변압기용 : 비율차동 계전기, 부흐홀츠 계전기, 차동 계전기, 과전류 계전기 등

63

정답 ①

입력 값이 모두 '1'일 때, 출력 값이 '1'이 나오는 논리회로는 AND이다.

오답분석

② OR : 입력 값이 모두 '0'일 때, 출력 값이 '0'이 나오는 논리회로
③ NAND : 입력 값이 모두 '1'일 때, 출력 값이 '0'이 나오는 논리회로
④ NOR : 입력 값이 모두 '0'일 때, 출력 값이 '1'이 나오는 논리회로

64

정답 ①

단상 변압기 4대(Pvv) : $Pvv = 2\sqrt{3}\,P_a = 2\sqrt{3} \times 100$

$2\sqrt{3} \times P = 200\sqrt{3}$ kVA

65

정답 ①

캐스케이딩 현상이란 저압선 고장으로 인한 변압기 일부 또는 전체가 차단되는 현상으로, 구분 퓨즈를 사용하여 발생을 줄인다.

오답분석

② 플리커 방지대책으로, 가지 방식에서 플리커 현상의 발생을 줄이기 위해 전력 공급측에서 할 수 있는 방지책이다.
③ 저압 네트워크방식에서 고장 시 발생하는 전류의 역류현상을 방지하는 것은 네트워크 프로텍터이다.
④ 이상전압을 감소시키기 위해 에너지를 방전시켜주는 보호 장치는 피뢰기이다.

66

정답 ④

1극의 전기각은 $a = \pi$이며, 1극의 홈 수는 $\dfrac{(홈수)}{(극수)} = \dfrac{36}{4} = 9$이다.

따라서 홈 간격의 전기각은 $\dfrac{\pi}{9} = \dfrac{180°}{9} = 20°$이다.

67

정답 ④

- 도체구 전기장 세기 : $E = \dfrac{q}{4\pi\varepsilon r^2}$ [V/m]

- 도체구의 전위 : $V = E \cdot r = \dfrac{q}{4\pi\varepsilon r}$ [V]

- 정전용량 : $C = \dfrac{q}{V} = 4\pi\varepsilon r$ [F]

- 에너지 : $W = \dfrac{1}{2}CV^2 = \dfrac{1}{2} \times 4\pi\varepsilon r \times \left(\dfrac{q}{4\pi\varepsilon r}\right)^2 = \dfrac{q^2}{8\pi\varepsilon r}$ [J]

68

정답 ②

$H = h - \dfrac{2}{3}D = 17 - \dfrac{2}{3} \times 4.5 = 14$m이다.

> **전선의 평균 높이**
> $H = h - \dfrac{2}{3}D$ (h : 지지점의 높이, D : 이도)

69

- 이득$(g) = 20\log\left|\dfrac{1}{G(s)H(s)}\right|$

$G(s)H(s) = \dfrac{3}{(s+5)(s+6)}$ 대입하면,

$g = 20\log\left|\dfrac{(s+5)(s+6)}{3}\right| \rightarrow g = 20\log\left|\dfrac{5\times6}{3}\right|_{s=0}$

$\rightarrow g = 20\log10 = 20$

따라서 이득은 20이다.

70
정답 ③

전력원선도를 이용하여 구할 수 없는 값

코로나 손실, 과도안정 극한전력

전력원선도를 이용하여 구할 수 있는 값

- x축 : 유효전력, y축 : 무효전력
- 최대전력, 전압 간의 상차각, 선로손실, 송전효율
- 수전단의 역률, 조상설비의 용량

71
정답 ④

ㄱ. 동태안정도 : 자동장치인 자동전압조정기 등이 있을 경우의 안정도

ㄴ. 과도안정도 : 과도현상 발생 후 안정운전이 가능한 정도

ㄷ. 정태안정도 : 정상상태에서 동기기가 운전을 안정하게 할 수 있도록 유지하는 정도

72
정답 ③

$Z_0 = \sqrt{\dfrac{Z}{Y}} = \sqrt{\dfrac{250}{\frac{1}{360}}} = 300\,\Omega$

> **특성임피던스(Z_0)**
>
> 어드미턴스(수전단 개방 시 임피던스의 역수) 대비 임피던스 비율
>
> $Z_0 = \sqrt{\dfrac{Z}{Y}}$ (Z : 임피던스, Y : 어드미턴스)

73
정답 ③

전류 차단 시 지상전류가 아닌 진상전류(충전전류)일 때 재점호가 잘 일어난다.

오답분석

① 정격투입전류란 규정된 회로 조건에서 동작상태에 따라 투입할 수 있는 투입전류의 한도이며, 투입전류의 최초 주파수의 최댓값을 말한다.

② 차단 및 개방 시 모두 재점호전류는 C회로의 무부하 충전전류 때문에 발생한다.

④ 자기차단기(MBB)는 전자력을 이용한다.

74
정답 ②

전압과 전류가 동위상일 경우는 부하가 순저항일 경우이며, 위상차 $\theta = 0°$가 된다. 따라서 역률 $\cos\theta = \cos0° = 1$이 된다.

75
정답 ③

저압 네트워크 방식에 대한 설명이다.

> **저압뱅킹방식**
>
> - 전압강하, 전력손실 감소
> - 플리커 현상 감소
> - 부하 융통성, 공급신뢰도 증가
> - 캐스케이딩 현상 발생(구분 개폐기 설치필요)

76
정답 ④

- a점에서의 전위 $V_a = \dfrac{Q}{4\pi\varepsilon a}$

- b점에서의 전위 $V_b = \dfrac{Q}{4\pi\varepsilon b}$

$\therefore V_{ab} = V_a - V_b = \dfrac{Q}{4\pi\varepsilon}\left(\dfrac{1}{a} - \dfrac{1}{b}\right)$

$Q = CV$에서

$C = \dfrac{Q}{V_{ab}} = \dfrac{Q}{\dfrac{Q}{4\pi\varepsilon}\left(\dfrac{1}{a} - \dfrac{1}{b}\right)} = 4\pi\varepsilon\left(\dfrac{ab}{b-a}\right)$

a, b 각각 2배 증가, 내부를 비유전율 $\varepsilon_r = 2$인 유전체로 채울 때,

$4\pi2\varepsilon\left(\dfrac{4ab}{2b-2a}\right) = 4\pi2\varepsilon\left(\dfrac{4ab}{2(b-a)}\right) = 4\times4\pi\varepsilon\left(\dfrac{ab}{(b-a)}\right)$

$= 4C$

77
정답 ④

매설지선을 설치하는 목적은 역섬락 방지, 철탑 접지저항의 저감이다.

오답분석

① 가공지선의 설치 목적이다.

② 피뢰기의 설치 목적이다.

③ 개폐저항기의 설치 목적이다.

78
정답 ④

망상 배전방식(네트워크 방식)
- 전압강하, 전력손실 감소
- 공급신뢰도 가장 좋음
- 네트워크 프로텍터 설치로 인한 고가의 설치비
- 대형 빌딩가, 고밀도 부하밀집지역에 적합
- 고장 시 전류의 역류 발생

79
정답 ②

단상 3선식은 1선당 공급전력의 경우 단상 2선식의 $\frac{4}{3}$배이며, 전체전력은 단상 2선식의 2배이다.

> **단상 3선식**
> - 중성선에 퓨즈를 설치하지 않는다.
> - 단상 2선식 100%일 때 전력손실비(전선중량비)는 37.5% 이다.
> - 전압은 110V와 220V를 얻을 수 있다.
> - 중성선 단선이 되면 경부하의 전위가 상승한다(저압 밸런서 설치).
> - 단상 2선식보다 효율이 좋고, 전압강하가 작다.

80
정답 ③

- 정상상태 $L \rightarrow$ 단락

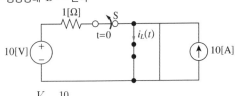

$$I_V = \frac{V}{R} = \frac{10}{1} = 10\text{A}$$

$$I_A = 10\text{A}$$

$$\therefore i_L(t) = I_V + I_A = 10 + 10 = 20\text{A}$$

81
정답 ④

ㄱ. 목표 값에 따라 정치제어(프로세스, 자동조정)와 추치제어(추종제어, 프로그램제어, 비율제어)로 분류된다.
ㄴ. 제어동작의 연속동작에는 비례제어, 비례적분제어, 비례미분제어, 비례미적분제어가 있다.
ㄹ. 프로그램제어는 시간을 미리 정해놓고 제어하는 것으로 엘리베이터 등에 사용되고 있다.

오답분석
ㄷ. 제어요소에는 조절부와 조작부가 있다.

82
정답 ④

$I_a = I + I_f = 52\text{A}$ 이므로

$E = V + I_a R_a$ 식에서

$\therefore \text{E} = 100 + 52 \times 0.1 = 105.2\text{V}$

83
정답 ④

KEC 334.2(지중함의 시설)
지중전선로에 사용하는 지중함은 다음에 따라 시설하여야 한다.
- 지중함은 견고하고 차량 기타 중량물의 압력에 견디는 구조일 것
- 지중함은 그 안의 고인 물을 제거할 수 있는 구조로 되어 있을 것
- 폭발성 또는 연소성의 가스가 침입할 우려가 있는 것에 시설하는 지중함으로서 그 크기가 1m^3 이상인 것에는 기타 가스를 방산시키기 위한 적당한 장치를 시설할 것
- 지중함의 뚜껑은 KS D 4040에 적합하여야 하며, 저압지중함의 경우에는 절연성능이 있는 고무판을 주철(강)재의 뚜껑 아래에 설치할 것.
- 차도 이외의 장소에 설치하는 저압 지중함은 절연성능이 있는 재질의 뚜껑을 사용할 수 있다.

84
정답 ③

부하율
하나의 부하에서 시간당 최대수용전력 대비 평균수용전력의 비율이다.

$$(\text{부하율}) = \frac{(\text{평균전력})}{(\text{최대전력})} \times 100$$

부등률
기기들이 사용되는 시간이 다른 정도 또는 전력소비기기를 동시에 사용되는 정도를 말한다.

$$(\text{부등률}) = \frac{(\text{개별수용 최대전력 합})}{(\text{합성 최대전력})}$$

오답분석

수용률
부하의 설비용량 대비 최대전력의 비율이다.

$$(\text{수용률}) = \frac{(\text{최대전력})}{(\text{설비용량})} \times 100$$

85
정답 ①

근궤적법은 시간영역에서 제어계 설계에 주로 사용한다.

86

중성점 접지방식별 전위 상승

구분	직접 접지	비접지	소호리액터 접지	저항 접지
전위 상승	1.3배	$\sqrt{3}$ 배	$\sqrt{3}$ 배 이상	$\sqrt{3}$ 배

87
정답 ④

△ → Y 변환 등가회로

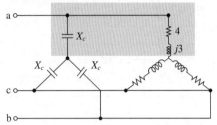

△ → Y 변환 시 1상당 임피던스 $Z = 4 + j3\,\Omega$

병렬 등가회로

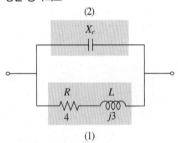

RL 직렬에 C 병렬연결인 등가회로로 구성

(1) 어드미턴스 $Y_1 = \dfrac{1}{4 + j3}$ ℧

(2) 어드미턴스 $Y_2 = j\dfrac{1}{X_c}$ ℧

$\therefore\ Y = Y_1 + Y_2 = \dfrac{1}{4 + j3} + j\dfrac{1}{X_c}$

$\quad = \left(\dfrac{1 \times (4 - j3)}{(4 + j3) \times (4 - j3)}\right) + j\dfrac{1}{X_c}$

$\quad = \dfrac{4 - j3}{16 + 9} + j\dfrac{1}{X_c} = \dfrac{4}{25} - j\dfrac{3}{25} + j\dfrac{1}{X_c}$

X_c를 구하므로 (허수부)=0

$-j\left(\dfrac{3}{25} - \dfrac{1}{X_c}\right) = 0$

$\dfrac{3}{25} = \dfrac{1}{X_c}$

$\therefore\ X_c = \dfrac{25}{3}\,\Omega$

88
정답 ④

KEC 132(전로의 절연저항 및 절연내력)

고압 및 특고압의 전로는 정해진 시험전압을 전로와 대지 사이에 연속하여 10분간 가하여 절연내력을 시험하였을 때에 이에 견디어야 한다.

89
정답 ③

절연 보호장치를 이용하여 전기회로계에서 경제적으로 절연설계를 하는 것을 '절연협조'라 한다. 절연협조에서 절연 강도 크기는 '선로애자＞결합콘덴서＞부싱＞변압기＞피뢰기' 순서이다.

90
정답 ④

2대의 직류 발전기를 각각 A, B라고 하면

$V = E_A - I_A R_{aA} = E_B - I_B R_{aB} \cdots ①$

$I_A + I_B = 100 \rightarrow I_A = 100 - I_B \cdots ②$

①, ②를 I_B에 대해 연립해서 풀면

$110 - (100 - I_B) \times 0.04 = 112 - I_B \times 0.06$

$110 - 4 + 0.04 I_B = 112 - 0.06 I_B$

$0.04 I_B + 0.06 I_B = 112 - 110 + 4$

$0.1 I_B = 6$

$\therefore\ I_A = 40,\ I_B = 60$

91
정답 ④

전기방식별 1선당 공급전력

전기방식	1선당 공급전력
단상 2선식	$\dfrac{1}{2}P$
단상 3선식	$\dfrac{2}{3}P$
3상 3선식	$\dfrac{\sqrt{3}}{3}P$
3상 4선식	$\dfrac{3}{4}P$

92
정답 ①

무한히 긴 직선 도체에서의 자계(H) 및 자속밀도(B)

- $H = \dfrac{NI}{l} = \dfrac{I}{2\pi r}\,[\text{AT/m}]$

  ($N = 1$: 도선 개수, $l = 2\pi r[\text{m}]$: 도선 단면의 둘레길이)

- $B = \mu H = \mu_0 \mu_s H = \dfrac{\mu_0 \mu_s I}{2\pi r}\,[\text{Wb/m}^2]$

  (μ_0 : 진공에서의 투자율, μ_s : 비투자율)

93 정답 ②

보호계전기의 구비조건
- 동작이 예민하고, 고장의 정도 및 위치, 고장 개소가 잘 파악되어야 한다.
- 경제성, 정확성, 선택성, 신속성, 협조성, 신뢰성의 기본기능을 가진다.
- 후비 보호능력이 있어야 한다.

94 정답 ④

송전선로의 중성점 접지는 1선 지락 시 전위상승을 억제해준다.

> **중성점 접지 목적**
> - 보호계전기 동작을 확실하게 해준다.
> - 과도안정도 증진, 피뢰기 효율 증가
> - 이상전압 발생 방지, 1선 지락 시 전위상승 억제

95 정답 ④

도전율(σ)은 고유저항(ρ) 역수의 값으로 도체에 흐르는 전류의 크기를 나타내는 상수이다.

- $\sigma = \dfrac{1}{\rho}$ [S/m]

도선에 대한 표준연동의 도전율 비율을 연동선이 100%일 때, 경동선은 95%, 알루미늄선은 61%이다.

96 정답 ③

KEC 241.1.2(전기울타리의 사용전압)
전기울타리용 전원장치에 전원을 공급하는 전로의 사용전압은 250V 이하이어야 한다.

97 정답 ①

송전선계통 안정도 향상 조치
- 직렬 리액턴스 감소 : 복도체 방식, 병행 2회선 방식, 직렬 콘덴서 사용
- 전압변동률 감소 : 속응여자방식, 중간조상방식 사용

98 정답 ②

콘덴서는 직렬이 아닌 병렬로 연결할수록 합성 정전용량이 커진다.

- 직렬 합성 정전용량 : $C_T = \dfrac{1}{\dfrac{1}{C_1} + \dfrac{1}{C_2}} = \dfrac{C_1 \times C_2}{C_1 + C_2}$

- 병렬 합성 정전용량 : $C_T = C_1 + C_2$

99 정답 ②

전위가 높은 곳에서 낮은 곳으로 이동하였으므로 운동 에너지는 증가한다.

$W = qV = \dfrac{1}{2}mv^2$ 에서 $v = \sqrt{\dfrac{2qV}{m}} = \sqrt{\dfrac{2 \times 1C \times 2V}{1\text{kg}}} = 2\text{m/s}$

100 정답 ①

KEC 132(전로의 절연저항 및 절연내력)

접지방식	최대사용전압	시험전압 (최대사용전압 배수)	최저시험 전압
비접지	7kV 이하	1.5배	
	7kV 초과	1.25배	10.5kV
중성점 접지	60kV 초과	1.1배	75kV
중성점 직접접지	60kV 초과 170kV 이하	0.72배	
	170kV 초과	0.64배	
중성점 다중접지	25kV 이하	0.92배	

※ 전로에 케이블을 사용하는 경우에는 직류로 시험할 수 있으며, 시험 전압은 교류의 경우의 2배가 된다.
∴ 시험전압 = $22,900 \times 0.92 = 21,068$V

51	52	53	54	55	56	57	58	59	60
①	④	④	③	④	④	②	①	②	②
61	62	63	64	65	66	67	68	69	70
③	①	②	②	④	①	②	③	③	③
71	72	73	74	75	76	77	78	79	80
④	①	③	②	③	④	④	③	①	④
81	82	83	84	85	86	87	88	89	90
②	①	③	②	③	①	④	③	①	④
91	92	93	94	95	96	97	98	99	100
④	①	③	①	①	②	②	①	④	①

51   정답 ①

$$\delta = \frac{PL}{AE}$$

$$15 \times 10^{-3} = \frac{P \times (300 \times 10^{-3})}{(100 \times 10^{-6}) \times (8 \times 10^9)}$$

$$P = \frac{(15 \times 10^{-3}) \times (100 \times 10^{-6}) \times (8 \times 10^9)}{300 \times 10^{-3}}$$

$$= 40 \times 10^3 \text{N}$$

$$= 40 \text{kN}$$

변형량(δ) 구하기

$$\delta = \frac{PL}{AE}$$

P : 작용한 하중[N]
L : 재료의 길이[mm]
A : 단면적[mm^2]
E : 세로탄성계수[N/mm^2]

52   정답 ④

스페로다이징(Spherodizing)은 공석온도 이하에서 가열하는 것으로 최고의 연성을 가진 재료를 얻고자 할 때 사용하는 열처리법이다. 미세한 펄라이트 조직을 얻기 위해 공석온도 이상으로 가열후 서랭하는 열처리법은 불림(Normalizing)이다.

53   정답 ④

오답분석

① $M8 \times 3$: 바깥지름이 8mm, 피치가 3mm인 미터 가는나사

② $\frac{1}{4} - 20 UNC$: 바깥지름이 $\frac{1}{4}$인치이고 inch당 나사산 수가 20인 유니파이 보통 나사

③ $\frac{1}{2} - 10 UNF$: 바깥지름이 $\frac{1}{2}$인치이고 inch당 나사산 수가 10인 유니파이 가는 나사

54   정답 ③

축의 위험 회전속도(n_c)를 구하기 위해서는 각속도(ω) 구하는 식을 응용해야 한다.

$$\omega = \frac{2\pi n}{60}$$

위 식에 ω 대신 위험각속도(ω_c), 회전수 n 대신 축의 위험 회전수(n_c)를 대입하면

$$[\text{위험각속도}(\omega_c)] = \frac{2\pi n_c}{60}$$

$$n_c = \frac{60 \omega_c}{2\pi} = \frac{30}{\pi} \omega_c = \frac{30}{\pi} \sqrt{\frac{k}{m}}$$

고유진동수(f)는 강성(k)이 클수록, 질량(m)이 작을수록 커진다. 따라서 n_c와 f 모두 $\sqrt{\dfrac{k}{m}}$ 와 관련되므로 축의 위험속도(n_c)는 고유진동수(f)와 관련이 크다.

55   정답 ④

카뮤의 정리에 따르면 2개의 기어가 일정한 속도로 회전하기 위해서는 접촉점의 공통법선은 일정한 점을 통과해야 한다.

오답분석

① 사이클로이드 곡선 : 평면 위의 일직선 상에서 원을 회전시킨다고 가정했을 때, 원의 둘레 중 임의의 한 점이 회전하면서 그리는 곡선을 치형으로 사용한 곡선이다. 피치원이 일치하지 않거나 중심거리가 다를 때는 기어가 바르게 물리지 않으며, 이뿌리가 약하다는 단점이 있으나 효율성이 좋고 소음과 마모가 적다는 장점이 있다.

② 인벌루트 곡선 : 원기둥을 세운 후 여기에 감은 실을 풀 때, 실중 임의 1점이 그리는 곡선 중 일부를 치형으로 사용한 곡선이다. 이뿌리가 튼튼하며 압력각이 일정할 때 중심거리가 다소 어긋나도 속도비가 크게 변하지 않고 맞물림이 원활하다는 장점이 있으나 마모가 잘된다는 단점이 있다.

③ 기어의 물림률이 클수록 소음은 작아진다.

56   정답 ④

유압회로에서 캐비테이션이 발생하지 않도록 흡입관 내의 평균유속을 3.5m/s 이하로 만들어 준다.

57   정답 ②

원심 펌프의 특징
• 가격이 저렴하다.
• 맥동이 없으며 효율이 좋다.
• 평형공으로 축추력을 방지한다.
• 작고 가벼우며 구조가 간단하다.
• 고장률이 적어서 취급이 용이하다.
• 용량이 작고 양정이 높은 곳에 적합하다.
• 고속 회전이 가능해서 최근 많이 사용한다.
• 비속도를 통해 성능이나 적정 회전수를 결정한다.

58

정답 ①

$P_B = P_c$

$P_A + \gamma_물 \times S_{기름} \times h = \gamma_물 \times S_{수은} \times H$

$P_A + 9,800 \times 0.9 \times 0.09 = 9,800 \times 13.6 \times 0.2$

$\therefore P_A = 25,862.2\text{Pa} \fallingdotseq 25.86\text{kPa}$

59

정답 ②

2행정 사이클은 밸브기구가 필요하지 않다.

4행정 사이클과 2행정 사이클의 차이점

구분	4행정 사이클	2행정 사이클
구조	복잡함	간단함
제작단가	고가	저가
밸브기구	필요함	필요하지 않음
유효행정	긺	짧음
열효율	높음	낮음
연료소비율	2행정보다 적다	4행정보다 많다
체적효율	높다	낮다
회전력	불균일	균일
마력당 기관중량	무거움	가벼움
동력발생	크랭크축 2회전당 1회	크랭크축 1회전당 1회
윤활유 소비	적음	많음
동일배기량 시 출력	작음	큼

60

정답 ②

종량성 상태량은 물질의 양에 따라 변하는 것으로, '부피(=체적), 질량, 엔트로피, 내부에너지'가 있다.

오답분석

강도성 상태량 : 물질의 양의 변화에도 변하지 않는 것으로 '밀도, 온도, 압력, 비체적'이 있다.

61

정답 ③

오토사이클의 열효율

$\eta = \dfrac{Q_H - Q_L}{Q_H} = 1 - \dfrac{Q_L}{Q_H} = 1 - \dfrac{C_v(T_4 - T_1)}{C_v(T_3 - T_2)} = 1 - \dfrac{T_4 - T_1}{T_3 - T_2}$

62

정답 ①

오토사이클 열효율

1) $\eta = 1 - \left(\dfrac{1}{\epsilon}\right)^{k-1}$ (ϵ : 압축비, k : 비열비)

2) $\eta = 1 - \dfrac{T_4 - T_1}{T_3 - T_2}$ (온도변화 순서 : $1 \to 2 \to 3 \to 4$, T_3 : 최고온도)

따라서 효율을 증가시키기 위해 최고온도(T), 압축비(ϵ), 비열비(k) 모두 증가시켜야 한다.

63

정답 ②

클라우지우스 방정식은 열역학 제2법칙과 관련된 공식이며, 어떤 열역학적 순환 과정이 가역인지 비가역인지 알 수 있다.

$\oint \dfrac{\delta Q}{T} \leq 0$ (T : 절대온도, δQ : 출입열량)

64

정답 ②

표면거칠기 표시 중에서 산술평균 거칠기값인 Ra값이 가장 작다.

표면거칠기 기호 및 거칠기값[μm]

기호	용도	표면거칠기값 Ra (산술평균 거칠기)	Ry (Rmax) (최대 높이)	Rz (10점 평균 거칠기)
$\overset{w}{\triangledown}$	다른 부품과 접촉하지 않는 면에 사용	25a	100S	100Z
$\overset{x}{\triangledown}$	다른 부품과 접촉해서 고정되는 면에 사용	6.3a	25S	25Z
$\overset{y}{\triangledown}$	기어의 맞물림 면이나 접촉 후 회전하는 면에 사용	1.6a	6.3S	6.3Z
$\overset{z}{\triangledown}$	정밀 다듬질이 필요한 면에 사용	0.2a	0.8S	0.8Z

65

정답 ④

절대압력은 완전진공상태를 영점(0)으로 정해놓고 측정하는 압력이다.

66

정답 ①

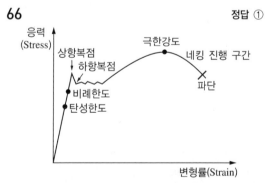

응력 − 변형률선도에서 재료에 작용한 응력이 항복점에 이르게 되면 하중을 제거해도 재료는 변형된다.

강(Steel)재료를 인장시험하면 다음과 같은 응력 – 변형률선도를 얻을 수 있다. 응력 – 변형률 곡선은 작용 힘에 대한 단면적의 적용방식에 따라 공칭응력과 진응력으로 나뉘는데 일반적으로는 시험편의 최초 단면적을 적용하는 것을 공칭응력 혹은 응력이라고 하며 다음 선도로 표현한다.

응력 – 변형률 곡선($\sigma - \varepsilon$)경선도

- 탄성한도(Elastic Limit) : 하중을 제거하면 시험편의 원래 치수로 돌아가는 구간으로 후크의 법칙이 적용된다.
- 비례한도(Proportional Limit) : 응력과 변형률 사이에 정비례관계가 성립하는 구간 중 응력이 최대인 점이다.
- 항복점(Yield Point, σ_y) : 인장시험에서 하중이 증가하여 어느 한도에 도달하면 하중을 제거해도 원위치로 돌아가지 않고 변형이 남게 되는 그 순간의 하중이다.
- 극한강도(Ultimate Strength, σ_u) : 재료가 파단되기 전에 외력에 버틸 수 있는 최대의 응력이다.
- 네킹구간(Necking) : 극한 강도를 지나면서 재료의 단면이 줄어들면서 길게 늘어나는 구간이다.
- 파단점 : 재료가 파괴되는 점이다.

67
정답 ②

열관류율(U) : 특정한 두께를 가진 재료의 열전도 특성이다. 따라서, 열전도율 K에 U를 대입한다.

$$[\text{손실열량}(H_c)] = K \times A \times \triangle T = \left(\frac{0.8}{0.002\text{m}} \right) \times (1\text{m} \times 2\text{m}) \times 3 = 2,400 \text{이다.}$$

68
정답 ③

오답분석

① Al : 면심입방격자
② Au : 면심입방격자
④ Mg : 조밀육방격자

금속의 결정 구조

종류	성질	원소	단위격자	배위수	원자충진율
체심입방격자 (BCC)	• 강도가 크다. • 용융점이 높다. • 전성과 연성이 작다.	W, Cr, Mo, V, Na, K	2개	8	68%
면심입방격자 (FCC)	• 전기전도도가 크다. • 가공성이 우수하다. • 장신구로 사용된다. • 전성과 연성이 크다. • 연한 성질의 재료이다.	Al, Ag, Au, Cu, Ni, Pb, Pt, Ca	4개	12	74%
조밀육방격자 (HCP)	• 전성과 연성이 작다. • 가공성이 좋지 않다.	Mg, Zn, Ti, Be, Hg, Zr, Cd, Ce	2개	12	74%

69
정답 ③

(물이 얻은 열량)+(강제 용기가 얻은 열량)=(어떤 물체가 잃은 열량)이다.

$[\text{물이 얻은 열량}(Q_w)] = C_w \, m_w \, \triangle T_w$

$m_w = \rho \cdot V_w = 1,000 \times (30 \times 10^{-3}) = 30\text{kg}$, $\triangle T_w = 50 - 18 = 32℃$이므로

$Q_w = 4.2 \times 30 \times 32 = 4,032\text{kJ}$

$[\text{어떤 물체가 잃은 열량}(Q_s)] = C_s \, m_s \, \triangle T_s$

$m_s = 3\text{kg}$, $\triangle T_s = \triangle T_w = 32℃$이므로

$Q_s = C_s \, m_s \, \triangle T_s = 0.46 \times 7 \times 32 = 103.04\text{kJ}$

$Q_w + Q_s = Q$이므로 $Q = 4,032 + 103.04 = 4,135.04\text{kJ}$이다.

$Q = Cm \triangle T$에서 $m = 3\text{kg}$, $\triangle T = 200 - 50 = 150℃$이므로

$$C = \frac{Q}{m \triangle T} = \frac{4,135.04}{3 \times 150} ≒ 9.2\text{kJ/(kg・K)}\text{이다.}$$

70
정답 ③

응력집중계수(k)는 노치부의 유무나 급격한 단면변화와 같이 재료의 모양변화에는 영향을 받지만, 재료의 크기나 재질에는 영향을 받지 않는다. 응력집중현상 감소를 위해서는 필릿의 반지름을 크게 하고, 단면부분을 열처리하거나 표면거칠기를 향상시킨다.

71
정답 ④

$[\text{단순보 최대 처짐}(\delta)] = \frac{PL^3}{48EI}$ $[P : \text{하중}, L : \text{길이}, E : \text{탄성계수}, I(= \frac{bh^3}{12}) : \text{관성모멘트}]$에서

$[\text{집중하중}(P)] = \frac{48EI}{L^3} \times \delta$이므로,

$P = \frac{48EI}{L^3} \times \delta = \frac{48 \times 200 \times 10^9 \times (10^{-2})^2}{(200)^3} \times \frac{4 \times 6^3}{12} \times 0.5 = 4,320\text{N}$이다.

72
정답 ①

강도의 크기

극한강도>항복응력>탄성한도>허용응력≥사용응력

73
정답 ③

$$[\text{변형률}(\epsilon)] = \frac{(\text{길이 변화량})}{(\text{처음 길이})} \times 100$$

따라서 $\frac{0.14}{200} \times 100 = 0.07\%$이다.

74 정답 ②

구상흑연주철은 황 성분이 적은 선철을 용해로, 전기로에서 용해한 후 주형에 주입 전 마그네슘, 세륨, 칼슘 등을 첨가시켜 흑연을 구상화하여 보통주철보다 강력한 성질을 갖은 주철이다.

오답분석

① 합금주철 : 보통주철에 니켈, 구리 등을 첨가하여 특수강 성질을 갖게 하는 주철
③ 칠드주철 : 표면의 경도를 높게 만들기 위해 금형에 접해서 주철용탕을 응고하고, 급랭하여 제조한 주철
④ 가단주철 : 주조성이 좋은 주철을 용해하여 열처리를 함으로써 견인성을 높인 주철

75 정답 ③

표준대기압 1atm=10.33mAq=14.7psi=760mmHg
=1.013bar=1,013hPa

76 정답 ④

유체는 전단응력 또는 외부 힘이 작용하면 정지상태로 있을 수 없는 물질을 말한다.

77 정답 ④

에너지의 절대단위계(MLT계)는 ML^2T^{-2}이다.

> **MLT계**
> 서로 독립된 질량(M), 길이(L), 시간(T)으로 나타낸 기본 차원의 물리량이다.

78 정답 ③

유체 퓨즈는 유압 회로 내의 압력이 설정 압을 넘으면 유압에 의하여 막이 파열되어 유압유를 탱크로 귀환시키며, 압력 상승을 막아 주는 기기이다.

오답분석

① 압력 스위치 : 액체 또는 기체의 압력이 일정범위를 벗어날 경우 다시 범위내로 압력을 유지하게 도와주는 스위치이다.
② 감압 밸브 : 유체의 압력을 감소시켜 동력을 절감시키는 밸브이다.
④ 포핏 밸브 : 내연기관의 흡·배기 밸브로 사용하는 밸브이다.

79 정답 ①

- [비틀림 모멘트(T)]$=\tau \times Z_p$ (τ : 전단응력, Z_p : 단면계수)
- [극단면계수(Z_p)]$=\dfrac{\pi d^3}{16}$ (d : 지름)

$T=\tau \times Z_p=\tau \times \dfrac{\pi d^3}{16}=20 \times 10^6 \times \dfrac{\pi \times 0.07^3}{16} ≒ 1,347N \cdot m$

80 정답 ④

- 탄성계수 : $E=2G(1+\mu)$
- 전단탄성계수 : $G=\dfrac{E}{2(1+\mu)}$

81 정답 ②

내압을 받는 얇은 원통에서 원주(후프)응력 $\sigma_r=\dfrac{Pd}{2t}$, 축방향의 응력 $\sigma_s=\dfrac{Pd}{4t}$이므로,

$\sigma_r=\sigma_y=\dfrac{Pd}{2t}=\dfrac{860,000 \times 3}{2 \times 0.03}=43,000,000N/m^2=43MPa$

$\sigma_s=\sigma_x=\dfrac{Pd}{4t}=\dfrac{860,000 \times 3}{4 \times 0.03}=21,500,000\,N/m^2=$
21.5MPa

2축 응력에서 최대 전단응력은 $\theta=45°$ 일 때,

$\therefore \tau_{max}=\dfrac{1}{2}(\sigma_x-\sigma_y)=\dfrac{1}{2}(21.5-43)=-10.75MPa$

82 정답 ①

[냉동사이클의 성적계수 (ϵ_r)]

$=\dfrac{(증발온도)}{(응축온도)-(증발온도)}=\dfrac{(저온체에서\ 흡수한\ 열량)}{(공급열량)}$

10냉동톤의 흡수열량은 $3.85 \times 10=38.5$kW이다.
필요한 이론동력은

$(공급열량)=(흡수열량) \times \dfrac{(응축온도)-(증발온도)}{(증발온도)}$이다.

따라서 필요한 이론동력은 $38.5 \times \dfrac{(273+25)-(273-20)}{273-20}$
$≒ 6.85$kW이다.

83 정답 ②

[엔탈피 변화(dh)]$=C_p dT=dq+vdP=dq(\because dP=0)$
$\triangle h=C_p(T_2-T_1)$[kJ/kg]
$T_2=T_1+\dfrac{\triangle h}{C_p}=(70+273.15)+\dfrac{450 \div 2}{4}=399.4K$

보일-샤를의 법칙에 의하여,
$\dfrac{P_1 V_1}{T_1}=\dfrac{P_2 V_2}{T_2}=C,\ P_1=P_2=P$이므로

$\dfrac{PV_1}{343.15}=\dfrac{PV_2}{399.4} \rightarrow V_2 ≒ 1.16\,V_1$ 이다.

84
정답 ③

등온과정에서 엔탈피는 0으로 불변이다.

엔탈피(H)
내부에너지(U)와 일(W)의 합으로 나타낸 값으로 열의 이동과 상태변화로 인한 물질의 에너지 변화를 설명한다.

85
정답 ②

등온과정에서 기체가 한 일(W)

$$= mRT \times \ln\frac{P_1}{P_2} = 1 \times 1 \times (273+27) \times \ln\frac{200}{100} = 300 \times \ln 2$$

$$= 210\text{kJ}$$

등온과정에서의 일
$W = mRT \times \ln\frac{P_1}{P_2}$ (m : 질량, R : 기체상수, T : 절대온도, P_1 : 처음 압력, P_2 : 나중 압력)

86
정답 ①

열역학 제2법칙에 따르면 엔트로피(최소 0, 무질서의 정도)가 항상 증가하는 방향으로 물질 시스템이 움직인다.

87
정답 ④

이상기체 상태방정식 $PV = mRT$ (P : 압력, V : 부피, m : 질량, R : 기체상수, T : 절대온도)이므로, 상태방정식에서 질량 $(m) = \frac{PV}{RT}$ 임을 알 수 있다. 따라서 공기의 질량은 $m = \frac{PV}{RT} = $

$\frac{101 \times 5^3}{0.287 \times (273+27)} ≒ 146.6\text{kg}$ 이다.

88
정답 ③

이상적인 냉동기의 성능계수는 $\frac{250}{320-250} ≒ 3.57$이 된다.

냉동사이클의 성능계수(ϵ_r)

$$\epsilon_r = \frac{(증발온도)}{(응축온도) - (증발온도)}$$

89
정답 ①

$\eta = 1 - \left(\frac{1}{6}\right)^{1.4-1} ≒ 0.51$로, 약 51%이다.

오토사이클 열효율

$$\eta = 1 - \left(\frac{1}{\epsilon}\right)^{k-1} \quad (\epsilon : 압축비, \ k : 비열비)$$

90
정답 ④

기계재료의 구비조건
• 고온에서 경도가 감소되지 않을 것
• 내마모성, 인성강도, 내식성, 내열성이 클 것
• 가공재료보다 경도가 클 것
• 마찰계수가 작을 것
• 재료 공급이 원활하고, 경제적일 것

91
정답 ④

한쪽 방향의 흐름은 자유로우나 역방향의 흐름을 허용하지 않는 밸브는 체크 밸브이다.

오답분석
① 카운터 밸런스 밸브 : 한쪽 흐름에 배압을 만들고, 다른 방향은 자유 흐름이 되도록 만들어 주는 밸브이다.
② 언로드 밸브 : 밸브 내에서 평형 피스톤을 움직여 펌프로부터 압유를 탱크로 빼올려 펌프를 무부하 운전 상태를 만들어 주는 밸브이다.
③ 감압 밸브 : 유체의 압력을 감소시켜 동력을 절감하는 밸브이다.

92
정답 ①

미터 아웃 회로는 유압 회로에서 속도제어를 하며, 실린더 출구 쪽에서 유출되는 유량을 제어한다.

오답분석
② 블리드 오프 회로 : 유압 회로에서 속도제어를 하며, 실린더로 유입되는 유량을 바이패스로 제어한다.
③ 미터 인 회로 : 유압 회로에서 속도제어를 하며, 실린더 입구 쪽에서 유입되는 유량을 제어한다.
④ 카운터 밸런스 회로 : 부하가 급격히 제거되었을 때 관성력에 의해 소정의 제어를 못할 경우 감입된다.

93
정답 ③

표준 고속도강 합금 비율
W(텅스텐, 18%)>Cr(크로뮴, 4%)>V(바나듐, 1%)

94

정답 ①

A1일 때는 순철에 변태가 없다.

> **순철의 변태점**
> • A2 : 자기변태점
> • A3 : 감마철 → 알파철
> • A4 : 알파철 → 감마철

95

정답 ①

플래싱은 유압관로 내에 있는 이물질을 회로 밖으로 배출시킴으로써 오래된 오일과 슬러지를 용해하여 내부를 깨끗하게 만드는 작업이다.

오답분석

② 압력 오버라이드 : 스프링의 휨량이 최대일 때 스프링의 가압력이 크랭킹압력보다 높아질 때, 두 압력차를 말한다.

③ 패킹 : 기밀성을 유지하기 위해 파이프의 이음새나 용기의 접합면에 끼우는 재료이다.

④ 매니폴드 : 내부 배관 역할의 통로가 형성되고, 외부에 다수의 기기 접속구를 갖춘 다기관이다.

96

정답 ②

인바는 철 64%, 니켈 36%의 합금으로, 열팽창 계수가 작고 내식성도 좋아 시계추, 바이메탈 등에 사용된다.

오답분석

① 인코넬 : 니켈 80%, 크롬 14%, 철 6%의 합금으로, 내산성이 강하고 전열기, 항공기의 배기 밸브에 이용된다.

③ 콘스탄탄 : 니켈 45%, 구리 55%의 합금으로, 전기저항이 높고 온도계수가 작아 온도 측정기에 이용된다.

④ 플래티나이트 : 니켈 46%를 함유한 합금으로, 평행계수가 유리와 같으며 금속의 봉착용에 이용된다.

97

정답 ②

인터플로란 유압 장치의 밸브 위치를 전환하는 과정에서 발생하는 과도적인 오일 압력으로 인해 생기는 밸브 포트 간의 흐름을 말한다.

오답분석

① 자유 흐름 : 유압 장치의 작동에 상관없이 오일이 흐르는 것이다.

③ 제어 흐름 : 유압 장치의 작동에 따라 일정한 양의 오일이 흐르는 것이다.

④ 아음속 흐름 : 액체 속의 음파의 속도보다 유체가 느리게 흐르는 것이다.

98

정답 ①

(최대 틈새)=(구멍의 최대 허용치수)−(축의 최소 허용치수)
45.024−45.003=0.021
(최대 죔새)=(축의 최대 허용치수)−(구멍의 최소 허용치수)
45.017−45=0.017

틈새와 죔새값 계산

최소 틈새	(구멍의 최소 허용치수)−(축의 최대 허용치수)
최대 틈새	(구멍의 최대 허용치수)−(축의 최소 허용치수)
최소 죔새	(축의 최소 허용치수)−(구멍의 최대 허용치수)
최대 죔새	(축의 최대 허용치수)−(구멍의 최소 허용치수)

99

정답 ④

시멘타이트는 순철에 탄소 약 6.6%가 합금된 금속조직으로, 경도가 가장 높다.

> **강에서 열처리 조직의 경도 순서**
> 페라이트<오스테나이트<펄라이트<소르바이트<베이나이트<트루스타이트<마텐자이트<시멘타이트

100

정답 ①

결정립 조대화로 인해 강도와 경도 취성이 증가하여 상온취성 균열원인이 된다.

오답분석

② 연신율이 감소한다.

③ 황(S)의 영향이다.

④ 강도 및 경도의 취성을 증가시킨다.

| 03 | 토목일반(토목직)

51	52	53	54	55	56	57	58	59	60
④	④	②	④	③	③	②	②	③	④
61	62	63	64	65	66	67	68	69	70
②	①	①	①	③	①	②	①	④	③
71	72	73	74	75	76	77	78	79	80
④	④	④	④	②	④	④	③	③	③
81	82	83	84	85	86	87	88	89	90
③	①	④	④	①	④	②	④	④	③
91	92	93	94	95	96	97	98	99	100
②	③	①	②	④	②	②	③	③	③

51   정답 ④

전단력이 0인 곳에 최대 휨모멘트가 작용한다.

$$R_A + R_B - (w \times \frac{l}{2}) = 0$$

$$M_B = (R_B \times 0) - (w \times \frac{l}{2} \times \frac{3}{4}l) + (R_A \times l) = 0$$

$$\rightarrow R_A = \frac{3}{8}wl$$

$$\frac{3}{8}wl - (w \times x) = 0$$

$$\therefore \; x = \frac{3}{8}l$$

따라서 지점 A로부터 $\frac{3}{8}l$만큼 떨어진 곳에서 최대 휨모멘트가 작용한다.

52   정답 ④

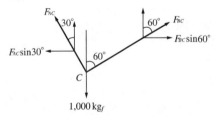

$$\sum F_x = -F_{AC}\sin30° + F_{BC}\sin60° = 0$$
$$F_{BC} = 0.577F_{AC}$$
$$\sum F_y = F_{AC}\cos30° + F_{BC}\cos60° - 1,000 = 0$$
$$F_{AC}(\cos30° + 0.577\cos60°) = 1,000$$
$$F_{AC} = 866\text{kg}_f$$

53   정답 ②

A = 240 × 240 = 57,600m²

$$\frac{dA}{A} = 2 \times \frac{dl}{l} \text{ 이므로}, \quad \frac{dA}{57,600} = 2 \times \frac{0.04}{60}$$

$$\therefore \; dA = 76.8\text{m}^2$$

54   정답 ④

KDS 57 55 00(상수도 정수시설 설계기준)
정수지의 바닥은 저수위보다 15cm 이상 낮게 설치해야 한다.

55   정답 ③

토질조사에서 심도가 깊어지면 로드(Rod)의 변형에 의한 타격에너지의 손실과 마찰로 인해 N치가 크게 나오므로 로드(Rod)길이에 대한 수정을 하게 된다.

56   정답 ③

오답분석

① 오수관로는 계획시간 최대오수량을 기준으로 한다.
② 내부검사 및 보수가 곤란하므로 가급적 역사이펀을 피하는 것이 좋다.
④ 오수관로와 우수관로가 교차하여 역사이펀을 피할 수 없는 경우는 오수관로를 역사이펀으로 한다.

57   정답 ②

[레이놀즈수(Re)] $= \frac{VD}{\nu}$ 이므로

$$Re = \frac{(\frac{4 \times 0.03}{0.15^2 \times \pi}) \times 0.15}{1.35 \times 10^{-4}} \fallingdotseq 1,886.28$$

$Re < 2,000$이므로 층류이다.

> **레이놀즈수에 따른 유체의 흐름 상태**
> $Re < 2,000$: 층류
> $Re > 2,000$: 난류

58   정답 ②

압성토 공법은 성토에 의한 기초의 활동 파괴를 막기 위하여 성토 비탈면 옆에 소단 모양의 압성토를 만들어 활동에 대한 저항모멘트를 증가시키는 공법이다.

59
정답 ③

균일한 평야지역의 작은 유역에 발생한 강우량 산정은 산술평균법 사용이 적절하다.

60
정답 ④

현행 구조기준에서는 벽체 및 슬래브에서의 휨 주철근의 간격은 중심간격을 규정하며, 두께의 3배 이하, 450mm 이하로 규정하고 있다.

61
정답 ②

$Q=A\,V \rightarrow V=\dfrac{Q}{A}=\dfrac{0.1}{\dfrac{\pi\times0.3^2}{4}}\fallingdotseq1.414\text{m/sec이고,}$

$R=\dfrac{d}{4}=\dfrac{0.3}{4}=0.075\text{m이므로}$

$v=C\sqrt{RI}$ 에서 $I=\dfrac{v^2}{RC^2}=\dfrac{1.414^2}{0.075\times63^2}\fallingdotseq0.0067$이다.

$I=\dfrac{h_L}{l}$ 이므로 관 마찰 손실수두(h_L)는

$h_L=I\times l=0.0067\times100=0.67\text{m이다.}$

62
정답 ①

$\sum M_A=0,\ 2\times8\times4-H_D\times2-R_D\times8=0$

$R_D=8-\dfrac{H_D}{4}$

$M_E=0,\ 2\times2\times1+H_D\times4-R_D\times2=0$

$H_D=\dfrac{12}{\dfrac{9}{2}}\fallingdotseq2.67\text{t}$

63
정답 ①

$S=100\%$에서 $e=wG_s=0.20G_s$

$\gamma_t=\gamma_d(1+w)=1.70(1+0.20)=2.04\text{t/m}^3$

$\gamma_t=\dfrac{G_s+S\cdot e}{1+e}\gamma_w=\dfrac{G_s+0.20G_s}{1+0.20G_s}\times1=2.04\text{t/m}^3$

$\therefore\ G_s=2.58$

64
정답 ①

우력(偶力 ; Couple of Forces)

일직선상이 아니고 크기가 같으며, 방향이 서로 평행으로 반대인 두 힘을 우력이라 한다. 우력은 두 힘이 작용하는 평면으로 수직인 축 둘레에 회전시키는 작용을 한다. 두 힘의 작용선 사이의 거리 a(우력의 팔의 길이)와 각 힘의 크기 F의 곱 aF를 우력의 모멘트라 한다.

65
정답 ③

$K=2.3\dfrac{a\cdot l}{A\cdot t}\log\dfrac{H_1}{H_2}=2.3\times\dfrac{\dfrac{\pi\times0.45^2}{4}\times2}{\dfrac{\pi\times5^2}{4}\times70}\log\dfrac{40}{20}$

$=1.60\times10^{-4}\text{cm/s}$

66
정답 ①

구배 $i=\dfrac{h}{D}\times100$에서 축척 $\dfrac{1}{50,000}$ 지형도상의 인접한 두 주곡선 간격 $h=20$m이다. 실제거리 D는 $50,000\times1=50,000$cm $\rightarrow$ 500m

따라서 $i=\dfrac{h}{D}=\dfrac{20}{500}\times100=4\%$이다.

67
정답 ②

$\tau=c+\sigma\tan\phi$에서 $1.73=3\tan\phi$

$\therefore\ \phi=\tan^{-1}\dfrac{\tau}{\sigma}=\tan^{-1}\dfrac{1.73}{3}=30°$

68
정답 ①

$a_v=\dfrac{e_1-e_2}{P_2-P_1}=\dfrac{2.7-1.9}{4.6-3.0}=0.5\text{cm}^2/\text{kg}$

69
정답 ④

$M_u=1.2M_D+1.6M_L$와 $M_u=1.4M_D$ 두 값 중 큰 값이 해당한다.

• $M_u=1.2\times30+1.6\times3=40.8\text{kN}\cdot\text{m}$

• $M_u=1.4\times30=42\text{kN}\cdot\text{m}$

따라서 $M_u=42\text{kN}\cdot\text{m}$이다.

70
정답 ③

$Q_x=A\bar{y}=40\times30\times15-20\times10\times15=15,000\text{cm}^3$

71
정답 ④

토적곡선은 토량을 누적한 것으로 토량의 배분, 운반거리에 따른 토공기계의 선정, 시공방법의 선정 등의 목적으로 작성한다. 따라서 교통량 산정은 토적곡선을 작성하는 목적으로 볼 수 없다.

72
정답 ④

나선철근으로 둘러싸인 압축부재의 축방향 주철근의 최소 개수는 6개이다. 반면 삼각형 띠철근의 경우 최소 개수는 3개, 사각형 및 원형 띠철근의 경우는 4개이다.

73
정답 ④

수리학적 상사

- 시간비(T_r)

$$T_r = \frac{T_m \,(모형시간)}{T_P \,(원형시간)}$$

- (축적비)=[길이비(L_r)]

$$L_r = \frac{L_m \,(모형길이)}{L_P \,(원형길이)}$$

- 시간비와 축척비 관계

$$T_r = (L_r)^{\frac{1}{2}}$$

$$\frac{4}{T_P} = \left(\frac{1}{225}\right)^{\frac{1}{2}} \rightarrow T_P = 60분$$

74
정답 ④

$$\frac{A_2}{A_1} = \left(\frac{M_2}{M_1}\right)^2 = \left(\frac{3,000}{500}\right)^2 = 36매$$

75
정답 ②

$$w_u = 1.2w_D + 1.6w_L = (1.2 \times 18) + (1.6 \times 26) = 63.2\text{kN}$$

$63.2\text{kN} \geq 1.4w_D = 1.4 \times 18 = 25.2\text{kN}$이므로 w_u를 택한다.

따라서 $M_u = \dfrac{w_u \times L^2}{8} = \dfrac{(63.2) \times (10)^2}{8} = 790\text{kN} \cdot \text{m}$이다.

76
정답 ④

표준관입시험(SPT)의 목적은 현장 지반의 강도를 추정(N값)하고, 흐트러진 시료를 채취하는 것이다. 표준관입시험으로는 흐트러지지 않은 시료를 얻을 수 없다.

77
정답 ④

KDS 14 20 22(콘크리트구조 전단 및 비틀림 설계기준)
전단철근의 설계기준 항복강도는 500MPa을 초과할 수 없다. 다만, 벽체의 전단철근 또는 용접 이형철망을 사용할 경우 전단철근의 설계기준항복강도는 600MPa을 초과할 수 없다.

78
정답 ③

$$n = \frac{E_s}{E_c} = \frac{2 \times 10^5}{8,500 \sqrt[3]{f_{ck}}} = \frac{2 \times 10^5}{8,500 \sqrt[3]{23+4}} = \frac{2 \times 10^5}{2.55 \times 10^4}$$

$$\fallingdotseq 7.84$$

$$\fallingdotseq 8$$

> **KDS 14 20 10(콘크리트 구조 해석과 설계 원칙)**
> - 철근의 탄성계수(E)는 200,000MPa를 표준으로 한다.
> - 콘크리트의 탄성계수(E_c)는 다음과 같이 계산한다.
>
> $$8,500 \sqrt[3]{f_{cm}} = 8,500 \sqrt[3]{f_{ck} + \Delta f}$$

79
정답 ③

마찰에 의한 손실은 통상 포스트텐션(Post Tension)에서 고려하는 프리스트레스 감소 원인 중의 하나이다.

80
정답 ③

방위각법은 이후의 측량에 오차가 계속 누적되는 단점이 있다.

> **방위각법**
> 각 측선이 일정한 기준선(진북, 자오선) 방향과 이루는 각을 우회로 관측하는 다각측량에서의 각 관측의 한 방법으로, 반전법과 고정법의 2가지 방법이 있다. 각 관측값의 계산과 제도에 편리하며 신속히 관측할 수 있어 노선측량 또는 지형측량에 널리 쓰인다.

81
정답 ③

(실제거리)=(관측거리)+(정오차)±(우연오차)

- 정오차 : $+5n = +4 \times \dfrac{80}{20} = +16\text{mm} = +0.016\text{m}$

- 우연오차 : $\pm 3\sqrt{n} = \pm 3\sqrt{\dfrac{80}{20}} = \pm 6\text{mm} = \pm 0.006\text{m}$

따라서 실제거리는 $80\text{m} + 0.016\text{m} \pm 0.006\text{m} = 80.016 \pm 0.006\text{m}$이다.

82
정답 ①

강도설계법에서는 소성이론을 적용하고 있다.

83
정답 ④

구심오차 $e = \dfrac{qM}{2}$에서 $M = \dfrac{2e}{q} = \dfrac{2 \times 60}{0.2} = 600$이다.

따라서 $\dfrac{1}{M} = \dfrac{1}{600}$이다.

84 정답 ④

인장력을 받는 이형철근 및 이형철선의 겹침이음 중에서 A급 이음은 배치된 철근량이 이음부 전체 구간에서 해석 결과 요구되는 소요 철근량의 2배 이상이고, 소요 겹침이음길이 내 겹침이음된 철근량이 전체 철근량의 1/2 이하인 경우를 말한다. B급 이음은 A급 이음에 해당되지 않는 경우를 말한다.

85 정답 ①

$$C = \frac{DV^2}{gR} \;\rightarrow\; C' = \frac{DV^2}{2gR}$$

따라서 반경이 2배로 증가하면 캔트(C)는 0.5배로 줄어든다.

86 정답 ④

철근콘크리트 구조물은 내구성과 내화성이 좋다.

87 정답 ②

유기물 농도값은 일반적으로 $TOD > COD > BOD > TOC$이다.

88 정답 ④

위험단면은 받침부 내면에서 d만큼 떨어진 단면으로 본다.

89 정답 ④

• A : $1 \times 1 = 1$
• B : $0.5 \times 1 + 0.5 \times 1 = 1$
• C : $1 \times 1 = 1$
• D : $1 \times 2 - 1 \times 1 = 1$

따라서 A, B, C, D 모든 점의 모멘트는 같다.

90 정답 ③

Skempton의 경험식(불교란 점토 시료)
$$C_c = 0.009(W_L - 10) = 0.009 \times (50 - 10) = 0.36$$

$$\therefore \triangle H = \frac{C_c H}{1 + e} \log \frac{P_2}{P_1} = \frac{0.36 \times 5}{1 + 1.4} \times \log \frac{14}{10} = 0.11\text{m}$$

$$\rightarrow 11\text{cm}$$

91 정답 ②

$$\tau = c + (\sigma - u)\tan\phi = 0.5 + (30 - 8)\tan 30° = 13.2 \text{kg}_f/\text{cm}^2$$

92 정답 ③

• 캔틸레버보의 최소두께 $h = \dfrac{l}{8}$

$f_y = 400\text{MPa}$ 이외인 경우는 계산된 h 값에 $\left(0.43 + \dfrac{f_y}{700} \right)$을 곱한다.

$$\therefore h = \frac{l}{8} \times \left(0.43 + \frac{f_y}{700} \right) = \frac{6,000}{8} \times \left(0.43 + \frac{350}{700} \right)$$

$$= 698\text{mm}$$

93 정답 ①

갈고리는 인장을 받는 구역에서 철근 정착에 유효하다.

94 정답 ②

인장 이음철근에서 겹침이음의 분류

• A급 이음 : 배근된 철근량이 이음부 전체 구간에서 해석결과 요구되는 소요 철근량의 2배 이상이고, 소요 겹침이음 길이 내 겹침이음된 철근량이 전체 철근량의 $\dfrac{1}{2}$ 이하인 경우 : $1.0 l_d$ 이상

• B급 이음 : A급 이음에 해당되지 않은 경우 : $1.3 l_d$ 이상

따라서 $\left(\dfrac{\text{배근 } A_s}{\text{소요 } A_s} \right) < 2.0$ 이하이면 B급 이음이다.

95 정답 ④

단면 상승모멘트는 좌표축에 따라 (+), (−)의 부호를 갖는다.

96 정답 ②

오답분석

① 상대측위란 두 대 이상의 수신기를 사용하여 동시에 측량을 한 후 데이터를 처리하여 측량정도를 높이는 GNSS 측량법이다.
③ 위상차의 계산은 단일차분, 이중차분, 삼중차분 기법으로 한다.
④ 절대측위보다 정밀도가 높다.

97 정답 ②

강성기초의 접지압 분포를 볼 때, 최대접지압은 점토지반의 경우 기초의 모서리에서 발생하며, 모래지반의 경우 기초의 중앙부에서 발생한다.

98

정답 ③

구심오차 $e = \dfrac{qM}{2} = \dfrac{0.3 \times 1,000}{2} = 150mm \rightarrow 15cm$

99

정답 ③

온도가 높을수록 크리프가 증가한다.

100

정답 ③

처짐 검사는 사용 하중 하에서 실시하도록 규정되어 있다.

부산교통공사 기술직 답안카드

성 명	
지원 분야	

문제지 형별기재란	Ⓐ
(형)	Ⓑ

수 험 번 호

⓪ ① ② ③ ④ ⑤ ⑥ ⑦ ⑧ ⑨
⓪ ① ② ③ ④ ⑤ ⑥ ⑦ ⑧ ⑨
⓪ ① ② ③ ④ ⑤ ⑥ ⑦ ⑧ ⑨
⓪ ① ② ③ ④ ⑤ ⑥ ⑦ ⑧ ⑨
⓪ ① ② ③ ④ ⑤ ⑥ ⑦ ⑧ ⑨
⓪ ① ② ③ ④ ⑤ ⑥ ⑦ ⑧ ⑨
⓪ ① ② ③ ④ ⑤ ⑥ ⑦ ⑧ ⑨

감독위원 확인	(인)

1	① ② ③ ④	21	① ② ③ ④	41	① ② ③ ④	61	① ② ③ ④	81	① ② ③ ④
2	① ② ③ ④	22	① ② ③ ④	42	① ② ③ ④	62	① ② ③ ④	82	① ② ③ ④
3	① ② ③ ④	23	① ② ③ ④	43	① ② ③ ④	63	① ② ③ ④	83	① ② ③ ④
4	① ② ③ ④	24	① ② ③ ④	44	① ② ③ ④	64	① ② ③ ④	84	① ② ③ ④
5	① ② ③ ④	25	① ② ③ ④	45	① ② ③ ④	65	① ② ③ ④	85	① ② ③ ④
6	① ② ③ ④	26	① ② ③ ④	46	① ② ③ ④	66	① ② ③ ④	86	① ② ③ ④
7	① ② ③ ④	27	① ② ③ ④	47	① ② ③ ④	67	① ② ③ ④	87	① ② ③ ④
8	① ② ③ ④	28	① ② ③ ④	48	① ② ③ ④	68	① ② ③ ④	88	① ② ③ ④
9	① ② ③ ④	29	① ② ③ ④	49	① ② ③ ④	69	① ② ③ ④	89	① ② ③ ④
10	① ② ③ ④	30	① ② ③ ④	50	① ② ③ ④	70	① ② ③ ④	90	① ② ③ ④
11	① ② ③ ④	31	① ② ③ ④	51	① ② ③ ④	71	① ② ③ ④	91	① ② ③ ④
12	① ② ③ ④	32	① ② ③ ④	52	① ② ③ ④	72	① ② ③ ④	92	① ② ③ ④
13	① ② ③ ④	33	① ② ③ ④	53	① ② ③ ④	73	① ② ③ ④	93	① ② ③ ④
14	① ② ③ ④	34	① ② ③ ④	54	① ② ③ ④	74	① ② ③ ④	94	① ② ③ ④
15	① ② ③ ④	35	① ② ③ ④	55	① ② ③ ④	75	① ② ③ ④	95	① ② ③ ④
16	① ② ③ ④	36	① ② ③ ④	56	① ② ③ ④	76	① ② ③ ④	96	① ② ③ ④
17	① ② ③ ④	37	① ② ③ ④	57	① ② ③ ④	77	① ② ③ ④	97	① ② ③ ④
18	① ② ③ ④	38	① ② ③ ④	58	① ② ③ ④	78	① ② ③ ④	98	① ② ③ ④
19	① ② ③ ④	39	① ② ③ ④	59	① ② ③ ④	79	① ② ③ ④	99	① ② ③ ④
20	① ② ③ ④	40	① ② ③ ④	60	① ② ③ ④	80	① ② ③ ④	100	① ② ③ ④

부산교통공사 기술직 답안카드

성 명	
지원 분야	
문제지 형별기재란	Ⓐ Ⓑ ( )형

수험번호

⊖	⊙	①	②	③	④	⑤	⑥	⑦	⑧	⑨
⊖	⊙	①	②	③	④	⑤	⑥	⑦	⑧	⑨
⊖	⊙	①	②	③	④	⑤	⑥	⑦	⑧	⑨
⊖	⊙	①	②	③	④	⑤	⑥	⑦	⑧	⑨
⊖	⊙	①	②	③	④	⑤	⑥	⑦	⑧	⑨
⊖	⊙	①	②	③	④	⑤	⑥	⑦	⑧	⑨
⊖	⊙	①	②	③	④	⑤	⑥	⑦	⑧	⑨

감독위원 확인	인

1	① ② ③ ④	21	① ② ③ ④	41	① ② ③ ④	61	① ② ③ ④	81	① ② ③ ④
2	① ② ③ ④	22	① ② ③ ④	42	① ② ③ ④	62	① ② ③ ④	82	① ② ③ ④
3	① ② ③ ④	23	① ② ③ ④	43	① ② ③ ④	63	① ② ③ ④	83	① ② ③ ④
4	① ② ③ ④	24	① ② ③ ④	44	① ② ③ ④	64	① ② ③ ④	84	① ② ③ ④
5	① ② ③ ④	25	① ② ③ ④	45	① ② ③ ④	65	① ② ③ ④	85	① ② ③ ④
6	① ② ③ ④	26	① ② ③ ④	46	① ② ③ ④	66	① ② ③ ④	86	① ② ③ ④
7	① ② ③ ④	27	① ② ③ ④	47	① ② ③ ④	67	① ② ③ ④	87	① ② ③ ④
8	① ② ③ ④	28	① ② ③ ④	48	① ② ③ ④	68	① ② ③ ④	88	① ② ③ ④
9	① ② ③ ④	29	① ② ③ ④	49	① ② ③ ④	69	① ② ③ ④	89	① ② ③ ④
10	① ② ③ ④	30	① ② ③ ④	50	① ② ③ ④	70	① ② ③ ④	90	① ② ③ ④
11	① ② ③ ④	31	① ② ③ ④	51	① ② ③ ④	71	① ② ③ ④	91	① ② ③ ④
12	① ② ③ ④	32	① ② ③ ④	52	① ② ③ ④	72	① ② ③ ④	92	① ② ③ ④
13	① ② ③ ④	33	① ② ③ ④	53	① ② ③ ④	73	① ② ③ ④	93	① ② ③ ④
14	① ② ③ ④	34	① ② ③ ④	54	① ② ③ ④	74	① ② ③ ④	94	① ② ③ ④
15	① ② ③ ④	35	① ② ③ ④	55	① ② ③ ④	75	① ② ③ ④	95	① ② ③ ④
16	① ② ③ ④	36	① ② ③ ④	56	① ② ③ ④	76	① ② ③ ④	96	① ② ③ ④
17	① ② ③ ④	37	① ② ③ ④	57	① ② ③ ④	77	① ② ③ ④	97	① ② ③ ④
18	① ② ③ ④	38	① ② ③ ④	58	① ② ③ ④	78	① ② ③ ④	98	① ② ③ ④
19	① ② ③ ④	39	① ② ③ ④	59	① ② ③ ④	79	① ② ③ ④	99	① ② ③ ④
20	① ② ③ ④	40	① ② ③ ④	60	① ② ③ ④	80	① ② ③ ④	100	① ② ③ ④

부산교통공사 기술직 답안카드

성 명	

지원 분야	

문제지 형별기재란	ⓐ
( )형	ⓑ

수 험 번 호

⓪	①	②	③	④	⑤	⑥	⑦	⑧	⑨
⓪	①	②	③	④	⑤	⑥	⑦	⑧	⑨
⓪	①	②	③	④	⑤	⑥	⑦	⑧	⑨
⓪	①	②	③	④	⑤	⑥	⑦	⑧	⑨
⓪	①	②	③	④	⑤	⑥	⑦	⑧	⑨
⓪	①	②	③	④	⑤	⑥	⑦	⑧	⑨
⓪	①	②	③	④	⑤	⑥	⑦	⑧	⑨

감독위원 확인	
(인)	

번호	1	2	3	4		번호	1	2	3	4		번호	1	2	3	4		번호	1	2	3	4		번호	1	2	3	4
1	①	②	③	④		21	①	②	③	④		41	①	②	③	④		61	①	②	③	④		81	①	②	③	④
2	①	②	③	④		22	①	②	③	④		42	①	②	③	④		62	①	②	③	④		82	①	②	③	④
3	①	②	③	④		23	①	②	③	④		43	①	②	③	④		63	①	②	③	④		83	①	②	③	④
4	①	②	③	④		24	①	②	③	④		44	①	②	③	④		64	①	②	③	④		84	①	②	③	④
5	①	②	③	④		25	①	②	③	④		45	①	②	③	④		65	①	②	③	④		85	①	②	③	④
6	①	②	③	④		26	①	②	③	④		46	①	②	③	④		66	①	②	③	④		86	①	②	③	④
7	①	②	③	④		27	①	②	③	④		47	①	②	③	④		67	①	②	③	④		87	①	②	③	④
8	①	②	③	④		28	①	②	③	④		48	①	②	③	④		68	①	②	③	④		88	①	②	③	④
9	①	②	③	④		29	①	②	③	④		49	①	②	③	④		69	①	②	③	④		89	①	②	③	④
10	①	②	③	④		30	①	②	③	④		50	①	②	③	④		70	①	②	③	④		90	①	②	③	④
11	①	②	③	④		31	①	②	③	④		51	①	②	③	④		71	①	②	③	④		91	①	②	③	④
12	①	②	③	④		32	①	②	③	④		52	①	②	③	④		72	①	②	③	④		92	①	②	③	④
13	①	②	③	④		33	①	②	③	④		53	①	②	③	④		73	①	②	③	④		93	①	②	③	④
14	①	②	③	④		34	①	②	③	④		54	①	②	③	④		74	①	②	③	④		94	①	②	③	④
15	①	②	③	④		35	①	②	③	④		55	①	②	③	④		75	①	②	③	④		95	①	②	③	④
16	①	②	③	④		36	①	②	③	④		56	①	②	③	④		76	①	②	③	④		96	①	②	③	④
17	①	②	③	④		37	①	②	③	④		57	①	②	③	④		77	①	②	③	④		97	①	②	③	④
18	①	②	③	④		38	①	②	③	④		58	①	②	③	④		78	①	②	③	④		98	①	②	③	④
19	①	②	③	④		39	①	②	③	④		59	①	②	③	④		79	①	②	③	④		99	①	②	③	④
20	①	②	③	④		40	①	②	③	④		60	①	②	③	④		80	①	②	③	④		100	①	②	③	④

부산교통공사 기술직 답안카드

1	① ② ③ ④	21	① ② ③ ④	41	① ② ③ ④	61	① ② ③ ④	81	① ② ③ ④
2	① ② ③ ④	22	① ② ③ ④	42	① ② ③ ④	62	① ② ③ ④	82	① ② ③ ④
3	① ② ③ ④	23	① ② ③ ④	43	① ② ③ ④	63	① ② ③ ④	83	① ② ③ ④
4	① ② ③ ④	24	① ② ③ ④	44	① ② ③ ④	64	① ② ③ ④	84	① ② ③ ④
5	① ② ③ ④	25	① ② ③ ④	45	① ② ③ ④	65	① ② ③ ④	85	① ② ③ ④
6	① ② ③ ④	26	① ② ③ ④	46	① ② ③ ④	66	① ② ③ ④	86	① ② ③ ④
7	① ② ③ ④	27	① ② ③ ④	47	① ② ③ ④	67	① ② ③ ④	87	① ② ③ ④
8	① ② ③ ④	28	① ② ③ ④	48	① ② ③ ④	68	① ② ③ ④	88	① ② ③ ④
9	① ② ③ ④	29	① ② ③ ④	49	① ② ③ ④	69	① ② ③ ④	89	① ② ③ ④
10	① ② ③ ④	30	① ② ③ ④	50	① ② ③ ④	70	① ② ③ ④	90	① ② ③ ④
11	① ② ③ ④	31	① ② ③ ④	51	① ② ③ ④	71	① ② ③ ④	91	① ② ③ ④
12	① ② ③ ④	32	① ② ③ ④	52	① ② ③ ④	72	① ② ③ ④	92	① ② ③ ④
13	① ② ③ ④	33	① ② ③ ④	53	① ② ③ ④	73	① ② ③ ④	93	① ② ③ ④
14	① ② ③ ④	34	① ② ③ ④	54	① ② ③ ④	74	① ② ③ ④	94	① ② ③ ④
15	① ② ③ ④	35	① ② ③ ④	55	① ② ③ ④	75	① ② ③ ④	95	① ② ③ ④
16	① ② ③ ④	36	① ② ③ ④	56	① ② ③ ④	76	① ② ③ ④	96	① ② ③ ④
17	① ② ③ ④	37	① ② ③ ④	57	① ② ③ ④	77	① ② ③ ④	97	① ② ③ ④
18	① ② ③ ④	38	① ② ③ ④	58	① ② ③ ④	78	① ② ③ ④	98	① ② ③ ④
19	① ② ③ ④	39	① ② ③ ④	59	① ② ③ ④	79	① ② ③ ④	99	① ② ③ ④
20	① ② ③ ④	40	① ② ③ ④	60	① ② ③ ④	80	① ② ③ ④	100	① ② ③ ④

성 명

지원 분야

문제지 형별기재란

( )형 Ⓐ Ⓑ

수 험 번 호

| ⓪ ① ② ③ ④ ⑤ ⑥ ⑦ ⑧ ⑨ |
| ⓪ ① ② ③ ④ ⑤ ⑥ ⑦ ⑧ ⑨ |
| ⓪ ① ② ③ ④ ⑤ ⑥ ⑦ ⑧ ⑨ |
| ⓪ ① ② ③ ④ ⑤ ⑥ ⑦ ⑧ ⑨ |
| ⓪ ① ② ③ ④ ⑤ ⑥ ⑦ ⑧ ⑨ |
| ⓪ ① ② ③ ④ ⑤ ⑥ ⑦ ⑧ ⑨ |
| ⓪ ① ② ③ ④ ⑤ ⑥ ⑦ ⑧ ⑨ |

감독위원 확인

(인)